아동권리와 복지

이재연 · 황옥경 · 강현아 · 서영숙
이완정 · 구은미 · 정선아

창지사

머/리/말

인간의 권리를 명시한 세계인권선언이 있는데, 왜 국제사회는 아동의 권리를 별도로 규정한 것일까? 이 질문에 대하여 1989년 유엔아동권리협약의 토대인 1923년 제네바선언을 이끌어 낸 에글렌타인 젭은 "아동은 신체적, 심리적으로 연약해서 학대받고 방치되기 쉽기 때문"이라고 답할 것이라고 그녀의 전기작가 말리는 생각했다. 아동의 권리가 별도로 명시되어 있지 않으면 아동이 논의 대상에서 계속 배제될 수 있다는 국제사회의 우려 역시 아동권리협약을 마련한 주요 배경이다.

19세기 사회개혁가들은 근로 현장에서 아동을 보호해야 한다고 주장하기 시작하였고, 20세기에 들어서면서 아동은 더 많은 관심을 받았다. 1900년 엘렌키는 새로운 세기에 세계 각국이 아동의 복지에 더욱 힘을 쏟아야 한다고 주창했다. 인류는 제1, 2차 세계대전을 겪으면서 아동이 재앙에 직면했을 때 얼마나 취약한지 깨닫게 되었다. 동시에 아동이 새로운 가능성을 나타내는 상징적 존재로 그 의미를 부여하게 되었다. 더 나아가 아동이 단지 차세대의 시민이 아니라 미래의 평화로운 국제관계에 기여할 독립적인 인격을 갖춘 존재로 여기게 되었다. 1989년 유엔총회에서 채택된 아동권리협약은 세계 각국에서 아동이 처한 위기를 극복할 수 있는 가능성을 열어 주었다.

우리 정부는 1991년 아동권리협약을 비준하였다. 비준 당시 아동권리 개념은 연구자들에게조차 생소했고, 비준 이후에도 협약 이행이 더디게 진행되었다. 최근 몇 년 사이 아동권리의 법과 정책 적용, 그리고 이행을 위한 다양한 노력에도 불구하고 아동의 삶이 과거 세대에 비하여 크게 나아지지 않고 있다. 아동이 처한 위험은 이전 세대보다 더욱 다양하고, 아동은 여러 측면에서의 우수한 역량을 발달시킬 것을 요구받는다. 기성세대는 아동 보호 및 아동복지 개념과 시민의식과 사회책임의 신자유주의 사상에 기반한 아동권리가 실현 가능한 사회를 마련해야 하는 과제를 안고 있다.

이 책은 아동권리에 기반한 아동복지는 어떤 것이어야 하고, 어떤 이행과정을 거쳐야 하는지를 살펴보고자 하였다. 우리 사회에서 아동권리에 대한 사회적 인식이 확산되는 과정에서 아동복지와 아동권리의 관계에 대한 일부의 혼돈을 보면서, 본 교재의 집필자들은 이 두 개념의 상호의존적 관계를 명쾌하게 정리할 필요성을 인식하였다. 이런 맥락에서 집필자들은 본 교재의 각 장을 집필하는 과정에서 아동복지가 아동권리에 기반한 것임을 전제하였고, 아동복지는 아동보호에 한정된 것이 아니고 아동의 자율과 자기표현과 자기 결정을 포괄하는 것임을 염두에 두었다. 그리고 에글렌타인 젭의 주창처럼 아동의 법적 권리 보장은 아동을 보호하는 것에 바탕하는 것임을 인식하였다.

본 교재는 13개 장으로 구성되었다. 크게 1장부터 5장까지의 이론 부분과 6장부터 13장까지의 실천과 과제 부분으로 구분할 수 있다. 1장부터 5장까지는 아동권리와 아동복지의 이론적 토대를 살펴보고 각각의 개념을 명료화하고 이 두 개념의 관계를 정리하였다. 그리고 아동권리와 아동복지 이행과정의 법과 정책, 행정체계를 살펴보았다. 6장부터 13장까지는 앞서 정리한 이론적 개념을 토대로 아동권리와 아동복지의 주요 실천적 이슈가 되고 있는 주제를 선정하여 아동권리에 기반한 아동복지의 수준과 실천 상황 그리고 향후 이행과제를 살펴보았다.

본 교재의 집필을 계획하면서 집필자들은 기존의 아동복지 교재에 아동권리 개념을 단순하게 덧 입히는 식으로 교재가 집필되어서는 안 된다는 인식을 상호 확인하였다. '보호'와 '권리주체'라는 아동권리의 시각에서 현행 아동복지를 바라보고, 아동권리에 기반한 아동복지의 방향을 새롭게 제안하고자 하였다. 각 장의 집필주제를 선정하는 과정에서 신중하고도 오랜 논의가 있었다. 현재 우리나라 아동의 삶에서 가장 긴요하고 중요한 이슈가 무엇인지에 대한 확인이 이루어졌으며 이 결과를 토대로 각 장의 집필 주제를 최종선정하였다. 1장 아동권리의 이해는 이재연 교수가 집필하였으며, 2장 아동권리와 아동발달, 12장 아동권리와 파트너십은 황옥경 교수가 집필하였다. 3장 아동권리와 복지 패러다임과 10장 아동권리와 대안양육은 강현아 교수가 집필하였고, 4장 아동권리와 복지 서비스 접근과 8장 아동권리와 학대피해 아동 지원은 서영숙 교수, 5장 아동권리와 빈곤아동 지원, 그리고 7장 아동권리와 장애아동 지원은 이완정 교수가 집필하였다. 6장 다문화가정 아동의 권리증진과 보호와 9장 아동권리와 다양한 가족 지원은 구은미 교수, 11장 아동권리와 복지전달체계, 13장 아동권리와 복지의 미래는 정선아 교수가 집필하였다.

본 교재는 아동권리와 아동복지의 개념과 실체 적용, 그리고 이 두 개념의 관계를 다루고 있어 대학에서 아동권리와 아동복지 교과목을 수강하는 대학과 대학원 학생들의 교재로 사용하기에 적합하다. 그리고 본 교재는 실제 사례를 통하여 권리에 기반한 복지 실천 방안을 제안하고 있기 때문에 아동복지 현장의 실천가들에게도 도움이 될 것이다.

교재를 출간하면서 집필 계획 당시의 의욕에 비하여 여러 아쉬움이 있고, 부족한 부분이 보인다. 이는 추후 개정 작업을 통하여 지속적으로 보완해 나가야 할 것이다. 책이 출간되기까지 오랜 준비와 집필과정에서 적극적으로 도와주신 창지사 이상대 상무님과 편집부에 감사의 말씀을 드린다.

2018년 1월

집필자 일동

차/례

01
CHAPTER

아동권리의 이해

지난 세기 동안 아동에 대한 생각에 커다란 변화가 있어 왔다. 제1차 세계대전이 끝날 무렵 사회가 어려웠던 시기에 아동이 직면한 곤경과 빈곤에서 아동을 구하기 위한 시도들이 펼쳐지기 시작하였다. 이러한 움직임이 시작된 것은 대략 1920년대로 동서양 모두 비슷한 시기에 일어났다. 일제강점하에 있던 우리나라에서도 어린이 옹호운동이 일어났고, 유럽에서는 제1차 세계대전 후 국제연합을 중심으로 아동권리선언에 이어 지속적인 국제사회의 노력이 있어 왔다. 이러한 노력은 유엔에서 「유엔아동권리협약(UN Convention on the Rights of the Child), 1989」을 채택하는 것으로 이어졌고, 협약 이행의 과정에서 아동의 권리는 일보 진전한 것으로 보인다.

이 장에서는 국제사회에서 아동의 삶의 변화의 기제로 등장한 「협약」을 중심으로 아동권리의 역사적 배경과 그 내용을 파악해 보고 아동권리 증진을 위한 협약의 이행과 아울러 지속가능발전을 위한 2030의 새 시대를 여는 모두의 약속에 대해서 살펴본다.

1. 타고나는 아동의 권리

성인은 어려움이 생기면 다른 사람에게 도움을 요청하기도 하고, 선거의 한 표로 자기의 뜻을 행사하며, 필요한 경우에는 집단을 조직하여 스스로의 권리를 대변하는 교섭을 할 수도 있다. 그러나 아동은 발달 특성상 자기의 의사를 표현하기가 어렵고, 투표권도 없으며, 필요한 경우 다른 사람들의 도움을 요청할 수도 없다. 그리고 소외되거나 권리가 침해되었을 때 아동은 성인처럼 자기의 처지를 개선할 수가 없다. 이러한 특성들 때문에 아동은 전통적으로 보호와 양육의 대상으로 인식되었으며, 적극적인 권리의 주체로 인식되지 못하였다(이재연 외, 2008).

그런가 하면 빈곤이나 제대로 보호받지 못하는 학대의 고통 속에서 많은 아동들의 삶은 위협을 받기도 하였다. 이러한 아동들은 태어나면서부터 가지고 있는 잠재력을 발휘하기가 어렵다. 이것은 우리 사회가 아동에게 바라는 것, 즉 아동이 아동기를 제대로 누리고 자기의 지역사회를 위해 공헌할 수 있는 유능하고 책임감 있는 성인으로 성장하기를 바라는 기대와는 거리가 먼 것이다(이재연 외, 2008).

그리하여 국제 사회는 어린 시절의 중요성을 인식하고, 아동기를 보호하기 위해 꾸준히 노력해 왔다. 아동기는 단순히 성인이 되기 이전까지의 시기가 아니라 아동기를 어떻게 보내느냐에 따라 미래가 달라지는 중요한 시기로 인식한 것이다. 바야흐로 인권에 바탕을 둔 아동기에 대한 새로운 개념이 지난 세기에 도래하게 되었다. 아동의 권리를 보호해야 한다는 필요성에 대해 국제사회의 합의는「협약」에 잘 나타나 있다(유니세프, 2001).

아동이 전적으로 타인에게 의존적인 존재이어서 타인의 양육과 지도가 필요하다는 점은 명백하다. 그렇다고 해서 아동이 다른 사람의 보살핌을 받기만 하는 수동적인 수용자는 아니다. 아동은 부모나 양육자들로부터 생존과 성장과 권익에 필요한 보호와 양육 그리고 이해를 구하는 적극적인 사회의 구성원이라고 일반논평 7호(국가인권위원회, 2006: 16)는 명시하고 있다.

이러한 아동의 권리는 태어날 때부터 시작되는 타고난 권리이다. 아동기가 학교를 가기 위한 준비의 기간이거나 '미래의 시민' 혹은 '미래의 주인공'이 되기 위해 준비하는 기간이 아니다. 아동기는 고유의 권리를 가진 중요한 시기이고, 아동은 적극적인 권리의 소유자이다(이재연 외, 2015). 따라서 아동기 권리보장 시스템을 잘 활용하여 모든 아동이 타고난 권리를 존중받으면서 인생을 성공적으로 시작할 수 있도록 해야 할 것이다.

왜 아동의 권리가 필요한가?

사람은 누구나 인권을 가진다. 아동도 인권의 소유자이다. 게다가 아동은 아동이기 때문에 특정한 권리를 더 가진다. 아동은 왜 추가적인 권리를 가지는 것일까? 그것은 아동이 성인보다 상대적으로 더 취약하기 때문이다. 다음과 같은 세 가지 측면에서 구체적인 이유를 찾아볼 수 있다.

1. 성숙도: 아동만이 가지는 특별한 신체적, 발달적 욕구와 미성숙한 측면 때문에 아동은 특별한 보호가 필요하다. 즉 성인은 다른 성인을 해치기보다는 아동을 해치기가 더 쉽다. 그러다 보니 똑같은 잘못이라도 성인이라면 때려 준다는 상상을 하는 것은 어려운 반면에 아동이 잘못한 경우에는 때려도 괜찮다는 생각이 만연했다.
2. 발언권: 사회에서 아동은 발언권이 없고 존재감이 보이지 않는다. 이는 성인들처럼 자기를 표현하는 능력을 아동들은 갖지 못하기 때문이다. 아동의 생각이나 느낌에 대해 들어서 알아볼 수 있는 분명한 방법이나 경로 없이는, 즉 아동에게 특별한 권리를 부여하지 않고서는 아동의 인권을 제대로 지켜 주기가 어렵다.
3. 소유물: 아동은 부모의 소유물이라는 인식이 지배적이었다. 아동을 위해서는 부모나 보호자가 의사결정을 해 주는 일은 자연스러운 일이었다. 따라서 아동도 인권의 소유자라는 생각이 들지 않는 것은 당연한 일로 간주되어 왔다.

출처: Children's Rights in Wales.

2. 아동권리에 대한 우리나라의 발자취

1) 1920년대의 어린이 옹호운동

1920년대는 일제강점하의 시기로, 1919년 3·1운동 이후 전개된 각종 사회 운동 속에서 민권 의식이 성장하였다. 그리하여 그동안 천시받았던 어린이와 여성의 인권을 신장시키기 위한 운동이 전개되었는데 어린이 운동은 1921년 김기전이 보성전문 5년 후배인 방정환과 함께 만든 '천도교소년회'를 중심으로 활발하게 전개되었다.

이 당시는 장유유서의 가치관을 중요시하는 전통사회의 가부장제도하에 있었다. 따라서 매사를 나이로 질서화하려는 사회적 분위기가 팽배하였다(손인수, 1985). 이러한 성인중심의 전통사회에서 아동은 종족보존의 수단으로서 부모의 예속물이나 자산으로 여겨졌다. 즉, 성인은 다스림이요, 아동은 섬김이요, 아동의 세계를 인정하지 못하고, 아동을 꾸지람하고 때리며 점잖음을 강요함에 따라 아동은 아동답게 자라지 못하였다(이재연 외, 2008).

이러한 상황에서 나온 소년(어린이)운동은 주로 아동을 위한 강연, 그리고 동화집과 아동을 위한 잡지의 편찬 등이 주축을 이루었다. 1923년에 방정환이 한국 최초의 순수 아동잡지인 월간 『어린이』를 창간하였다. 이 잡지는 처음에는 무료로 보내 준다고 해도 관심을 끌지 못하였다. 이는 일제의 식민지 수탈로 대다수의 민중들이 먹고 살기조차 힘들었던 조선의 현실 때문이었다. 하지만 방정환은 자신의 특기인 구연동화로 현실의 벽을 뛰어넘었다. 전국 순회강연과 재미있는 구연동화를 들려주면서 잡지도 소개하였다(염희경, 2012). 강연의 내용은 어린이들의 인격을 존중하자는 것이었다.

이때 소년운동의 차원으로 이루어진 방정환의 『사랑의 선물』 번역 번안 동화집은 민족적 유대감을 강화하고 국가와 민족이 일치할 수 없었던 조선의 현실에서 동화를 통해 '민족'의 상상을 고취하기도 하였다(염희경, 2012).

아동에게 읽히는 이야기에는 중요한 교훈이 담겨지곤 한다. 아동의 이야기는 아동이 안전하게 상상의 나래를 펴는 공간이자 자신과 세상을 성공적으로 항해하는 것을 배우고 개발하는 매체이기도 하다. 당시 소년운동가들은 아동이 좋아하는 이야기에 민족과 어린이 존중이라는 사회적인 사안을 담은 메시지를 어린이들이 탐색하도록 지원하고 안내했을 것으로 추측할 수 있다.

2) 어린이날 제정과 '소년운동의 기초 조항' 선언

성인중심의 전통사회에서 어린이날의 제정은 '아이들, 애, 애들, 계집애' 등으로 불리우던 이들을 어린이라 부르고 그 존엄성을 인정하기 시작하는 계기가 되었다. 천도교소년회는 김기전과 방정환이 중심이 되어 천도교소년회 1주년 기념일이기도 한 1922년 5월 1일에 역사적으로 기념할 어린이날을 제정한다. 이날 천도교소년회는 '어린이를 위하여 부모의 도움이 더욱 두터워지기를 바라는 마음으로 이번 일을 계기로 '항상 10년 후의 조선을 생각하십시오'라고 적힌 인쇄물을 시내에 배포하였다.

이후 천도교소년회 주최의 어린이날 행사나 소년운동을 전국적이고 통합적인 것으로 만들기 위해 색동회와 천도교의 협력으로 '불교소년회', '조선소년운동' 등, 40여 개 소년회 연합회인 '조선소년운동협회'를 1923년 4월에 창립하였다. 그리고 이 협회 주체로 1923년 5월 1일 제1회 어린이날을 전국적인 어린이날로 승격 거행하였다(이재연 외, 2008).

이와 더불어 '어른에게 전하는 부탁' 여덟 가지와 '어린이에게 전하는 부탁' 일곱 가지도 어린이날 배포되었다. 1923년 동아일보는 "조선에서 처음으로 어린이에게도 사람의 권리를 주는 동시에 사람의 대우를 하자고 떠드는 날이 도라왓다. 조선의 어린이여 그대들에게 복이 잇스라 조선의 부형이여 그대들에게 정성이 잇스라."라고 보도하였다(동아일보, 1923). 어린이날 낭독된 '소년운동 기초 조건' 세 가지 중 첫 번째 조항에서는 "어린이를 재래의 윤리적 압박으로부터 해방하여 그들에 대한 완전한 인격적 예우를 허하라."라고 외쳤다.

「아동권리공약 3장」으로 알려진 「소년운동의 기초조항」은 다음 해인 1924년에 채택된 「아동권리에 관한 제네바 선언」과 비교해 보면, 우리의 「소년운동의 선언」이 아동의 인격적인 존중과 문화적인 권리의 보장 차원에서 훨씬 더 진보적임을 알 수 있다. 1931년 방정환이 세상을 떠난 후로 어린이날은 형식적으로만 남아 있다가 1937년에 이르러서는 일제의 탄압으로 행사도 못하게 되었다. 그러다가 해방 후 다시 부활되었다.

3) 대한민국 어린이 헌장(1957년 제정, 1988년 개정)

「대한민국 어린이 헌장」에는 아동이 누려야 할 기본적 인권의 존중에 대하여 명시되어 있다.

> "대한민국 어린이 헌장은 어린이날의 참뜻을 바탕으로 하여, 모든 어린이가 차별 없이 인간으로서의 존엄성을 지니고, 나라의 앞날을 이어 나갈 새 사람으로 존중되며, 바르고 아름답고 씩씩하게 자라도록 함을 길잡이로 삼는다."
>
> 헌장 前文

4) 아동권리헌장(2016년 제정)

우리나라 아동의 삶의 만족도와 아동권리에 대한 인식 수준이 낮은 상황에서 2016년 제94회 어린이날을 맞아 아동의 권리와 어른들의 책임을 규정한 「아동권리헌장」이 제정되었다. 「아동권리헌장」은 전문과 9개 조항으로 이루어졌으며, 1989년 전 세계 어른들이 약속한 「협약」의 내용을 우리의 현실에 아동의 눈높이에 맞추어 다시 만들어진 것이다.

모든 아동은 독립된 인격체로서, 부모와 사회, 국가와 지방자치단체는 아동의 이익을 최우선적으로 고려해야 하고, 그리고 생명을 존중받고, 보호받으며, 발달하고 참여할 수 있는 아동의 고유한 권리를 실현할 책임이 있다고 강조되고 있다.

3. 아동을 위한 국제사회의 약속: 유엔아동권리협약

1) 유엔아동권리협약의 의의

아동의 권리는 18세 미만 아동의 인권을 말한다. 인권이란 인간이기 때문에 향유하는 기본적인 권리다. 인권선언에서는 "인간의 자연적이고 양도 불가능하고 신성불가침한 권리를 엄숙히 선언"하면서 "인간은 자유롭고 평등하게 태어나 생존한다."라고 천명하고 있다(국가인권위원회, 2017). 기본적 인권은 발탁될 수 없고 양도될 수도 없는, 인간이 인간답게 생존할 수 있는 조건인 기본적인 권리를 뜻한다.

아동의 권리에 대한 준거는 「협약」이 제공하고 있다. 「협약」은 아동이 인권의 적극적 향유 주체임을 기본으로 하고 아동의 권리를 보장하기 위한 목적으로 채택된 국제사회의 최초의 협약이다. 아동의 생존, 보호, 발달, 참여의 권리 등 아동의 권리와 관련된 모든 권리를 규정해 놓고 있다. 아울러 아동과 관련된 모든 결정에서 항상 아동의 최선의 이익이 일차적인 기준이 되어야 함을 강조하고 있다.

「협약」은 우리나라를 포함한 196개국이 비준하여 가장 많은 국가가 비준한 국제법이다. 이 협약처럼 우리나라가 비준한 국제법은 「대한민국헌법」 제6조에 의하여 국내법과 같은 효력을 갖는다. 「협약」에 비준하지 않은 국가는 현재 미국 1개국이다.

이처럼 「협약」은 모든 아동이 누구나 마땅히 누려야 할 권리를 담았고, 협약의 비준은 국내법과 같은 효력을 가지므로 이는 아동의 삶을 향상시킬 수 있는 중요한 변화의 기제가 된다는 데 그 의의가 크다(이재연 외, 2008).

협약은 왜 중요한가?

- 협약은 그 문건에 아동들의 모든 인권을 담고 있다.
- 아동이 온전하게 생존하고 발달하기 위해서는 자기의 모든 권리를 향유할 필요가 있음을 이해하게 해 준다.
- 아동도 권리를 가진 존재임을 성인들에게 보여 준다.
- 어느 곳에 있거나 상관없이 모든 아동 청소년에게 적용된다.
- 어느 국제조약보다 가장 많은 196개국이 협약에 비준하여 아동의 권리 실현에 보편적으로 지원하고 있다.
- 협약은 우리나라 아동의 권리를 알리는 데 사용할 수 있는 국제적으로 약속된 아동권리의 뼈대를 제공하고 있다.
- 자기의 권리를 아는 사람은 그 권리를 잘 지킬수 있다. 그리하여 국제적으로 합의된 뼈대와 조항들을 널리 알리는 것은 아동의 권리를 존중하는 첫단계이다.
- 정부가 아동권리 증진을 위해 얼마나 잘하고 있나를 평가하는 보고과정은 정부가 실제로 아동의 권리를 존중하도록 압력을 가하는 데 도움이 된다.

출처: Children's Rights in Wales.

2) 아동기 중요성 인식과 협약 채택의 역사적 배경

20세기에 들어서면서 아동의 권리와 지식에 대한 인식이 획기적으로 변화해 왔다. 아동의 복지와 권리 보장을 위한 국제사회의 노력은 1924년 국제연맹(League of Nations, 유엔의 전신)의 「아동의 권리에 관한 제네바 선언」 채택으로부터 시작되었다. 1959년 유엔은 「아동권리선언」을 채택하고 "아동은 충분한 성장을 위하여 애정과 물질적인 안정 속에서 성장할 권리가 있으며 부모와 사회는 그 책임을 진다."라고 규정하였다. 또한, 1979년은 '세계아동의 해'로 선포되었으며, 1989년 11월 20일 유엔총회에서는 마침내 「협약」이 만장일치로 채택되고 이듬해 9월 국제법으로 공포되었다.

협약의 발효를 기해 1990년 9월 유엔본부에서 사상 최초로 '아동을 위한 세계정상회담(World Summit for Children)'이 개최되었다. 이는 아동관련 회의 중 가장 중요한 국제회의로서 전 세계적 차원에서 추진되어 온 아동의 권익보호와 복지향상에 대한 성과 평가, 교훈 및 미래를 위한 제언을 하는 자리이자, 협약의 조속한 비준과 이행을 도모하기 위한 자리이기도 하였다.

아동을 위한 세계정상회담이 개최된 지 10여 년이 지난 2002년에 '유엔아동특별총회(UN General Assembly Special Session on Children)'가 개최되었다. 유엔특별총회는 전 세계 유엔 회원국이 모여 국제적으로 매우 주요한 관심사를 특정 주제로 삼아 토의하는 공식회의이다. 유엔은 평균 2년마다 특별총회를 치러왔고 아동특별총회는 27번째이다. 이는 1990년 아동을 위한 세계아동정상회담에서 채택된 '선언 및 행동계획(Declaration and Plan of Action)'의 실행 성과를 검토하고, 차후 10년간 아동을 위해 전 세계적인 차원에서 추진할 새로운 목표 및 행동 계획을 설정하고 이에 대한 헌신을 서약하는 자리였다.

여기에는 세계 189개국에서 350여 명의 아동 대표와 61명의 국가원수, 1,200여 명의 정부대표 등이 참여하였다. 유엔아동 특별총회는 가장 어린 시민들에게 가장 좋은 것이 궁극적으로는 국가를 위해 가장 좋은 것이라는 것을 인식하게 되는 계기를 마련하였다.

유엔아동 특별총회에서 향후 10년간 성취해야 할 중점과제를 담은 '아동에게 적합한 세상(A World Fit for Children)'이라는 결과문서가 채택되었다(UN General Assembly, 2002). 이 결과문서는 지난 10년간의 아동의 보호와 복지를 평가하고 앞으로 오는 10년간의 아동권리 향상을 위해 국제적인 기준을 마련하였고, 네 가지 주요 우선 사안과 21개 성취지표가 설정되었다(유니세프, 2005).

3) 유엔아동권리협약의 일반원칙과 권리의 유형

(1) 원칙

「협약」은 역사상 처음으로 아동의 권리를 법적으로 인정한 국제법이다. 이 협약의 기본을 이루는 가치를 일반 원칙이라 하며, 그 내용은 다음과 같다(보건복지가족부, 2009).

① 아동이 차별받지 않게 하기: 무차별의 원칙

「협약」에는 성별, 종교, 사회적 신분, 인종, 국적 등 그 어떤 조건과 환경에서도 아동은 차별되어서는 안 된다는 기본 원칙을 명시하고 있다(협약 제2조). 즉, 아동은 어떠한 경우에도 차별받지 않고 협약에 규정된 모든 아동의 권리를 보장받아야 한다.

우리나라의 경우 사회적 관습에 의해 혼외 출생자와 여아는 사회적으로 불이익을 받는 경우가 있었다. 그리고 장애아동의 경우 여러 사항에서 차별을 감수해 왔고, 이주가정의 아동이나 이 땅에 태어난 무국적 아동이 차별을 받아 왔다. 하지만 이런 차별이 행해져서는 안 된다.

② 아동의 이익을 제일 먼저 고려하기: 아동 최선의 이익 원칙

아동에 관한 모든 활동에서 아동 최선의 이익이 최우선으로 고려되어야 한다(협약 제3조). 아동 최선의 이익 기준은 협약의 가장 핵심적인 기능을 하며, 국내법과 여러 관행을 평가하는 데 기초가 된다.

③ 아동의 소중한 생명을 지켜 주기: 아동의 생존, 보호, 발달의 보장 원칙

모든 아동은 생명에 관한 고유한 권리를 가지고 있고, 당사국은 이러한 아동의 생존과 발달을 보장하기 위해 가능한 한 최선의 환경을 보장해야 한다(협약 제6조). 이 원칙에 의해 협약에서는 아동의 권리를 생존권, 보호권, 발달권, 참여권의 네 가지로 분류하고 있다.

④ 아동의 의견을 존중하기: 아동의 의사존중의 원칙

아동이 하는 말에 귀를 기울이고, 아동의 견해는 존중되어야 한다(협약 제12조). 어리다고 무시되어서는 안 된다. 아동의 의사를 존중하고 수준 높은 참여를 촉진하는 것이 아동의 성장과 발달을 촉진하는 데 아주 중요하기 때문이다.

(2) 유형

협약이 보장하고 있는 아동권리의 내용은 생존권, 보호권, 발달권, 참여권의 네 가지 유형으로 다음과 같이 분류할 수 있다(이재연 외, 2015).

① 생존권

아동이 생명을 유지하고 최상의 건강과 의료 혜택을 받을 권리이다. 즉, 적절한 생활수준을 누릴 권리, 안전한 주거지에서 살아갈 권리, 충분한 영양을 섭취하고 기본적인 보건 서비스를 받을 권리 등 기본적인 삶을 누리는 데 필요한 권리가 이에 속한다.

② 보호권

아동이 모든 형태의 학대와 방임, 차별, 폭력, 고문, 징집, 부당한 형사처벌, 과도한 노동, 약물과 성폭력 등 아동에게 유해한 것으로부터 보호받을 권리이다.

③ 발달권

아동이 잠재력을 최대한 발휘하는 데 필요한 권리로서 교육받을 권리, 여가를 즐길 권리, 문화생활을 하고 정보를 얻을 권리, 생각과 양심과 종교의 자유를 누릴 권리이다.

④ 참여권

아동이 자신의 생활에 영향을 주는 일에 대해 의견을 말하고 존중받으며, 지역사회 활동에 적극적으로 참가할 수 있는 권리로, 단체에 가입하거나 평화적인 집회에 참여할 수 있는 권리도 이에 속한다.

4) 선택의정서

협약의 목적과 특정 조항의 이행을 더 잘 달성하기 위하여 3개의 선택의정서가 채택되었다. 하나는 「아동의 무력분쟁 관여에 관한 선택의정서(Optional Protocol to the Convention on the Rights of the Child on the involvement of children in armed conflict)」로 모두 13개 조항으로 구성되어 있다. 이 선택의정서는 18세 미만의 의무징집을 금지하는 것을 주목적으로 한다.

다른 하나는 「아동매매, 아동매춘 및 아동 포르노그래피에 관한 선택의정서(Optional Protocol to the Convention on the Rights of the Child on the sale of children, child prostitution and child pornography)」로 17개 조항으로 구성되어 있다. 이 선택의정서는 아동매매, 아동매춘 및 아동 포르노그래피로부터 아동의 보호를 보장하기 위한 목적으로 한다.

이 두 선택의정서 모두 2000년 5월 25일에 채택되고 2002년 1월 18일에 발효되었다. 우리나라는 2004년 9월 24일 두 의정서를 동시에 비준하였다. 선택의정서를 채택한 국가는 발효한 후 2년 내에 관련 규정의 이행을 위하여 취한 조치에 대한 포괄적인 정보를 제공하는 보고서를 아동권리위원회에 제출하여야 한다. 그리고 당사국은 협약 제44조에 따라 아동권리위원회에 제출하는 보고서에 선택의정서 이행에 관한 추가 정보를 포함시켜야 한다.

마지막으로 아동의 「개인청원절차에 관한 선택의정서(Optional Protocol for the communication procedure on CRC)」는 아동권리침해문제에 대해 당사국이 적절한 구제를 제공하지 못하거나 효과가 없는 경우 아동이나 대리인이 아동권리위원회에 직접 청원할 권리를 가지는 것을 목적으로 2011년에 채택되었다.

5) 일반논평

일반논평(general comment)은 조약감시기구가 조약의 조문을 유권해석한 것으로 추상적인 내용을 해석을 통해 풍부하게 만들어 국제인권법의 형성과 발전에 기여한다. 일반논평은 그 자체가 구속력 있는 국제인권법은 아니나 해당협약에 대한 일반적인 해석을 통해 인권조약의 구체적 내용이 무엇이냐를 선언함으로써 국제인권규범의 구체적인 이행을 담보하는 데 중요한 역할을 한다(황옥경, 2013). 아동권리협약과 관련한 일반논평은 협약의 이해에 어려움이 있는 내용을 검토하여 유엔아동권리위원회의 입장을 정리한 문서이다.

지금까지 유엔아동권리위원회는 일반논평을 계속 내놓고 있다(〈표 1-1〉 참고). 이중 일반논평 7호(Implementing Child Rights in Early Childhood)는 영유아기의 아동권리 증진을 위해 다음과 같은 분야에 대해 구체적인 안내를 하고 있다. 인권과 영유아, 일반원칙과 영유아기의 권리, 부모의 책임과 당사국의 조력, 취약한 영유아를 위한 포괄적 정책과 프로그램, 특별한 보호를 필요로 하는 유아, 유아기의 역량형성 등의 내용이 그 일부이다.

〈표 1-1〉 **유엔아동권리위원회의 일반논평**

No.	주제	연도
1	교육의 목적	2001
2	아동인권 보호와 증진에 있어서의 독립국가 인권 기구의 역할	2002
3	HIV/AIDS와 아동의 권리	2003
4	「유엔아동권리협약」의 맥락에서의 청소년의 건강과 발달	2003
5	아동의 권리에 관한 협약의 이행을 위한 일반 조치	2003
6	출신국의 외부에 있는 동반되지 않고 분리된 아동에 대한 대우	2005
7	영유아기의 아동권리의 이행	2006
8	체벌 및 기타의 잔혹하거나 굴욕적인 형태의 처벌로부터 보호받을 아동의 권리	2006
9	장애아동의 권리	2006
10	소년사법에서의 아동권리	2007
11	「유엔아동권리협약」의 맥락에서의 원주민 아동의 권리	2009
12	의견 존중의 권리	2009
13	모든 형태의 폭력으로부터의 자유	2011
14	아동 최상의 이익	2013
15	아동건강 최상 상태의 권리	2013
16	비스니스 영역에서의 아동권리 영향에 대한 국가의 책무	2013
17	휴식, 여가, 놀이, 레크레이션 활동, 문화, 예술에 대한 아동의 권리	2013
18	여성과 소녀들에 대한 유해한 관습의 근절(여성차별철폐위원회와의 공동작업)	2014
19	아동권리와 공공예산	2016
20	청소년기의 아동권리 이행	2016

출처: 유엔아동권리협약 한국 NPO 연대(2016. 8. 25.).

4. 협약을 잘 지키고 있나요?

1) 미루었던 약속 지키기: 유보조항

1991년 11월 「협약」 비준 당시 우리나라 정부는 국내법과 일치하지 않는다는 이유로 3개 조항을 유보하였다. 즉 협약 가운데 지키기를 미룬 조항이 있었다. 이 중 '부모면접교섭권' 유보는 철회되었고, '당국의 입양허가' 조항 유보는 철회절차가 진행되고 있다. 그러나 '상소권'은 그대로 유보된 상태이다(김효진·이재연, 2011).

(1) 부모면접교섭권

우리나라는 협약 비준 당시에 분리된 아동의 부모면접교섭권(9조 3항)을 유보하였다. 당시 면접교섭권에 관한 내용은 「민법」 제837조 2항에 부모의 면접교섭권만이 보장되어 있을 뿐 아동의 부모면접권은 보장되어 있지 않았다. 그러나 2007년 12월 「민법」 개정으로 아동의 부모면접교섭권이 보장되었다. 이러한 「민법」의 개정으로 제9조 제3항의 유보는 2008년 10월 철회되었다.

(2) 당국의 입양허가

협약 제21조(a)항은 입양허가제에 관한 규정으로 우리나라 입양제도에서 당국의 허가를 받지 않고서도 입양이 성립될 수 있어 유보하였다. 그러나 이후 「입양특례법」, 「민법」 및 「가사소송법」의 개정으로 '가정법원의 입양 허가제', '입양숙려제', '양부모 자격강화', '파양조건 엄격화', '13세 이상 입양아동의 의견 존중' 등 새로운 입양제도가 도입되어 입양되는 아동의 권리보호가 한층 강화되었다. 이러한 법 개정과 함께 제도가 도입되어 협약 제21조 (a)항의 유보조항 철회를 위한 절차가 진행되고 있다(보건복지부·한국청소년정책연구원, 2017). 즉 입양은 정부기관이 결정하되, 아동에게 무엇이 최선인지를 가장 먼저 고려해야 하는 약속도 지켜져야 한다.

(3) 상소권

상소권의 보장과 관련한 협약의 제40조 제2항 나호 (5)항을 유보하였다. 이것은 형사 피의자가 된 모든 아동이 공정한 사법기관의 법에 따라 판결의 재검토를 요청할 수 있는 권리를 보장하는 내용이다. 우리나라에서 비상계엄하의 군사재판에서는 단심제만 허용되어 아동재판에서 상소권이 보장되고 있지 않다(「계엄법」 제10조 제1항 참조). 그러나 현재의 안보상황이나 군입대 연령 등을 감안할 때 협약 제40조 제2항(b)(v) 유보는 무의미하며 특히 한국정부가 자유권 규약 제14조 5항(모든 사람에게 형사범죄에 대한 상고권 보장)에 대한 유보를 2007년 4월에 철회한 상황이므로 「협약」의 같은 조항에 대해서도 유보 논의를 적극적으로 진행할 필요가 있음을 인식하고 있다(보건복지부·한국청소년정책연구원, 2017).

2) 아동권리협약의 이행과 모니터링

「협약」을 비준한 나라의 정부는 생존의 권리, 발달의 권리, 보호의 권리, 참여의 권리 등 협약에 명시된 모든 아동의 권리를 보장할 의무를 가지고 있으며 협약의 이행사항을 처음 비준한 후 2년, 그 후에는 5년마다 유엔아동권리위원회에 보고해야 한다.

1991년 11월에 비준하여 협약의 당사국이 된 우리나라는 협약과 관련하여 이룩한 진전 상황에 대하여 세 차례에 걸쳐 국가보고서를 제출하였다. 제1차 국가보고서는 1994년 11월에, 그리고 제2차 국가보고서는 2000년 5월에 제출하였다. 제3차 보고서와 제4차 보고서는 통합하여(제3·4차 국가보고서) 2008년 12월에 제출하였으며, 5·6차 국가보고서 제출은 진행중이다. 이러한 정부보고서 외에도 유엔은 비정부보고서도 받고 있다.

「협약」의 부속 의정서인 아동매매, 아동매춘, 아동 포르노그래피에 관한 선택의정서의 국가보고서는 2007년 11월에 제출되었고 2008년 7월 유엔아동권리위원회의 심의를 받았다. 아동무력분쟁에 관한 선택의정서의 국가보고서는 2007

년 7월에 제출되었고 2008년 6월 심의를 받았다.

아동권리위원회는 국가에서 제출한 이행보고서를 심의한 후, 우리나라의 협약 이행상황에 대한 우려와 제안을 담은 권고사항을 정부에 전달하였다. 이러한 아동권리의 모니터링은 아동의 권리가 제대로 보장되고 부여되고 있는지를 지속적으로 조사하고 감시하며 그 결과를 반영하여, 궁극적으로 아동의 권리가 신장되도록 하는 행위이다(이재연 외, 2008).

이러한 모니터링은 다양한 수준에서 행해질 수 있다. 국제적 수준뿐만 아니라 국가(정부)수준 또는 지방자치단체나 공공단체, 민간단체 수준에서 아동권리의 모니터링이 가능하다. 실제로 유엔의 아동권리위원회는 협약 당사국의「협약」이행을 증진시키기 위하여 각국의 아동권리 정책들에 대한 모니터링을 실시하고 있다. 당사국들이 5년마다 유엔에 제출하는 국가보고서는 유엔에 의한 각국의 아동권리 모니터링 자료이면서 동시에 협약 당사국의 아동권리 모니터링을 의무화하기 위한 조치이다(황옥경, 2002).

모니터링의 과정인 세 차례에 걸친 국가보고서의 제출과 유엔아동권리위원회의 권고 이후 우리나라의 아동정책은 큰 진전을 보였다. 협약이행을 준수하기 위해 정부는 꾸준히 아동과 관련된 법령의 재 · 개정해 왔다.「아동학대범죄의 처벌 등에 관한 특례법(2014)」,「양육비 이행확보 및 지원에 관한 법률(2014)」,「입양특례법」의 재 · 개정 등 그 사례가 아주 많다(황옥경, 2013).

그러나 반복적으로 권고를 받는 부분이나 법안들이 얼마나 협약을 잘 이행하고 있는지 등의 문제도 점검해 봐야 한다. 실제로 일반이행조치에서 유보조항, 입법, 정책조정, 독립적인 모니터링, 아동견해의 존중 등의 주제는 반복적으로 위원회의 권고를 받은바 있다. 이처럼 매 5년마다 국가보고서를 제출하고 이에 대한 위원회의 권고를 받는 모니터링 과정은 우리나라의 아동상황을 점검하여 광범위한 변화를 이끌어내는 변화의 기제로 활용되어야 한다.

협약 이행에서 아동의 권리에 대한 교육과 홍보는 다른 어떤 정책보다도 우선적으로 고려되어야 한다. 아동권리 보장의 실현은 아동권리의 이해에서 시작되기 때문이다. 현재 협약 이행에서 권리교육과 홍보는 눈에 띄는 성과를 이루지 못하고 있다. 협약의 원칙과 규정을 널리 알리는 것이야말로 아동권리 실현의 초석이 될 것이다(보건복지부·한국아동단체협의회·한국아동권리학회, 2006).

3) 유엔 인권이사회의 국가별 인권상황 정기검토

유엔인권이사회(Human Rights Council: HRC)는 192개 모든 회원국을 대상으로 국가별 인권 상황을 4년마다 정기적으로 검토하고 개선이 필요한 사안에 대해 권고해오고 있다. 이를 국가별 인권 상황 정기검토(Universal Periodic Review: UPR)라 칭한다. UPR은 유엔 회원국 모든 국가의 참여를 원칙으로 한다. 우리나라는 2008년 5월에 1차 보고서를 제출하였다. 이후 2012년에 2차 보고서를 제출하였고, 2017년에 3차 보고서를 제출하였다. NGO들은 자체적인 보고서를 제출할 수 있다. UPR에 아동의 권리와 관련된 사항이 포함된다(서여정, 2012).

5. 2030 새 시대를 마주한 책임

「협약」의 채택으로 아동의 모든 권리를 담은 국제적인 약속을 실천해오던 국제사회는 새천년이 시작되면서 2015년까지 빈곤을 감소시키자는 공동 목표를 수립하였다. 2000년에 새천년을 맞이하여 유엔은 누구나 사람답게 사는 세상을 꿈꾼 '새천년개발목표(Millennium Development Goals, MDGs)'라는 의제를 채택하였다. MDGs는 2001년부터 2015년까지 세계의 빈곤을 반으로 줄인다는 목표를 포함하여 8대 목표와 21개 세부 목표를 설정하고 이를 추진하였다. MDGs는 큰 성과와 과제를 남기고 2015년에 종료되었다.

이후 새롭게 '지속가능개발목표(Sustainable Development Goals: SDGs)'가 2016년부터 2030년까지 이끌 글로벌 개발의제로 채택되었다. SDGs는 전 세계가 함께 빈곤 퇴치, 양질의 교육 환경, 환경보호, 불평등 해소 등을 위해 17개 의

제와 169개의 세부목표로 이루어져 있다(유니세프, 2016).

공평한 경제성장, 사회발전, 그리고 환경보호의 세 축이 서로 연관되는 지속가능발전목표의 중심에는 아동이 있다. 거의 모든 목표들이 직접적으로 혹은 간접적으로 아동의 권익과 관련되어 있는 것이다. 예로 목표 1은 아동의 빈곤퇴치, 목표 4는 모두를 위한 교육의 질 향상, 목표 16 은 아동학대 폭력근절과 관련된다.

이처럼 지속가능 개발 목표(SDGs)가 모든 국가에 해당하는 보편적인 목표이지만 동시에 아동을 위해 더 나은 세상을 만들어가려는 의지가 담겨 있다. 앞으로 2030년까지 국제사회의 발전 방향으로 정해진 SDGs는 새로운 발전 과제로서 아동과 관련된 정책과 활동에도 영향을 미쳐나갈 것이다. 그러므로 이러한 목표를 달성하기 위해서는 중요한 당사자이기도 한 아동도 그 역할을 할 수 있어야 한다. 그러기 위해서는 아동이 접근 가능할 수 있게 정보를 제공하여 의미있게 참여할 수 있어야 하겠다.

이렇듯 SDGs를 실천하여 아동들이 공평한 삶의 기회를 누릴 수 있게 하고 또한 협약을 잘 이행하여 아동이라면 누구나 마땅히 생존·보호·발달·참여의 권리를 누리도록 하는 일이 새천년을 살고 있는 지구촌 공동체의 약속이다. 따라서 아동의 이러한 권리를 존중하고 보호하며 실현할 책임을 우리 모두 지닌다.

협약을 이행하여 아동의 권리를 보장해야 하는 일은 우리 모두에게 있다. 우선 국가는 협약에 담겨 있는 권리를 지키고 실현할 근본적인 책임을 가진다. 협약에 비준한 국가는 아동의 권리를 실현하기 위한 법과 정책을 마련하고, 매 5년마다 협약의 이행상황에 대한 국가보고서를 유엔아동권리위원회에 보고해야 한다. 이를 검토하는 아동권리위원회는 국가에 개선할 사항이 있는 경우 필요한 조치를 취하도록 권고한다. 아동과 관련되는 일을 하는 사람들은 아동권리 실천에 1차적인 책임을 지닌다. 부모와 교사, 사회복지사, 판사, 경찰 등 지역사회 구성원들은 아동의 권리를 지켜 주어야 한다. 그리고 민간단체도 협약을 널리 알리고 국가의 이행상황을 모니터링 하는데 국가보고서를 보완하는 민간보고서를 제출할 수도 있다.

아동도 권리실현에 적극적으로 참여해야 한다. 아동은 권리의 소유자로서 성인의 보살핌을 받고 역량을 키워 나가면서 자기의 권리를 소중히 알아가며 그것을 지켜 감과 동시에 다른 사람의 권리도 존중할 책임이 있다.

태어나는 아기를 보면서 우리는 희망을 본다. 그리고 아기가 가진 가능성을 본다. 희망과 가능성을 펼쳐나갈 수 있도록 해야 하는 중요한 변환점에 우리는 함께 있다.

활동하기 <Activity>

- 오늘날 세계차원/국가차원/지역사회차원에서 사람들이 직면하는 문제들 중 아동과 관련하여 가장 심각한 문제는 무엇인지 생각하고 적어 봅시다.

- 위에서 도출된 문제와 관련된 SDGs 목표를 연관 지어 보고 이를 타개할 방법을 도출해 봅시다.

생각해 보기

1. 최근 아동권리가 침해된 사례를 발굴하여 협약의 어느 조항과 관련되는지 살펴보자.
2. 아동의 참여를 촉진시키기 위해서 어떠한 방안들이 있는지 생각해 보자.
3. 개인 간의 권리가 상충되었을 때는 어떻게 해결해야 되는지 생각해 보자.
4. 아동을 위해 일하는 사회복지사라고 가정하고 지역사회 환경을 모니터링해 보자.
5. 아동소외의 현장을 하나 선정하여 권리증진을 위한 대책을 세워 보자
6. 아동을 위해 일하는 언론인이라고 가정했을 때 어떠한 문제를 다루고 싶은지, 대담할 사람을 정하고 그 내용을 써 보자.

02

CHAPTER

아동권리와 아동발달

21세기에 아동으로 산다는 것은 무엇을 의미하는가? 「유엔아동권리협약」은 발달심리학을 기반으로 하여 아동을 대하는 태도와 신념에 문제를 제기한다. 아동이 보호의 대상자이고 동시에 권리의 주체자임을 선언한 「협약」은 아동이 무능하고, 신뢰롭지 못하며 의존적이라는 과거의 시각에서 벗어날 것을 주문한다. 또한, 아동을 어른과 마찬가지로 독립적인 존재로 이해할 수 있어야 한다고 본다. 가장 많은 국가가 비준한 「협약」은 협약의 이념을 각국의 법과 정책에 반영하고 이행할 것을 주문한다. 그러므로 아동복지 서비스 전달과정에서 협약의 이념과 원칙 등을 어떻게 반영해야 할지 고민해 볼 필요가 있다. 우리나라를 비롯한 대부분의 국가는 협약의 포괄적 적용이 상당부분 미진하다. 그뿐만 아니라 아동기에 대한 사회 전반의 왜곡된 이해에 대하여 침묵한다. 이러한 상황은 아동이 없는 사회, 즉 온전한 한 시민으로서 아동이 사회에서 보이지 않는 존재가 되도록 만들었다.

이 장에서는 아동권리에 기반하여 아동발달을 어떻게 이해해야 하는지에 대한 새로운 이론과 시각, 그리고 주장을 소개한다.

1. 급격한 변화의 시대에 살고 있는 아동

모든 사람이 어린 시절을 지난다고 해서 21세기를 살고 있는 아동의 생활을 이해할 수 있는 것은 아니다. 왜냐하면 아동기의 경험이나 생물학적 성장과 성숙 경로가 비슷해도 환경적 맥락이 완전히 다르기 때문이다. 몇십 년 전까지만 해도 지금과 완전히 다른 도로 상태로 이동시간이 길고 교통수단도 편리하지 않아 접근성의 제약이 많았다. 뿐만 아니라 TV와 전화 등 통신수단이 발달되지도 않아서 정보교류도 원활하지 않았다.

21세기에 아동으로 살아간다는 것이 무엇을 의미하는지를 알기 위해서는 새롭게 인식해야 할 게 많다. 급격한 변화와 불확실한 상황이 과거보다 아동기를 단축시키고 있으며 더욱 불안정하게 만들고 있다. 잦은 주거지 이동과 이웃과의 관계 단절 등이 아동기의 불안정성을 증가시켰다(Hartas, 2008). 대기업이 지역상점을 점유하고 상업적인 테마파크가 아동의 놀이 공간을 대체하고 있으며 부모의 직장이 갈수록 집에서 점점 더 멀어지고 있다. 거의 모든 영유아가 하루 중 상당 시간을 자신의 집이 아닌 어린이집이나 유치원 등의 기관에 머무르며 부모가 아닌 교사의 돌봄을 받는다.

아동의 성장환경이 가정과 이웃관계라는 지역사회의 물리적 맥락에서 벗어나 결국 아동의 사회 결합력이 약화되었다. 아동의 공간과 움직임 또한 더욱 제한되고 있다. 아동은 사이버공간에서 새로운 세계를 창조하고 그곳에서 새로운 대상을 만나 놀 거리를 찾으며 어른의 규율과 간섭이 덜한 가상세계로 도피할 수 있다. 사이버공간은 아동의 사회관계와 상호작용, 그리고 우정의 본성을 급격하게 변화시키고 있다.

가족생활 역시 가족 구성원을 중심으로 한, 극히 사적인 공간으로 취급받던 과거와 달리 정부로부터 각종 지원과 조건을 흡수할 수 있는 공적인 공간으로 변화하고 있다. 부모의 돌봄을 받았던 것에서 나아가 국가와 사회의 돌봄을 받는 환경으로 변화되었으며 어느새 국가와 사회가 부모의 전통적인 양육기능에 간섭하고 필요하면 역할을 대체하기도 한다.

빈곤, 실업률, 가족의 불안정성, 열악한 주거와 불안정한 지역사회 환경, 환경오염 등은 아동의 복지와 안녕을 약화시키고 있다. 아동기의 따돌림, 폭력 그리고 학대도 만연해 있다.

이처럼 21세기 아동들은 전통이 거부되고 다양한 지식이 부상하며 무엇이 효과적인 정책과 서비스인가에 대한 논란이 끊임없이 제기되는 불확실성의 시대에 살고 있다.

활동하기 <Activity>

- 과거 아동의 삶을 볼 수 있는 사진과 그림을 찾아보고 현대의 아동기 생활과 비교해 봅시다.
- 현대사회 아동이 처한 위험에 대하여 생각해 봅시다.
- '행복한 아동기'란 무엇을 의미하는지에 대하여 토론해 봅시다.

2. 아동기에 대한 몇 가지 오해

1) 무능한 아동기

발달심리학 관점에서 아동을 이해하는 것이 보편적이다. 이 관점은 아동을 무언가 부족하고 미숙한 존재로 이해하고 아동이 고유한 특성과 역량을 가지고 있다는 관점을 수용하는 데 소극적이다. '유치함'이나 '어린애 같은' 등과 같은 말처럼 아동에 대한 통상적인 표현은 아동의 특성을 '바람직한 것'으로 이해하는 데 걸림돌이 되고 있다. 이런 식의 표현이 아동을 어른보다 부족한 '다른 존재'로 보게 만든다.

'미숙함'은 사실상 생물학적 현상이며 심리학적 용어이다. 이는 아동기에 나타나는 생물학적이며 심리적 상태를 지칭할 뿐이다. 한 사회를 이끌어 가는 어른에 의해 '미숙한'이라는 단어가 정의되는데, 이 과정에서 어른들을 성숙한 상태의 기준으로 삼고 '성숙한 상태에 미치지 못하여 부족함'을 나타내는 '미'라는 단어를 붙여 아동을 평가하는 잣대로 삼고 있다. '미숙함'은 아동기를 지칭하는 말과 거의 동의어로 사용되고 있는 것이다. 아동기를 미숙한 시기로 지칭하는 것은 아동기가 결핍된 시기라는 생각을 더욱 굳힌다. 아동기에 대한 이러한 인식이 대부분의 사람들에게 뿌리 깊게 박혀 있다.

이 인식은 단지 아동에 대한 태도에만 국한되지 않고 사회의 광범위한 영역에서 적용되고 있다. 아동을 '미숙'하거나 '무능'하다고 말하는 것은 아동을 대우하는 성인의 태도에 영향을 미친다. 이 관점은 어른을 아동과의 비교에서 상대적 우위에 놓는다.

아동기를 결핍된 시기로 이해하는 것이 아동에게 어떤 생각과 행동을 강요하거나 의사결정과정에서 아동의 의견을 배제하는 근거로 사용되었다. 우리사회에서 흔히 '어린애가 무슨 참견이냐', '나중에 커서 네 의견을 말해라' 등과 같이 아동의 의견을 무시하는 어른의 태도 역시 아동이 무능하다는 인식에 근거한 사회적 배제의 한 형태이다.

아동이 무능할 것으로 믿는 데에는 아동에 대한 몇 가지 신념이 작용하였기 때문이다. 이것은 아동이 타당한 의사결정을 할 수 없고, 불완전하며, 변덕이 심해 변화무쌍하고 신뢰롭지 못할 뿐만 아니라 때로 너무 공격적이어서 위협적이기까지 하다는 편견이다.

무능한 아동이라는 인식의 근거

- 자신의 삶에 대해 타당하거나 가치 있는 결정을 하지 못할 것임
- 불완전한 아동
- 변화하는 아동
- 믿을 수 없는 아동
- 위협적인 아동

아동이 미숙하다는 생각은 아동의 참여를 억제하고 아동의 행동을 통제하는 근거가 되었다. 통제를 위한 '미숙함'은 '부족한 것'과 연계되어 아동의 사회적 지위나 처우에 있어서 어른과의 차별을 낳았다. '부족한 것'이란 아동에 대한 인식은 성인과의 차별의 기초가 되었다. 가정에서부터 국가정책을 수립에 이르기까지 아동은 관심을 덜 받고 사회적 약자로서의 위치를 감내하고 있다(Decastro, 2004). Johns(2009)는 '성숙'의 개념에 대해 다음과 같이 일갈하였다.

"나는 완전히 성숙한 나이를 보고 싶다. 사람들은 나이에 대해 선입견을 갖고 있다. 나는 그 선입견에서 벗어나려고 노력하고 있다."

Johnes, 2011

아동은 얼마나 유능한가? 어른들은 대부분의 경우에 아동이 제대로 대우 받고 있다고 단순하게 생각한다. 아동을 위한 의사결정을 한다고 믿는다. 어른들이 자주 사용하는 표현 중 하나는 최대한 아동에게 도움이 되려고 한 의사결정이라는 것이다. 그러나 종종 어른의 의사결정은 아동에게 최선의 이익이 되기보다는 어른에게 편리하거나 유익한 것이다. 어른들의 아동에 대한 이해와 태도가 틀리는 경우가 발생하는 것은 어른들이 아동의 능력을 보지 않고 아동의 필요와 희망에 대하여 관심을 기울이지 않았기 때문이다. Shield & Baum(1994)는 부모의 생각이 아동의 생각보다 더 가치 있을 것이라는 생각에 대하여 의문을 제기한다. 아동은 어른이 생각하는 것보다 훨씬 더 유능하고 믿을 만하기 때문이다.

로저스(Rogers, 2004)는 아동기에 대한 교육학과 심리학의 정의를 비판하였다. 그에 따르면, 인지발달은 세계와 관계를 이해하는 방식이나 사고능력의 차이의 관점에서 아동기를 설명하였고, 발달이론은 자율성, 합리성 및 책임감의 관점에서 아동을 '부족한' 존재로 규정하였기 때문에 이들 이론이 아동을 잠재력과 무한한 능력을 가진 존재라고 보는 데 실패하였다고 본다. 이들 이론은 아동을 욕구에 지배되는 존재로 만들었다고 본다. 그래서 아동은 '어느 때고 항상 어른의 감시, 간섭, 통제가 '필요'한 존재가 되었다. 아동기에 대한 어른의 이와 같은 이해와 태도는 사회문화적으로 확산되어 사람들의 인식에 깊이 뿌리박히게 되었다(Prout, 2000). 로저스(2004)는 이러한 어른의 인식은 아동에 대한 성인의 편견이라고 주장한다. 아동을 무능하다고 생각하는 어른의 편견이 아동의 일상생활 전반에서 강력하게 사용하고 있다.

아동에 대한 왜곡된 이해의 요인

- 아동의 능력에 대한 이미지/무능하다는 인식
- 아동에 대한 성인의 지위 우위 욕심: 아동에 대한 권위를 지속적으로 누리고 싶은 욕구
- 아동은 무책임하고 자기중심적인 방식으로 행동할 것이라는 두려움
- 아동이 어른에 의해서 잘 대우받고 있다는 생각
- 어른이 관여하지 않으면 아동이 자신에게 혹은 다른 사람에게 해를 끼칠 수 있다는 생각
- 어른들이 아동보다 더 아동의 삶에 관여할 수 있어야 한다는 생각

조셉 도네이도(2011)는 아동문학에 나타난 아동의 의존성을 부각하였다. 그는 아동이 어른의 요구에 맞게 행동할 때에만 긍정적인 결과를 얻을 수 있다고 믿게 하는 수많은 동화 속 이야기들이 아동을 예속화하였다고 비판한다. 또한, 과학의 발달이 아동의 생물학적 요구를 무시하는 다양한 양육형태를 등장시켰고, 부모와 자녀와의 관계를 가로막고 기계적으로 구조화하였다고 주장한다. 조셉 도네이도(2011)는 성인이 아동을 '식민지화'하였다고 하면서 아동에 대한 성인지배 문화를 강력하게 비난한다.

아동에 대한 발달이론적 시각은 의도하지 않았더라도 아동을 어른에게 종속되는 존재로 보는 근거가 되었다. 이 시각은 아동을 어른과 분리하고 아동의 시각과 본성 자체를 도외시하면서 어른이 주도하는 사회를 구성하는 데 활용되었다(황옥경, 2014). 아동에 대한 왜곡된 이해는 아동의 능력에 대한 의심, 어른의 아동에 대한 권위를 지속적으로 누리고 싶은 욕구, 상대적 지위 우위를 유지하고자 하는 욕심, 아동이 무책임하고 자기중심적일 것이라는 오해 등에 기인한다.

생각해 보기: 미디어에 나타난 아동 이미지

- 미디어에 등장한 '아동' 이미지가 '미숙하고 무능하다는 생각'을 부추기는가?
- 남아에 대한 사회적으로 고정된 이미지는 여아에 대한 고정관념보다 더 강한가?

2) '정상'과 '표준화'의 틀

제임스와 프라우트(James & Prout, 1997)는 20세기 아동 연구에서 무엇이 '정상'이며 '표준화'인지에 대한 개념이 결과적으로 아동을 미숙한 존재로 낙인하였다고 본다. 이들에 의하면, '정상'과 '표준화'의 관점에서 아동을 바라보게 되면 아동기의 고유한 특성이 미숙함과 부족함으로 이해된다는 것이다. 발달심리학의 관점은 아동기 고유의 특성을 간과할 수 있다.

도시화는 밀집된 지역으로 많은 수의 아동을 불러들였다. 의무교육(1880)은 아동에게 집단생활의 기회를 제공하였고 '정상'과 '표준화'의 개념을 중요하게 받아들이는 계기가 되었다. 초기 발달 심리학자들은 아동을 불완전하고 자극에 따라 다르게 반응하고 성장·발달해 가는 존재로 보았다. 아동기는 연령별 발달단계로 나뉘었고, 연구의 '대상'이 되었다. 학교와 유아교육 기관 등은 동일 연령의 아동을 동시에 '통제된' 조건하에서 관찰할 수 있는 기회를 제공하였다. 아동의 평균 능력을 분석하고 무엇이 '정상'인지 등의 아동기에 대한 일반화된 정의를 찾았다.

무엇이 '정상'인지를 판단하는 도구 중 하나가 지능 테스트였다. 심리학자들은 다양한 지적 능력 검사 방법을 개발하였다. 검사결과는 아동을 다양한 방식으로 명명하게 되었고, 지적능력에 따라 아동을 구분해서 이해하였다. 아동발달 연구는 아동의 신체발달과 인지발달에 대한 지식을 확대하였지만, IQ 점수를 기준으로 '장애'기관에 맡겨진 아동에 대한 부정적인 낙인감을 갖는 데에도 기여하였다. 더욱이 터먼은(1877~1956) IQ를 유전적이고 인종적으로 결정된 것으로 간주하여 우생학적 우열을 가리는 사회적 인식을 갖게 해 백인 아동이 우월하다는 이미지를 강화시켰다.

잘 알려진 아동발달 연구자 중 하나가 피아제(Piaget, 1896~1980)이다. 피아제는 감각과 전조작 그리고 구체적 조작의 단계를 거쳐서 청소년기와 성인기에 이르면 형식적 조작 수준의 사고가 가능하다고 보았다. 한 단계에서 다음 단계로의 이동은 '도식'의 발달에 달려 있는데 이것을 '탈중심화'의 과정이라고 이해하였다. 정상적으로 발달한 모든 아동들이 이 단계들을 거친다. 동일한 비율이 아니더라도 동일한 순서를 거친다고 본다. 그러나 이들 발달심리학적 관점은 아동이 경험하는 사회문화적 차이를 간과하였다(Burman, 1994). 비고츠키(1896~1934)는 아동발달에서 사회적 맥락을 중시한 대표적인 연구자이다. 그런데 그 역시 아동기를 정의하는 과정에서 사회구조의 영향력에 대한 추정을 하지 않았다. 제임스 등(James et al., 1998)은 아동이 살아가는 세계는 어떤 제약도 없고 다양성이 존재하며 아동기는 어떤 틀로 구분해서 이해할 수 없다고 본다.

활동하기 <Activity>

- '나의 아동기'를 회상해 보고, 나의 가족과 이웃, 교사 등 그동안 내 주변의 어른들이 나에게 어떤 지위를 부여하였는지에 대하여 토론해 봅시다.
- 아동에 대한 어른들의 편견을 어떻게 없앨 수 있을지에 대하여 토론해 봅시다.
- 세계 각국의 아동의 삶에 대한 사진 등을 찾아 이들 국가의 아동기 이해가 우리나라와 어떠한 차이가 있는 지에 대하여 토론해 봅시다.

3. 아동권리에 기반한 아동기 이해

1) 독립된 '존재(being)'로서의 아동

아동은 하나의 독립된 '인격적인 존재(be)'인가 아니면 성장과정에 있는 '되어가는(becoming)' 상태에 있는가? 이 논란은 오래전부터 있었다.

아동이 물리학이나 천문학 등처럼 언제나 연구자들의 관심을 받은 것은 아니다. 20세기까지만 해도 아동은 사회적으로 하나의 인정된 지위를 갖지 못하고, 단순히 '대기 중인 성인'이라고만 여겨졌다. 아동에 대한 태도는 대체로 종교와 문화에 의해서 결정되었다. 청교도 교리는 아동을 제거해야만 할 '원죄'를 갖고 태어난, 선천적으로 사악한 존재로 간주했다.

존 로크(J. Locke, 1632~1704)는 종교적 차원의 아동기 이해에 반기를 든 첫 번째 사람으로, 아동은 선천적으로 그 특성이 미리 정해지지 않고 환경의 산물이며 환경적 영향을 기다리는 '빈 서판(blank slate)'으로 태어났다고 주장하였다. 존 로크는 아동이 자신만의 특유의 욕구를 가지고 있다는 사실을 인정한 첫 번째 철학자이다. 이 욕구는 성인의 욕구와 다른 것이다. 이 개념은 아동 그 자체를 독립적인 존재(being)로 완전히 인정하지 못하고 어른이 '되는 과정(becoming)'이라는 것과 여전히 연관되어 있기는 하지만 아동이 성인과 다르다는 것을 전제하고 있다는 점에서 이전의 아동기 이해와는 차이가 있다.

1989년 「협약」은 아동을 독립된 존재로 받아들여야 할 것을 강조한다. 아동이 독립된 인격체로 간주될 때 아동에게 인간으로서의 존엄성과 한 생명의 고유함을 부여할 수 있다고 보며, 그래서 아동을 어른과 다름없는 '시민'으로 본다. 「협약」은 인간의 권리로서 아동기를 강조함으로써 아동 시민권의 개념을 일깨워 주었다. 아동은 태어나는 날부터 시민이며, 국가와 사회는 아동이 시민으로서 살아가는 데 필요한 기술과 역량을 기를 수 있도록 도와야 한다. 「협약」은 아동의 역량은 어른보다 못해 열등하다고 이해해서는 안 되며, 어른과 다른 그 어떤 것으로 받아들여야 할 것을 제안한다.

제임스 등(James et al., 1998)은 아동발달을 네 가지 모델로 이해하고 있다고 본다. 첫 번째 모델은 '발달과정의 아동'이다. 이는 발달심리학 이론에 근거한 것으로 정해진 단계에 따라 아동에서 성인상태로 이동한다는 모델이다. 어른들은 역량, 정상성, 일탈, 병리 현상 등의 기준으로 아동의 발달과 복지 상태를 측정한다. 두 번째 모델은 '종족아동' 모델이다. 이는 발달하는 아동과 달리, 아동을 그들의 문화 세계 안에서 사회적으로 능숙하고 자주적인 존재로 본다. 세 번째 모델은 '성인 대 아동'이다. 이 모델에서 성인과 아동의 행위는, 아동을 성인보다 덜 중요한 것으로 보는 관념과 함께 여전히 나이와 성에 따라 묘사된다.

네 번째 모델은 '사회적 아동'이다. 이 모델은 아동기를, 아동이 그들의 권리를 가지고 사회적인 행위자로서 일상적인 활동에 참가하는 생의 일시적 단계로 보는 개념이다. 아동은 늘 변화하는 사회와 문화적인 맥락 안에서 사회적 행위자로서 독특한 정체성을 갖는 존재로 받아들여야 한다는 입장이다.

2) '권리의 주체자'이자 '보호의 대상자'인 아동

아동의 지위에 대한 새로운 비판의 근거는 「협약」에서 비롯한다. 「협약」은 아동을 보호의 대상자이자 동시에 권리의 주체자라고 천명하였다. 이에 근거하여 아동이 자신의 생존과 발달을 당연히 보장받을 수 있어야 하며 각종의 위험으로부터 언제나 보호받아야 하고 동시에 자신의 의견을 말할 수 있어야 하고, 사람들은 아동의 의견을 들어봐야 한다는 것을 세계 각국에 주문한다. 특히 협약은 모든 종류의 의사결정이 언제나 아동에게 최선의 이익이 될 수 있어야 한다는 점을 가장 중시한다. 이러한 내용들은 아동 서비스 과정에서 아동중심주의의 시각을 더욱 구체화하였다.

「협약」에서 아동이 '권리의 주체'라는 시각을 강조하는 것은 독자적인 존재로서 아동이 가진 가치를 인정해야 함과 동시에 아동이 어른과는 다른 역량을 가지고 있음을 전제한다. 아동기에 대한 가장 일반적인 관점 중의 하나는 어떤 도움 없이 혼자서 음식과 주거의 욕구를 충분히 채울 수 없는 성숙과 성장의 시기라고 보는 것이다. 그리고 이 시기에는 인지와 정서·사회성 발달이 나타난다. 아동기의 능력에 대한 관점은 찬반의 다양한 시각이 존재한다. 사회문화적 상황에서의 능력의 개념에서부터 법적, 의학적 맥락에서의 역량이 다양하다. 사회적 능력은 문제 해결 행동, 균형 잡힌 의견, 효과적인 사회적 상호작용 등과 같은 역량을 말하며, 이러한 능력이 아동을 '유능한 존재'로 보는 기준이 되기도 한다. 대다수 사회는 아동의 능력에 대한 불신과 불안을 갖지만 몇몇 사회는 아동에 대한 인식의 변화가 있다. 최근의 아동기에 대한 인식 변화를 다음과 같이 정리할 수 있다.

〈표 2-1〉 아동기에 대한 과거와 최근의 인식

전통적 입장	최근의 입장
무능한	유능한
가치 있는 결정을 내릴 수 없음	가치 있는 의사결정 가능
불완전한 성인	성인을 기준으로 하여 아동의 사고기능을 '부족'하다거나 '미숙'하다고 보지 않고 아동 자신의 능력의 관점으로 봄
논리와 경험의 결핍으로 인해 자신과 다른 사람에게 위협	유용하게 공헌할 수 있는 시민

「협약」은 어른이 아동의 관점보다 더 유능할 것이라는 데 문제를 제기하며, 아동이 무능하다는 편견을 강화하는 세상을 만들어 온 것에 대한 자각을 촉구한다. 아울러, 아동의 생각보다 어른이 더 나을 것이라고 아동을 설득하고, 아동을 돌보거나 보호하는 것이라고 여기면서 아동의 행동을 통제해 온 어른의 태도와 행동이 변화되어야 할 것을 보여 준다.

「협약」이 내포한 아동에 대한 시각은 협약을 비준한 몇몇 선진국이 아동의 복지와 안녕을 위하여 법률과 정책의 방향을 '아동중심 서비스'로 전환하는 데 기여하였다. 대표적 국가로 영국을 들 수 있는데 영국정부는 1997년 토니블레어 정부가 들어서면서 아동을 정책의 중심에 배치하는 '모든 아동은 소중하다(every child matters)'라는 국가 아동정책을 발표하였다. 영국정부는 이 정책을 실행하기 위하여 '조기 개입(early intervention)'과 '함께 일하기(working together)'를 강조하였다.

3) '참여의 주체'로서의 아동

아동권리 관점의 대두로 아동은 환경에 대한 능동적 반응이 가능한 존재라고 인식된다. 자기들의 삶에 영향을 주는 결정에 아동이 참여할 권리는 「협약」에서 인간으로서 누려야 할 기본권으로 명시되었다.

실드와 바움(Shield & Baum. 1994)은 아동을 자신의 신체와 처우에 대한 능력 있는 의사결정자로 보지 않는 것을 학대의 일종이라고 말한다. 영국 의학 저널(British Medical Journal)의 사설은 아동의 역량과 참여에 대한 사회적 이슈를 부각하였다.

> "상황이 위협적이지 않을뿐이지 실제로 치료 과정에서 아동에게 치료 동의를 받지 않는 것은 아동을 학대하는 것과 같다. 아동은 아마도 부모보다 더 안정적이고 균형 잡힌 생각을 가지고 있을 것이다."
>
> Shield & Baum, 1994

하디 등(Hardy et al., 2002)은 아동에 대해 유능한 합리적인 판단을 내리는 능력이 부족하다는 성인의 고정관념은 아동 성장에 대한 진보적인 본질 그리고 그들의 합리성 및 자율성에 대한 능력이 증가하고 있다는 것을 인지하지 못하는 결과를 낳는다고 보았다. 과거의 아동기 이해에 의하면 아동이 이혼 후의 가족 재구성에 대한 결정, 국가적 수준의 정책 입안 그리고 학교교육과정에서 의사표현 등의 능력을 가지고 있다는 것을 인정할 수 없다.

최근까지도 아동과 관련된 이슈는 침묵되었다. 아동의 목소리는 들리지 않았고 아동이 한 경험은 대체로 묻혀졌다. 이러한 아동의 취약성에 대한 비판적 시각은 소수 약자들 즉 여성들에 의해 제기되었다. 이러한 변화의 움직임은 아동에 대한 기존인식에 변화를 초래하였고 사라진 아이들의 의견을 찾는 데 도움이 되었다. '목소리' 주제는 경험을 말하고 단순히 자신의 권리를 요구하는 것은 물론 다른 사람의 의견을 듣고 스스로 결정하는 등 모든 과정에서 적용되었다(Thorne, 2002).

아동이 의사결정에 영향을 주려면 판단과 자기 의견 소통을 위한 능력을 기를 필요가 있고 행동을 위한 중재자가 필요하다. 이 사실은 현대 교육제도에도 충분히 반영되어 있지 않다.

생각해 보기

시민권은 영국과 웨일스에서 학생들의 일정 연령에 있어 필수 교육과정 주제이다. 시민권에 대한 최근 담론은 차이 인정 및 현재 배제된 것들에 목소리 부여하기를 강조한다. 참여의 개념은 시민권의 어떤 정의에서도 중심이 된다(Devine, 2002). 아동들이 목소리를 갖고 그들 자신을 시민으로서 정체화하기 위해서는 자신만의 고유한 권리를 가진 사회적 행위자로서 그들의 상황을 승인하는 것이 필요하다. 그러나 역설적이게도 학교 환경은 아동 시민권 상황의 실재성에 거의 신빙성을 부여하지 않는다.

활동하기 <Activity>

- 시민권이란 말로 아동들이 평등해질 수 있는지에 대해 토론해 봅시다.

「협약」에 바탕한 아동참여 이슈는 아동 연구 윤리의 중요성에 대한 자각과 더불어서 아동연구 분야에까지 아동참여를 수용하는 움직임을 만들었다. 아동연구 분야는 적절한 경우 아동 스스로에게 연구 안건을 결정하고 그들 자신의 조사를 주도적으로 진행해 나갈 권한을 주기도 한다. 아동관련 연구에서도 아동에 대한 관점이 아동에 '관한' 연구에서 아동과 '함께' 연구하는 것으로 전환하였고 궁극적으로 이 관점은 아동에 '의한' 연구를 포함하는 것으로 확대되고 있다(Kellett, 2005).

아동이 수행한 연구 사례: 해리포터 책은 너무 위험한가?

아래의 내용은 해리포터 책이 초등학생(헝가리 초등학교의 학생 연령은 8~14세임)에게 너무 위험한지에 대한 조사를 실시한 헝가리 남아가 연구결과를 요약한 것이다.

이 글을 읽는 분께!
내 이름은 Norbert Gergaly이고 초등학교 15학년이자 Zalaber 예술학교 1학년입니다. 내 주제는 해리포터 책의 위험성에 대한 조사입니다. 롤링의 책을 정말 좋아하기 때문에 나는 이 주제를 선택했습니다. 나는 종교 및 도덕 논쟁이 어떻게 전개되었는지에 관심이 있습니다. 내 목표는 이 책들이 일부 사람들이 말하는 것만큼 정말로 위험한지를 조사하는 것입니다.
내 질문과 가설은 다음과 같습니다.

- 나의 학우들과 선생님이 해리포터 책을 읽었는가?
- 그는 긍정적인/부정적인 캐릭터를 선택하는가? (조사를 실시하기 전에 모든 남아가 긍정적인 캐릭터를 선택한다고 가정하였다.)
- 그 책에 대해 왜 이런 거대한 논쟁이 전개되었는가?
- 나는 사람들이 이 책을 좋아하거나 싫어할 수 있지만 무관심할 수는 없다고 생각했다.
- 선생님들은 그 책이 위험하다고 생각하는가? (선생님들이 그 책을 신비주의자나 위험한 것으로 생각하지 않는다고 가정했다.)
- 학우들은 그 책이 단순히 공상의 창작물이라고 생각하는가?

그러고 나서 나는 질문지를 만들었습니다. 4학년에서 8학년까지의 교사와 학생들에게 질문했습니다. 그들의 응답내용을 분석하여 가설과 비교하였습니다.
그 결과는 다음과 같습니다.

- 거의 모든 학우와 교사들은 해리포터 책에 대해 들은 적이 있었다.
- 소수의 교사와 학생들만이 그 책들을 읽었다.
- 학생 대부분은 긍정적인 인물들을 이상적으로 뽑았지만 매우 놀라운 일은 부정적인 인물을 좋아한다는 학생도 일부 있었다는 점이다.
- 거의 모든 아동이 그 이야기가 판타지 및 공상의 창작물이라고 알고 있다.
- 교사들은 그 책 내용이 신비한 것이라고 생각하지 않지만 그들 중 몇 명은 그것이 위험하다고 생각한다는 내 생각에 동의했다. 교사들은 우리가 다른 책들도 읽기를 바라며 일부 교사는 영화가 지나치게 화려하다고 생각한다.

여러 가설과 질문에 대한 응답을 분석한 결과 나는 앞으로도 해리포터 책들이 위험하지 않다는 결론을 냈습니다. 또한, 부모들의 책임감에 이의를 제기하지 않습니다. 그러나 부모들은 아동이 어디에 관심이 있는지 그 범위를 살펴야 합니다. 그렇게 한다면 아동이 신비주의에 빠지는 것을 쉽게 예방할 수 있습니다. 부모들은 아동이 그 책들의 긍정적인 가치를 알도록 지원해야 한다는 것도 유념하는 게 좋습니다.
이 글을 읽어 주셔서 감사합니다.

4~7세 아동은 법정에서 선서할 수 있는 능력이 있다는 것을 확인하는 연구가 발표되었으며(Lyon, 1995), 네덜란드와 영국에서는 부모의 이혼 과정에서 누구와 함께 살지에 대한 의사결정을 아동에게 묻고 있다. 덴마크, 독일, 네덜란드, 스웨덴에서는 아동이 학교 위원회에 참여하여 교육과정 결정 등에서 자신의 의사를 표현할 수 있는 기회를 갖고 있다. 연구결과와 최근의 변화추세는 오래전부터 형성되어 온 어른과 아동 간의 관계에 대한 태도가 재검토되어야 할 것임을 보여 준다.

활동하기 <Activity>

- 국가정책을 수립하는 과정에서 아동의 참여가 왜 중요한지를 토론해 봅시다.
- 국가정책을 수립하는 과정에서 아동의 생각과 어른의 판단의 간극을 어떻게 줄여 나갈 수 있을지 토론해 봅시다.

영국정부가 선정한 주요 아동권리

- 생명, 생존 및 발달의 권리
- 아동의 견해가 존중받을 수 있고 항상 아동 최선의 이익이 고려될 수 있는 아동의 권리
- 아동이 이름과 국적, 표현의 자유, 그리고 자신들에 관한 정보에 대해 접근할 수 있는 권리
- 가족 환경에 살거나 또는 가족을 대체할 만한 보살핌을 받으며 가능할 때마다 부모와 연락할 수 있는 권리
- 장애 어린이를 위한 권리를 포함한 건강 및 보건의 권리 그리고 사회보장에 대한 권리
- 교육, 여가, 문화 및 예술에 대한 권리
- 난민 아동, 청소년 법 산하 기관 내의 아동, 자유를 빼앗긴 아동, 그리고 경제적, 성적 또는 기타 형태의 착취를 당하는 아동에 대한 특별한 보호

출처: John & Walker(2011).

아동이 선정한 아동권리

최근 한 조사에서 1,800명의 영국 어린이들에게 「유엔아동권리협약」과 「세계인권선언」의 아동권리에 대한 상세 내용을 알려 주고 아동에게 아동의 관점에서 투표를 하도록 했다. 그 결과 권리의 의미와 중요성에 대하여 어른과 다른 아동의 관점이 도출되었다. 최상위 다섯 가지가 다음과 같다.

1. 학대로부터 보호받을 권리
2. 교육을 받을 권리
3. 생존과 안녕을 누릴 수 있는 도움을 받을 권리
4. 인종, 피부색, 성별, 장애, 언어 또는 종교적 신념 때문에 차별받지 않을 권리
5. 잔인하거나 내 자신에 대해 나쁜 느낌이 들게 할 목적을 갖는 방식으로 취급되거나 처벌받지 않을 권리

OFSTED(2010).

활동하기 <Activity>

- 어린이집과 유치원 등의 육아 지원기관에서 영유아가 의사결정에 참여할 수 있는 방안에 대해 토론해 봅시다.

- 어린이집과 유치원 등의 육아 지원기관에서 영유아의 참여를 촉진하기 위해서 필요한 조처가 무엇이 있을지에 대해서 토론해 봅시다.

4. 아동권리와 아동복지

1) 정책 대상자로서의 아동 지위의 확보

세계노동기구(ILO, 2012)는 지식을 습득하는 것만큼이나 아동권리는 중요한 가치라고 본다. 아동 당사자, 청소년, 그리고 어른에게 아동 역시 천부적으로 부여된 인간의 기본권을 가지고 있음을 국가가 교육하면 만인교육(EFA)의 이념

을 실천하는 데에도 기여할 것으로 본다. 이 기구는 아동권리에 대한 인식을 확산하는 데 각국이 투자할 것을 강조한다.

20세기에 들어서서 비로소 아동은 교육받을 권리를 포함하여 인간으로서의 기본권을 가지고 있는 사람으로 여겨지기 시작했다. 1924년 국제연맹 선언에서는 인류는 아동에게 최고의 것을 주어야 한다고 선언하였고 유엔은 1989년 「아동권리협약」을 채택하였다.

「협약」은 모든 아동의 권리를 강조하는데 여기에는 교육받을 권리, 부모와 자녀양육의 책임이 있는 합법적인 후견인을 제공받을 권리 등이 포함된다. 아동은 생명, 생존의 권리를 가지며, 위험한 환경으로부터의 보호와 자신의 삶에 영향을 미치는 의사결정에 참여하여 자신의 생각을 말할 수 있는 권리도 가진다. 뿐만 아니라 배우고 알고 싶은 것에 대한 정보를 충분히 제공받고 경험할 기회를 가질 수도 있어야 한다. 아동의 권리 실현을 위해 각국은 아동에게 최선의 이익이 되는 범주에서 정책 결정을 해야 한다. 가능한 범주 내에서 최대한 국가 예산을 확보하고 아동권리의 이행 수준에 대하여, 그리고 아동권리의 침해에 대해서도 점검해야 한다. 물론 국가 정책이 아동의 성장과 발달에 미치는 영향에 대해서도 평가할 수 있어야 한다.

아동을 온전한 시민으로 여기고 그 권리를 보장하려면 각국은 아동을 주요 정책 대상자로 삼아야 한다. 종종 정책과 아동의 관점이 조화를 이루지 못하는데 이것은 아동기 그리고 아동을 정확하게 이해하고 있지 못하고 있기 때문이다(McDonald, 2007). 협약의 비준과 이행으로 아동권리에 대한 인식의 확산은 아동기에 대한 보다 정확한 이해를 토대로 아동의 필요와 요구에 접근하는 정책을 개발 · 시행할 가능성을 높였다.

2) 아동기에 대한 투자 확대

「협약」에서 아동은 개별화된 존재이며 어른과 다른 독특한 발달시기에 있다고 본다. 아동의 '개별화'는 아동에 대한 '사회적 투자'의 중요성을 강조하는 근거가 되었다. 「협약」은 아동기에 대한 과거 성인의 시각에 이의를 제기하면서 아동이 부모에 예속되지 않고 부모와는 별개의 인격체임을 강조한다. 아동에 대한 투자는 아동의 발달적인 기회와 교육을 극대화할 수 있다고 본다. 아동권리 시각은 세계 각국이 아동에 대한 투자의 확대와 투자시기를 영유아기까지 확대하는 정책으로의 변화를 촉발하였다. 각국에서 아동의 건강과 복지를 향상시키는 것이 사회적, 경제적인 정책의 주요한 우선순위가 되었다. 아동이 미래의 역군이면서 현재를 살아가는 시민이고 투자의 대상만이 아니라, 사회적, 정치적 및 법적인 권한을 가지고 있는 사회구성원임을 자각한 것이다.

복지국가 개념의 변화 역시 아동에 대한 국가투자 확대를 이끌고 있다. 앤서니 기든스는 전통적인 복지국가의 대안으로서 '사회적 투자 국가'라는 용어를 처음 사용하였다. 그에 따르면, 복지의 개념은 시장의 변화로 인한 개인적인 곤경을 국가가 보상하는 것으로부터 사회적 부를 창출하기 위하여 개별화된 인적 자원에 투자하는 개념으로 변화되어야 한다(이재연 외, 2015). 최근 OECD나 EU에서도 이 개념을 채택하였다(Gilbert et al., 2011). 영유아보육교육에 대한 투자를 늘려나갈 뿐만 아니라 투자의 효율성을 높이기 위해 이원화되었던 관할 부처 역시 통합해 나가는 추세에 있다(ILO, 2012). Jacques van der Gaag는 경제적 관점에서 계획을 수립하는 것보다 사람에게 투자하는 것이 더 중요하다고 본다.

아동기에 대한 권리 관점의 이해와 경제학의 아동기 투자의 중요성에 대한 발견은 아동이 생산적이고 사회 질서를 존중하는 성인으로 성장하는 데 아동기 투자가 핵심적 기능을 할 수 있음을 보여 준다.

3) 시기(timing)의 중요성 자각

영유아기를 포괄하는 아동기 경험과 성인발달이 직접적으로 연계되어 있다는 것은 잘 알려져 있다. 최근 10년 동안 신경학의 뇌 연구들은 아이들의 뇌가 생후 첫 5년 동안 발달한다는 사실을 밝혀냈다. 적절한 외부자극이 받아들여지거나 발달이 손상되는 결정적 시기는 3세 이전이다(유니세프, 2001: 14-15). 인간의 뇌는 일생을 통해 재편성되고 개입에 의해서 보완될 수 있지만 유아기의 뇌 발달은 다른 어느 발달시기에서도 찾아볼 수 없는 빠른 속도이다(유니세프, 2001: 14-15).

또한, 아동기 경험이 인지능력, 학습, 그리고 성인기의 삶과 행동에 영향을 준다는 수많은 연구결과들은 아동기 발달의 중요성에 대한 자각을 가져왔다. 아동기의 사회적 그리고 물리적 조건(수질, 안전한 물리적 환경, 충분한 영양공급, 적절한 훈육방식)이 성인기의 신체와 정신 건강 문제를 초래한다. 때문에 아동기의 개입은 이후 특별한 개입을 해야 할 상황을 최소화시킨다는 점에서 비용효율이 높다.

세계노동기구는 아동기 개입의 주요 수단으로 교육을 든다. 교육이 가져다주는 혜택은 잘 알려져 있다. 교육은 새로운 기술의 도입, 민주적인 과정과 절차에 의한 사회운용, 출산율 조절, 범죄율 감소 등의 긍정적 영향을 사회에 미친다. 장기적으로도 아동이 좀 더 일찍, 보다 더 나은, 그리고 오랫동안 교육을 받게 되면 역량 있고 성공적인 성인으로 자랄 수 있게 된다. 최적의 시기에 제대로 교육을 받는다는 것은 성공을 어떻게 정의하는가와 상관없이 건강한 성인으로 성장할 수 있는 정확한 예측지표이다.

03

CHAPTER

아동권리와 복지 패러다임

본 장에서는 복지 패러다임에 대해 알아보고 이것이 아동권리가 강조되면서 최근에 어떻게 변화하고 있는지 알아보고자 한다. 즉, 본 장에서는 아동복지를 포함한 복지 제도의 방향을 결정하는 전통적 패러다임이었던 욕구에 기반한 패러다임이 무엇인지를 알아보고, 여기에 포함되는 두 가지 관점, 즉 선별주의적 관점과 보편주의적 관점의 차이를 논의할 것이다. 그리고 이러한 욕구에 기반한 전통적 패러다임의 한계점을 지적하고 이를 넘어서는 새로운 패러다임인 '권리에 기반한' 아동복지 패러다임에 대해 설명하고자 한다.

1. 욕구에 기반한 복지 패러다임

1) 복지 패러다임의 개념

'패러다임이란 한 시대의 가치, 사상, 관점 등을 주도하는 이론적 틀이나 세계관을 의미한다. 따라서 복지 패러다임이란 복지제도를 누구에게, 어떻게 실행할 것인지 등에 대한 그 사회와 시대의 가치나 관점 등을 의미한다(박경일, 2013). 복지제도는 인간의 욕구를 충족시키고자 하는 사회적 노력을 의미한다. 사회복지에서 '사회'라는 용어는 개인 및 집단의 다른 사람들, 집단, 기관, 또는 지역사회와의 상호작용을 나타내는 말이다. '복지(welfare)'는 인간의 웰빙에 대한 관심을 의미한다(Morales et al., 2007). 즉, 복지제도는 사회에서 다른 사람들과의 상호작용 속에서, 사회문제 속에서 발생하는 다양한 욕구에 대한 집단적 관심과 그 대응의 차원으로 만들어진 사회제도를 의미한다. 따라서 욕구 기반(needs-based) 접근은 현대 사회가 점차 복잡해지고 다원화되면서 '욕구'라는 개념을 도입하고 자선활동을 현대의 복지제도의 모습으로 전문화하면서 생겨나게 된 접근방법이다(Kosher et al., 2016).

여기서 욕구(needs)란 인간의 잠재능력을 최대한 발휘하는 것을 저해하는 경제적, 사회적, 심리적, 생리적, 신체적 조건과 상황을 의미한다. 인간의 욕구와 관련된 이론은 많지만 그중에서 가장 대표적으로 꼽히는 것 중 하나가 매슬로우(Maslow)의 욕구 이론이다. 매슬로우는 욕구 위계모형을 제시하여 가장 낮은 단계 욕구부터 충족이 되어야 가장 높은 단계의 욕구까지 차례로 충족이 가능하다고 설명하였다(Morales et al., 2007).

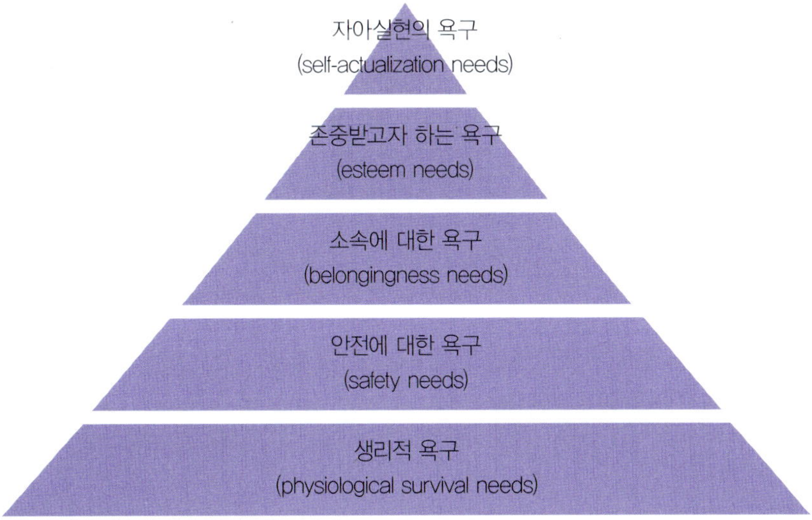

[그림 3-1] **매슬로우의 욕구단계**

가장 낮은 단계에 있는 욕구는 생리적 욕구(physiological survival needs)로서 생존욕구를 의미하며, 의식주와 더불어 휴식 및 보호를 필요로 하는 욕구를 의미한다. 그 다음 단계의 욕구는 안전에 대한 욕구(safety needs)이다. 더 높은 단계의 욕구는 소속에 대한 욕구(belongingness needs)로서 집단의 구성원이 되고 싶은 욕구, 사랑하고 사랑받기 원하는 욕구를 의미한다. 다음 단계는 존중받고자 하는 욕구(esteem needs)로서 타인으로부터 존경, 인정, 감사 등을 받고 싶은 욕구이다. 이 욕구까지 충족되면 마지막 최고 단계의 욕구로서 자아실현의 욕구(self-actualization needs)를 충족하고 싶어진다. 이는 자신의 잠재력을 발휘하고자 하는 욕구이다(Morales et al., 2007).

사회복지제도의 운영에는 누구에게, 어떤 방법으로, 한정된 사회적 자원을 할당할 것인가를 '선택'하는 과정이 포함된다. 복지 패러다임은 어떤 선택을 해야 할지에 대한 가치관이나 관점 등을 내포한다. 따라서, 욕구에 기반한 복지 패러다임은 인간의 욕구가 무엇인지, 그것을 어떻게 충족시키는 것이 좋을지에 대한 가치관이나 관점을 반영한다. 또한, 인간의 미충족된 욕구의 발생 원인에 대해 어떻게 이해하는지와도 관련된다(Gilbert & Terrell, 2007).

2) 욕구 충족을 위한 접근 방법: 선별주의 vs. 보편주의

사회의 한정된 자원으로 어떤 대상의, 어떤 욕구를, 어떻게 충족시키는 것이 가장 좋을지에 대한 관점은 사회복지의 변화와 함께 발달해 왔다. 이러한 관점 중 가장 대표적인 것이 선별주의냐 보편주의냐와 관련된 것이다. 이러한 관점은 복지에 대한 가치관뿐만 아니라 그 사회와 그 시대의 정치적 이데올로기나 사람들의 가치관에 영향을 받는다. 일반적으로 이데올로기란 '한 개인 또는 한 집단이나 계층의 성원들의 사회적 위치나 상황, 집단이 지향하는 목표나 미래상 또는 가져야 할 이미지에 관한 신념체계(장인협, 1997: 45)'로 정의된다.

정치적 이데올로기에 따라 선별주의로 치우치는지 보편주의로 치우지는지 결정되는 경우가 많다. 따라서 선별주의와 보편주의를 이해하기 위해서는 정치적 이데올로기의 특징을 함께 논의해야 한다. 정치적 이데올로기는 다양하게 나눌 수 있으나 가장 일반적인 방법 중의 하나는 보수주의 이데올로기와 진보주의 이데올로기로 분류하는 것이다. 이 둘은 서로 다른 양극단에 위치한 이데올로기로서 각자 중요시하는 가치관에 있어 차이가 있다. 그 차이를 우선 설명하기 전에 기억해야 할 것은 이 두 가지 관점은 상대적으로 어느 가치를 더 중시하는지 그 정도에 따른 차이를 의미한다. 즉, 관점의 차이는 절대적인 것이라기보다는 상대적인 차이라는 것이다(Morales et al., 2007).

(1) 선별주의

선별주의적 복지 관점과 관계된 정치적 이데올로기는 보수주의 이데올로기이다. 이 이데올로기는 정치적으로 보수주의적 가치관으로 점진적 사회변화를 추구하며 순수한 자본주의 경제체제를 중시하는 입장이다. 즉, 시장주의를 중시하는 관점을 포함하며, 이는 정부의 개입보다는 사적 시장의 자유를 바람직하다고 보는 입장이다. 경제적으로 자유방임주의를 표방한다고 볼 수 있다(박경일, 2013; Morales et al., 2007).

또한, 보수주의는 개인주의와 자유주의 가치에 중심을 두는 입장이다. 자유의 가치관은 서구 역사에서 보면 18세기 이래 새롭게 등장한 상공업을 중심으로 하는 시민계급이 귀족이나 왕 등 기존 기득권 계층인 봉건세력에 대항한 가치로부터 그 역사적 출발점을 찾을 수 있다. 즉, 봉건세력의 지배와 간섭으로부터 벗어나고자 했던 시민계급이 추구한 자유의 의미는 '구속이나 속박으로부터의 해방'이다(남기민, 2015; 이진숙 외, 2013; 윤찬영, 2017). 그러나 현대 사회로 올수록 보다 적극적 의미의 자유를 추구하게 되었다.

보수주의의 관점에서 보면 개인 복지에 대한 책임은 주로 개인 자신 혹은 그 가족에게 있다. 보수주의 이데올로기의 특징은 성공은 개인이 열심히 노력한 결과이며, 실패는 개인의 노력 부족이나 결함 탓이라는 것이다. 또한, 자유의 가치에 초점을 두므로 자기 스스로 방해받지 않고 자유롭게 개인의 이익을 추구할 때 그것이 사회 전체에게 가장 최선의 이익이라는 믿음을 가지고 있다(남기민, 2015; 이진숙 외, 2013; Morales et al., 2007).

따라서 정부의 활동은 최소한의 수준에 있어야 한다고 믿는다. 중앙 정부의 조직, 인력, 예산 등을 최소화하며 효율을 추구하는 작은 정부를 바람직하게 생각한다. 사회복지의 역할도 정부의 역할처럼 최소한의 것이어야 하며, 사회유지를 위한 최소한의 안전망 정도를 제공하면 된다고 주장한다. 사회복지 혜택이 너무 과다해질 경우 개인의 책임 의식과 도덕성을 낮추고 시장으로 갈 자원이 사회복지에 투입되어 시장의 활동을 방해한다고 본다(남기민, 2015; Morales et al., 2007).

또한, 보수주의 관점에서는 국가나 사회 차원에서의 복지는 '시혜'적 차원에서 꼭 필요한 대상에게만 선별적으로 제공되는 것이어야 한다고 본다. 복지 서비스의 수혜가 꼭 필요한 욕구를 가진 대상을 '선별'하여 복지 혜택을 준다는 의미에서 이러한 입장을 선별주의라고 부른다. 혹은, 자유주의 시장에서 개인의 복지를 해결하지 못한 사람에게만 시장기능을 보충하여 복지 혜택을 제공한다는 의미에서 보충주의라고 부르기도 한다. 선별주의적 관점은 시장이나 가족과 같은 사적 영역이 개인의 욕구를 충족시켜 주지 못하면 그 다음 복지제도가 그 개인을 돌봐주는 사회적 안전망(safety net)의 기능을 해야 한다는 입장이다(Gilbert & Terrell, 2007).

선별주의적 복지 서비스의 대표적 예로서 사회적 취약계층에 대한 최소한의 욕구충족을 위한 의식주 제공을 들 수 있다. 저소득층에 대한 임금보조(공공부조)나 노숙자를 위한 쉼터 등이 여기에 해당한다. 그리고 아동복지 서비스 중에서는 학대피해아동을 위한 개입 등도 선별주의적 접근에 포함된다(Morales et al., 2007).

선별주의 입장에서는 정말 도움을 필요로 하는 사람인지 판별하는 것이 매우 중요하다. 복지 수혜자를 '선별'해야 하기 때문이다. 그 선별 방법으로는 개인의 경제적 수준을 기준으로 하는 '자산조사방법'이 가장 적절하다고 믿는다. 따라서 도움이 필요한 사람을 잘 가려내기 위한 자산조사는 매우 전문적이며 기술적인 과정이어야 하며, 세밀하게 진행되어야 한다는 것이다. 이때 선별주의가 갖는 장점은 자산조사 등의 선별과정을 통해 도움을 가장 필요로 하는 사람에게 집중적으로 도움을 제공함으로써 자원의 낭비를 줄이고 불필요한 의존심을 키우지 않는다는 것이다. 그러나 사회복지 이용자가 된다는 것은 도움이 필요하다는 것을 의미하게 되므로 사회복지 이용은 '수혜'가 되며 이는 자랑스러운 것은 아니게 되므로 사회복지 이용하는 데 있어 수치심이 따르게 된다는 단점이 있다. 그 외, 전문적이고 기술적 자산조사를 필요로 하여 이 과정에 많은 비용과 인력이 투입되어야 하며, 사회복지 이용절차에 여러 장벽을 만들어 행정절차가 간단치 않을 수도 있다는 점도 단점으로 들 수 있다(남기민, 2015; 박경일, 2013; 박병현, 2013).

활동하기 <Activity>

- 보수주의 이데올로기의 정치적 특징을 이야기해 봅시다.
- 보수주의 관점의 아동복지제도는 어떤 것이 있는지 이야기해 봅시다.
- 보수주의 이데올로기와 진보주의 이데올로기의 가장 큰 차이점이 무엇일지 이야기해 봅시다.
- 학생 본인의 이데올로기는 보수주의 관점 혹은 진보주의 관점 중 어떤 관점을 가지고 있는지 생각해 봅시다.

(2) 보편주의

선별주의와 반대적 입장에 있는 보편주의 관점을 이해하기 위해서는 보수주의의 반대 지점에 있는 진보주의 이데올로기에 대해 알아야 할 필요가 있다. 진보주의 성향의 극단에 있는 경우, 정치적으로 순수 사회주의 체제를 추구하며 점진적 사회변화보다는 급진적 개혁을 주장한다. 즉, 정치적으로 진보주의 성향일수록 사회 변화와 개혁을 중시하는 성향이 강해진다고 볼 수 있다.

진보주의 이데올로기는 보수주의가 중요시하는 자유의 가치보다는 평등에 더 중점을 둔다. 또한, 개인주의보다는 집합주의를 중시하는 입장이다. 집합주의는 사회의 중심단위로서 개인보다는 집단을, 공동의 목표를 위한 공동의 행동을 중시하는 것이다(남기민, 2015; 박병현, 2013).

사회문제를 바라보는 관점에서도 진보주의 이데올로기는 보수주의와 차이를 나타낸다. 즉, 보수주의의 이데올로기의 관점은 사회 문제는 개인이 무능하거나 게으르기 때문이라는 개인적 결함으로 인한 것이라고 보는 반면, 진보주의는 '사회의 구조적 문제에서 비롯된 것'이라고 본다. 또한, 사회주의에서는 시장중심의 자본주의 체제를 인정하긴 하지만 사회 계층 간의 지나친 불평등이나 특정 사회경제적 엘리트 집단의 독점과 지배를 견제하고 경계한다. 따라서 진보주의 이데올로기 관점에서는 자유주의 가치보다는 평등의 가치를 더 중요시한다(남기민, 2015; 이진숙 외, 2013).

진보주의 이데올로기에서는 복지에 대해 보편주의적 입장을 취한다. 보편주의는 앞에서 설명한 보충주의나 선별주의와 반대되는 개념으로서 사회복지제도와 서비스의 이용은 국민이라면 모두가 당연히 누려야 할 사회적 권리라는 가치를 가지고 있다. 즉, 복지의 이용자를 전 국민으로 보는 포괄적 입장을 가지고 있어서 보편주의라고 부른다.

또한, 진보주의 이데올로기는 사회진보주의적 관점을 가지고 정부는 경제 및 사회문제에 적극적으로 개입해야 한다고 본다. 이러한 정부의 개입을 통해 사회적 프로그램을 개발하고 국민이 폭넓게 활용할 수 있도록 하여 궁극적으로는 사회적 자원을 재분배할 수 있다는 것이다. 또한, 보편적 복지제도를 통해 최소한 시장경제에 부분적으로 개입하고 사람들의 기본적 욕구를 충족시킬 수 있어야 한다고 본다(Morales et al., 2007). 따라서 보편주의 사회복지는 경제적 불평등을 해결하고 분배적 정의를 높일 수 있는 방법이기도 하다.

그러므로 보편주의적 입장에서는 복지는 사회적 취약계층만을 위한 것이 아니라 현대사회에서는 누구나 필요로 하는 필수적인 제도이다. 사회가 산업화될수록 이러한 복지기능은 보다 보편화되고 제도적 개념으로 변화될 가능성이 높다(Gilbert & Terrell, 2007).

보편주의적 관점에서 보면 복지 서비스는 불쌍한 사람에게 베풀어 주는 자선이나 시혜가 아닌 사회구성원으로서 당연히 누려야할 '권리(entitlement)'로 인식한다(Morales et al., 2007). 보편주의제도의 예는 보다 광범위한 대상을 위한 사회복지정책을 들 수 있다. 우리나라 아동복지 영역에서는 많이 논의된 아동수당, 무상급식, 무상보육과 같은 제도를 예로 들 수 있다.

보편주의 관점에 기반한 복지제도의 장점은 그 제도가 당연히 누려야 할 권리로 인식되므로 복지를 이용하는 사람이 수치심이나 낙인감을 느낄 필요가 없다는 점을 들 수 있다. 즉, 보편주의적 복지제도는 개인의 소득 등과 상관없이 주로 누구나 이용하는 제도이므로 그 제도를 이용하더라도 그 사람이 불쌍해서, 혹은 능력이 없거나 아주 힘든 상황에 있어서 그 제도를 이용하는 것으로 보이지 않는다. 또한, 보편적으로 전 국민을 대상으로 최저소득을 보장하는 제도 등을 시행함으로써 빈곤이나 사회문제를 예방할 수 있다는 점도 장점으로 꼽는다. 그리고 선별주의 복지처럼 복잡한 자산조사를 통해 이용자를 골라내는 절차를 줄일 수 있으므로 행정비용도 적게 들고 절차가 간단하다는 장점도 있다(남기민, 2015). 복지 서비스 이용에도 선별주의에 비해 용이하고 이용 장벽이 덜하다.

그러나 보편주의 관점의 복지제도도 단점이 있다. 가장 큰 단점으로는 전 국민을 대상으로 하는 제도를 운영하는 데에는 막대한 예산이 필요하며, 복지 서비스를 필요로 하지 않는 사람에게도 제공하게 되므로 자원이 낭비될 수도 있다는 점을 들 수 있다. 즉 경제적 효율성이 낮아진다는 비판을 받는다. 또한, 전 국민을 대상으로 한 보편적이고 포괄적인 복지제도를 시행하면 자신의 힘으로 스스로 자립하여 경제활동을 하려고 하지 않고 복지제도에 의존하려는 의존심을 키울 수도 있다는 우려가 있다(남기민, 2015). 이는 복지 이용자의 근로 동기를 약화시켜 도덕적 해이를 가져올 수 있다는 우려로 이어진다. 따라서 보편주의적 복지제도를 시행하려면 증세가 필요하며, 이를 위해서는 국민적 동의가 선행되어야 한다.

활동하기 <Activity>

- 선별주의와 보편주의의 각각의 장점과 단점을 논의해 봅시다.
- 우리나라 아동복지분야에서 선별주의 관점이 더 적합하다고 생각되는 분야를 논의해 봅시다.
- 우리나라 아동복지제도에 보편주의 관점이 도입되어야 한다면 어떤 제도일지 논의해 봅시다.
- 현재 우리나라에서 도입이 논의되고 있는 보편주의 관점의 아동복지 제도는 무엇이 있는지 검토해 보고 그와 관련된 논쟁점이 무엇인지 생각해 봅시다.

2. 새로운 복지 패러다임 대두: 욕구관점에서 인권관점으로

1) 욕구에 기반한 복지의 변화

앞서 설명한 선별주의와 보편주의에 대한 논란은 각 사회마다, 시대마다 어떠한 정치적 이데올로기와 가치관에 더 초점을 두는가에 따라 차이가 있다. 개인과 시장경제의 자유를 중시하는 자유주의적 성향의 국가(예 미국이나 영국)는 선별주의를 선호하는 경향을 보인다. 그러나 상대적으로 사회의 평등과 집단의 연대의식을 더 중시하는 북유럽국가의 경우는 선별주의보다는 보편주의적 복지제도를 수용하는 경향이 있다.

우리나라도 복지 서비스에 대한 사회적 요구과 관심이 증대하면서 선별주의적 복지 패러다임 중심에서 보편주의적 복지 패러다임 중심으로 변화해야 한다는 주장이 제기되기도 한다. 혹은 적어도 몇몇 분야에서 보편주의적 복지제도를 확대해야 한다는 주장이 대두되고 있다. 무상보육과 아동 무상급식에 대한 최근 우리나라에서 일어난 찬반 논란을 그 예로 들 수 있다. 즉 초 · 중등학교에 다니는 모든 아이들에게 급식을 무상으로 제공하여 모든 아동들에게 동일하게 영양가 있는 식사를 누릴 수 있게 해야 한다는 보편주의적 관점이다. 이러한 보편주의적 관점에서는 아동이 건강하게 성장할 수 있도록 그 아동의 가정뿐만 아니라 국가와 사회도 함께 책임져야 한다는 것이다.

그러나 선별주의를 선호하는 입장에서 보면 무상급식은 급식을 제공받지 않아도 되는 경제적 가정환경의 아동, 즉 무상급식에 대한 욕구가 없다고 판단되는 아동에게까지 사회적 자원을 투입하게 되므로 일종의 낭비라고 볼 수 있다. 이런 낭비로 인해 오히려 도움이 더 절실하게 필요한 아동에게 주어야 할 복지혜택을 제한하는 결과를 초래한다고 주장하기도 한다.

여전히 선별주의냐 보편주의냐에 대한 논란과 그 장단점에 대한 찬반 입장은 다양하지만 역사적으로 우리나라를 막론하고 서구 국가들은 대체적으로 아동복지제도를 포함한 사회복지제도에 있어서는 선별주의적 관점에서 보편주의적 관점으로 변화해 왔다.

아동복지의 개념과 그 대상이 더욱 포괄적으로 변화해 온 것도 이런 제도적 관점이 반영된 결과라고 볼 수 있다. 예를 들어 카두신(Kadushin)은 1960년대 미국의 아동복지개념을 '부모가 아동양육의 역할을 수행할 수 없거나 또는 그 지역사회가 아동과 가족이 요구하는 보호와 자원을 제공할 수 없을 때에 한하여 아동에게 제공하는 서비스'로 설명하였다. 그러나 그 이후 1988년의 개정된 저서(Kadushin & Martin, 1988)에서는 아동복지를 '모든 아동의 행복을 위하여 그들의 신체적, 심리적, 사회적 발달을 보호하고 촉진하기 위한 모든 대책'으로 보다 넓게 정의하였다(이혜원, 2007).

그러나 아동복지에 있어 선별주의적 접근이 더 좋은지, 보편주의가 더 좋은지에 대한 논의는 어쨌든 인간의 '욕구'에 기반한 접근이다. 즉, 앞에서도 설명하였듯이 인간의 욕구가 왜 발생하였으며 그 욕구의 크기는 어떠한지, 그 욕구 대상자는 어떤 기준으로 선정할지에 우선 초점을 두어 아동에게 복지를 제공한다. 이러한 관점은 여러 가지 측면에서 한계점을 드러내어 새로운 패러다임의 적용이 요구되기 시작하였다. 그 한계점에 대해서는 다음 부분에서 설명하도록 하겠다.

2) 욕구 기반 관점의 한계

욕구에 기반한 복지 관점은 오랜 기간 동안 널리 적용되어 온 관점이긴 하지만 여러 측면에서 한계점이 지적되었다. 우선 인간의 '욕구'에 기반한 복지제도는 인간의 욕구가 전문가들이 객관적으로 평가하고 측정할 수 있는 것이라고 전제해 버린다. 그러나 모든 특정 인간이 '무엇이 필요한가(욕구)'는 동일한 직종의 전문가라 할지라도 누가 평가하고 측정하는가에 따라, 인간이나 사회문제를 바라보는 가치관에 따라 달라진다는 특성이 있다. 그러므로 이러한 전제에는 문제가 있다(Ife, 2001).

이와 비슷한 입장에서 욕구 기반 관점이 과거 자선중심의 복지와 다를 바 없다는 비판도 제기되었다. 좀 더 자세히 설명하면, 자선으로 베푸는 복지는 누가 자선의 혜택을 받을 '자격'이 있는지를 판단하는 데에 관심을 둔다. 즉 도움을 받을 자격이 있는 자와 그렇지 않은 자로 도덕적 판단을 하여 분류한다. 욕구 기반 관점은 이러한 도덕적 판단 과정을 객관적 판단 과정으로 바꾼 것에 불과하다. 그 판단에 있어 객관성과 전문성이라는 합당성을 확보하기 위해 전문가 및 정책입안가가 개입하는 것만 다를 뿐 나머지는 자선 관점과 다를 것이 없다는 비판이다. 결국 특정 개인의 욕구를 정하는 것은 그 당사자의 입장과 가치관이 반영된 것이 아니라 전문가나 정책입안가의 가치관에 의한 것이기 때문에 문제가 있다는 것이다(Kosher et al., 2016).

이러한 전문가의 욕구 판단 과정을 기술적 용어로 '욕구사정(need assessment)'이라 부른다. 이것은 주로 사회복지사가 복지 이용자가 겪는 문제를 바탕으로 그에게 가장 필요한 것이 무엇인지 그 구체적 욕구 종류, 욕구의 크기와 범위, 욕구를 해결하기 위해 필요한 서비스의 대안 등을 파악하는 과정을 의미한다

(김영종, 2017). 이러한 복잡하고 전문적인 과정을 도입하여 전문가가 개인의 욕구를 판단하고 평가할 뿐만 아니라 그것을 수량화하여 측정함으로써 그 당사자 개인보다 전문가의 판단이 더 옳고 가치가 있다는 점을 드러낸다. 이를 통해 욕구를 가진 사람은 전문가가 판단하는 대로 그 특정 욕구를 가지고 있다고 수동적으로 받아들이고 그 욕구에 따른 복지 서비스를 수동적으로 소비하는 역할만 할 수 있을 뿐이다(Ife, 2001). 복지 서비스를 받을 당사자가 가진 욕구는 다양할 수 있으며 욕구 충족 방법도 다양할 수 있는데, 사회복지사가 '욕구사정'이라는 전문적 용어를 사용하여 나름대로 판단해 버리면 복지의 당사자인 아동이 원하고 바라는 방법이 반영되지 못할 수도 있다.

그러므로 욕구 기반 관점에서는 '객관성' 그리고 '전문성'이라는 미명하에 복지 이용 당사자의 가치관보다는 전문가나 사회 지배계층의 가치관이 복지 제도와 서비스에 반영되기 쉽다는 한계가 있다(Kosher et al., 2016).

3) 인권에 기반한 복지 관점

이러한 욕구 기반 관점의 한계점과 인권에 대한 전 세계적 인식의 향상으로 복지 분야에서도 인권 기반(rights-based) 관점이 대두되었다. 인권에 기반을 둔 복지 접근은 인간의 존엄성, 자유, 평등, 박애 등의 가치에 기반을 둔 새로운 접근이다(배화옥 외, 2015). 그렇다고 해서 기존의 복지의 관점이나 가치관과 완전히 동떨어진 접근은 아니다. 인권의 개념이 복지 분야에 본격적으로 소개되고 강조되기 전에도 복지와 인권이 관련된 부분은 많이 있었다. 예를 들어, 사회문제와 사회 정의에 대한 복지 분야의 관심, 그리고 사회적 약자에 대한 관심은 사회 구조의 변화에 초점을 두는 인권 관점과 연결된다. 또한, 복지 이용자 스스로의 능동적인 역량 강화(empowerment)를 강조하는 측면이나 그들의 문제나 제한점보다는 강점에 초점을 두는 강점 관점(strengths perspective)도 인권 관점과 연결성을 갖는다(Reichert, 2011).

그렇다면 욕구 관점과 인권 관점의 차이점은 무엇일까? 인권 기반 관점의 복지는 욕구 기반 관점의 복지와 여러 부분에서 차별성을 갖는다. 우선 복지의 기본적 목표에 있어서 차이가 있다. 욕구 관점에서 볼 때 복지의 궁극적 목표는 특정 문제 상황 속에 있는 개인의 부족한 부분이나 필요한 부분을 채워 주는 것이다. 이에 비해, 권리 관점에서 복지의 궁극적 목표는 인권 보장과 그 실현이다. 여기서 인권 보장과 실현의 의미는 모든 개인이 동등한 자원과 권력을 가질 수 있는 권리를 보장함을 의미한다(Kosher et al., 2016).

인권 기반 관점이 욕구 관점과 또 다른 점은 복지제도 및 서비스의 효과 혹은 성과(outcome)뿐만 아니라 그 제공 과정(process)도 똑같이 중요시한다는 점이다. 욕구 기반 관점은 복지 서비스 제공의 처음 단계에서 세웠던 목표를 그 복지 이용자 개인이 성취했는지 여부에 주로 초점을 둔다. 그러나 인권 기반 관점에서는 서비스 목표라는 것은 '일시적'인 것에 불과하며 개입 과정에서 그 개인이 스스로 목표를 재평가하는 바에 따라 전문가나 정책입안가들은 그 목표를 조정해야 한다고 강조한다. 이런 점에서 서비스 제공 과정도 성과 못지않게 중시한다고 볼 수 있다(Kosher et al., 2016).

활동하기 **<Activity>**

- 기존 복지제도에서 욕구에 기반한 관점의 한계점이 무엇일지 논의해 봅시다.

- 복지제도에서 욕구관점과 권리관점을 구별하여 설명해 봅시다.

3. 아동권리 패러다임과 그 적용

아동복지 분야에서도 욕구 중심의 관점을 넘어 인권에 기반하여 아동권리 보장을 추구하는 새로운 패러다임이 등장하였다. 바로 아동권리에 기반한(child-rights based) 접근이다. 가장 대표적인 예로 1989년 유엔이 선포한 국제협약인 아동권리협약을 들 수 있다. 이것은 인권의 영역 중에서도 특히 아동권리를 보장하기 위한 가장 포괄적인 국제 협약이며, 아동권리의 모든 영역과 범위를 다룬다는 점에서 매우 중요한 의미를 갖는다(Ben-Arieh, 2005). 미국과 소말리아를 제외한 모든 국가들이 이 협약에 비준함으로써 아동권리 패러다임은 보다 본격화되었다.

「유엔아동권리협약」은 아동은 더 이상 복지를 받는 일방적 대상자, 복지 서비스의 보호 대상자가 아닌 권리를 주체적으로 누리고 적극적으로 주장하는 권리 주체로서 인정해야 함을 천명하였다. 이것은 새로운 복지 패러다임 제도의 변화를 예고하였다. 즉, 이는 복지제도가 기존의 욕구의 관점에서 벗어나 아동권리 관점을 적용하는 새로운 복지 패러다임의 시작이라고도 볼 수 있다.

따라서 아동권리 패러다임에서의 아동복지는 과거에 아동을 보호하고 보살피는 데에 주로 초점을 둔 아동복지와는 다르다. 아동권리 패러다임을 적용한 아동복지는 아동의 자기 결정권과 자기표현에 대한 권리의 보장도 함께 강조한다(Kosher et al., 2016).

1) 아동권리 패러다임 적용 원칙

아동권리 패러다임의 적용 원칙은 우선 일반적인 인권 기반 복지 적용 원칙을 바탕으로 생각해 볼 수 있다. 인권 기반 복지 적용의 원칙은 복지 이용자를 포괄적으로 인식해야 한다는 점을 들 수 있다. 인권은 인간이라면 누구나 누려야 할 권리를 의미하므로 인권 관점에서의 복지 대상에는 모든 인간이 포함된다(배화옥 외, 2015).

인권 기반 복지의 적용 원칙 두 번째는 복지 이용자의 참여를 강조해야 한다는 것이다. 즉 복지 정책 결정과정에서 이용자의 의견을 반영해야 한다(배화옥 외, 2015). 아동복지 분야에서는 청소년의회와 같은 제도를 통해 청소년 정책에 대한 의견을 표명할 수 있는 기회를 마련하는 것이 이 두 번째 원칙을 반영한 예라고 볼 수 있다.

또 다른 참여의 예로 아동복지 지표(indicator)의 개발과 측정에서 아동 참여를 들 수 있다. 아동복지 지표는 한 사회나 국가의 아동복지 현황과 수준을 나타낼 수 있는 수치나 통계 등을 의미하는데, 아동복지 서비스와 제도를 계획하는 데에 매우 기본적으로 필요한 부분이다. 그러나 그 개발과 측정에 있어 정작 아동의 주관적 인식이나 견해는 무시되는 경우가 많다.

따라서 복지 지표 연구나 조사에 있어서 아동이 참여하여 여러 가지 역할을 할 수 있어야 한다. 지표 개발 및 연구 설계, 정보 제공 및 데이터 수집, 나아가 데이터 분석과 활용의 과정에도 아동이 참여할 수 있도록 도와야 한다. 성인들의 선입견과 달리, 아동은 자신들을 대상으로 하는 조사나 연구에 관심이 있으며, 자신들의 생각과 의견을 물어봐 주기를 원하고 또한 생각과 의견을 피력함으로써 조사나 연구에 기여하고 싶어한다(Ben-Arieh, 2005). 그러나 아동이 의견을 표명하는 것보다 그 의견을 성인들이 정책에 실제로 반영하는 것은 더 어렵다고 볼 수 있다. 또한, 어떤 아동들을 복지 이용자 대표로 선정하여 의견을 듣고 그 의견을 반영할 수 있을지도 결정하기 쉽지 않을 것이다.

세 번째 원칙은 사회문제 해결을 위해 다양하고 포괄적 접근을 강조해야 한다는 것이다(배화옥 외, 2015). 이는 앞서 설명했던 것처럼 인권 관점에서는 종사자의 관점보다는 이용자의 관점을 반영하여 복지정책과 서비스 시행에 있어 다양한 방법을 고려해야 한다는 점과도 연결된다. 이용자가 가장 원하고 바람직한 방향으로 정책과 서비스를 시행할 수 있도록 이용자의 가치관과 문화를 반영한 다양한 방법을 고려해야 한다는 것을 의미한다.

인권 중에서도 특히 아동의 권리에 초점을 둔 아동권리 패러다임은 「협약」에서 천명한 4대 기본 원칙을 바탕으로 적용되어야 한다는 점도 기억해야 한다. 그 4대 원칙은 아동 최선의 이익 원칙, 차별금지의 원칙, 아동 참여(=의사표현)의 원칙, 아동의 생존과 발달의 원칙으로서 복지는 이러한 원칙을 우선적으로 추구하여 이루어져야 한다(이재연 외, 2007).

특히 아동의 생존과 발달은 나머지 세 가지 원칙, 즉 아동 최선의 이익 원칙, 차별금지의 원칙, 아동 참여(=의사표현)의 원칙을 우선적으로 강화함으로써 더욱 지지될 수 있다. 아동 최선의 이익 원칙을 아동복지에 적용하는 데에 중요한 점은 아동을 둘러싼 전체적 상황을 면밀히 분석하고 아동과 아동 주변인의 의견을 충분히 청취하며 아동과 아동 주변인에게 분석 내용과 서비스 대안 및 결정사항에 대해 매우 자세하게 알려 주는 것들을 포함한다. 차별금지의 원칙은 아동 개개인에 대한 차별 금지도 포함하지만 특정 아동 집단(예 여아, 다문화아동, 난민아동, 장애아동 등)에 대한 차별 금지도 주요하게 포함한다. 따라서 서비스 제공 기관들은 이들 아동 집단이 서비스에서 배제되거나 서비스 이용에 불편이 없도록 조심해야 할 것이다. 앞에서도 언급된 바 있듯이, 아동 참여의 원칙 적용에서 유의할 점은 아동 참여권의 중요성 자체를 인식해야 한다는 것이다. 아동의 참여권은 아동이 생존권, 발달권, 보호권 등을 실현할 수 있도록 하기 때문이다. 아동 참여권 원칙을 복지 서비스에 적용을 위해서는 아동권리 교육 등을 통하여 아동뿐만 아니라 성인의 아동 참여권 보장 능력 또한 향상시켜야 할 것이다(Save the Children, 2005).

이러한 기본 원칙을 바탕으로 아동에 대한 복지제도와 서비스는 계획되고 실행되고 평가되어야 한다. 더욱 중요하게 아동복지제도와 서비스에 아동의 목소리가 반영되어 시행되고 있는지를 그 사회가 함께 모니터링해야 한다는 것이다(이재연 외, 2007).

2) 아동권리 보호를 위한 종사자의 역할

아동복지 종사자들은 대개는 국가에 고용된 공무원이나 혹은 기득권층에 의해 인가된 기관에 소속된 경우가 많다. 따라서 국가나 기관의 입장과 아동의 권리가 상충되는 경우가 발생할 수도 있다. 이때 아동복지 종사자의 역할은 아동의 권리를 최대한 보호할 수 있도록 국가 및 기관과 아동 사이를 중재하고, 아동의 권리를 옹호하는 역할을 할 수 있어야 한다. 이러한 종사자로서의 역할을 위해서는 복지 종사자로서 교육받는 교육과정에서 인권 개념을 배우고 인식을 높일 수 있는 교과가 필요하다(UN Centre for Human Rights, 2005). 그리고 인권 개념이 복지실천에 어떻게 연결이 되는지 다양한 실천분야, 특히 아동과 같이 취약한 대상과 일하는 분야에 구체적으로 적용시켜 이를 논의할 수 있는 기회를 가져야 할 것이다.

종사자들은 취약 대상과 현장에서 일하다 보면 다양한 윤리적, 가치관 딜레마에 부딪치기도 한다. 이를 위해 종사자 자신의 가치관, 아동 및 가족의 가치관, 소속 기관이 추구하는 가치와 전체 사회의 가치관을 분석하고 이것이 어떤 점에서 상충되는지를 분석하는 것이 도움이 될 수 있다. 또한, 이 상충되는 과정에서 아동의 권리가 어떤 부분에서 침해되고 있는지, 혹은 침해될 위험이 있는지를 파악하여 아동의 권리 옹호에 우선순위를 두는 것이 중요할 것이다.

활동하기 <Activity>

- 각 아동복지분야의 현장에서 아동권리 관점을 적용시킨다면 현장의 실천을 어떻게 변화시킬 수 있을지 논의해 봅시다.

- 어린 연령의 아동들을 주로 대상으로 하는 아동복지 분야(예 보육) 현장에서 아동의 자기 결정권이나 자기 표현에 대한 권리를 보장해 줄 수 있는 방법을 생각해 봅시다.

- 어린이집이나 유치원 교사가 아동권리 패러다임을 적용시킨다면 교육 현장을 어떻게 변화시킬 수 있을지 논의해 봅시다.

04
CHAPTER

아동권리와 복지 서비스 접근

「유엔아동권리협약」은 아동복지 서비스의 주된 내용과 관련되어 있을 뿐 아니라 아동복지 실천과도 밀접하게 연결되어 있다. 이 장에서는 앞 장의 아동복지의 새로운 패러다임으로 소개된 권리 관점의 아동복지를 실천하는 방법론으로 권리 기반 아동복지 서비스 접근에 대해 설명하고자 한다. 이를 위해 권리 기반 접근의 개념과 기본 원칙, 핵심 영역, 적용상의 기본 요소를 설명하고, 끝으로 권리 기반 아동복지 서비스 접근의 과제를 논의하고자 한다.

1. 권리 기반 서비스 접근의 개념과 기본 원칙

1) 권리 기반 서비스 접근의 개념과 중요성

오랫동안 권리와 사회개발은 별개의 영역으로 취급되어 왔다.[1] 사회개발은 대체로 물질적 복지 및 인간의 기본욕구 충족을 일차적 목적으로 한다. 그런데 점차 많은 이론가와 실천가들은 발전된 사회란 모든 사람이 인권을 획득한 사회로 보며, 사회개발이나 사회복지 서비스 실천에 인권이 통합되어야 한다고 주장한다. 충족되지 못한 욕구를 가진 사람들을 지원한다는 개념의 사회개발이나 복지는 이들을 수동적인 수혜자의 상태로 여기는 온정주의나 자선으로 접근하기 쉽다. 그러나 권리 기반 접근은 자선이 아니라 권리로서 정의를 요구하고, 자신의 발달과 관련된 의사결정에 직접 참여하도록 하는 것을 의미한다(Robinson, 1999). 즉 권리 기반 접근은 사회개발이나 인간복지를 욕구의 충족 지원이나 발달에 필요한 개입의 관점이 아니라 인간 개인이 가진 권리에 응해야 할 의무의 관점에서 접근하는 것이다.

권리 기반 접근은 사회개발과 복지 서비스 실천에서 목표를 정의하는 데 도움이 되고, 성공적인 사회개발 노력에 대한 전제조건을 규명하는 데 도움이 되며, 사회개발 정책과 프로그램의 실행에 영향을 미칠 수 있고 그 실행을 더 용

1) 이 장에서는 '권리'와 '인권'을 같은 개념으로, 또 개발협력이란 용어와 (사회)복지 또는 복지사업이란 용어를 혼용하여 사용하였음.

이하게 할 수 있다고 Midgley(2015)는 주장한다. 권리 기반 접근이 관심을 끌게 된 것은 코피 아난(Kofi Annan) 유엔 사무총장이 유엔의 모든 기구들로 하여금 인권이 그들 활동과 프로그램의 주류가 되도록 요구하면서부터이다. 이 요구에 부응하여 많은 유엔의 기구들은 권리 기반 접근을 자체적으로 해석하여 수행하고 있던 다양한 프로그램에 적용시켜 운영하고자 하였다. 그런데 국가나 지역 간 개발협력사업을 수행하려면 먼저 서로가 가지고 있는 권리 기반 접근에 대한 견해를 검토하여 공통된 이해를 가져야 할 필요성이 제기되었다. 이에 유엔은 2003년 그동안의 경험을 바탕으로 「권리 기반 접근의 개발협력에 대한 공통 이해선언문(Statement of common understanding, 2003)」을 발표하였다.

「공통이해선언문」은 개발협력이나 정책, 기술 지원에 관한 모든 사업은 유엔 인권협약과 기타 국제적 인권문서에 명시된 인권의 실현을 촉진하도록 해야 한다고 선언하였다. 일시적으로 인권실현에 기여하는 일련의 활동은 권리 기반 접근에 속한다고 볼 수 없으며, 모든 활동의 목적이 직접적으로 인권실현에 기여해야 한다고 보았다. 또 유엔인권협약과 기타 국제적 인권문서에 포함된 인권기준과 원칙이 모든 분야의 개발-협력과 프로그래밍 과정의 기준이 된다고 선언하였다. 이렇게 볼 때 권리 기반 아동복지 서비스도 일시적인 인권실현이 아니라 모든 활동에서 인권 실현을 목적으로 하며, 또 인권에 기준을 두고 프로그램을 구성하고 실현해야 할 것이다.

2) 권리 기반 서비스 접근의 기본 원칙[2)]

「공통이해선언문」에서는 권리 기반 접근이 전제하고 있는 다음 여섯 가지의 기본 원칙을 제시하고 있으며, 유네스코와 유니세프(2007), 세이브더칠드런에서는 여기에 역량강화도 주요 원칙으로 포함하여 일곱 가지 원칙을 제시하고 있다.

2) UNHCHR(2003). The Human Rights Based Approach to Development Co-operation: Toward a Common Understanding. Geneva.

(1) 보편성과 양도불가성 원칙(universality and inalienability)

인권은 보편적이며 양도가 불가능하다. 세계의 모든 사람들은 인권을 가지고 있다. 인권은 자기 스스로 포기할 수 없고 다른 사람이 가져갈 수도 없다. 제1조에서 명시된 바와 같이 "모든 인간은 그 존엄성과 권리에 있어 자유롭고 평등하게 태어났다."

(2) 불가분 원칙(indivisibility)

인권은 불가분하다. 시민으로서나 문화적, 경제적, 정치적, 문화, 사회적 본질에서나 인권은 모든 사람의 존엄성에 모두 내재되어 있다. 따라서 모든 권리는 권리로서 동등한 위치에 있으며 어떤 위계적 순위를 매길 수 없다.

(3) 상호의존성과 상호연관성 원칙(interdependence and inter-relatedness)

종종 한 인권의 실현이 실제로는 전체적으로나 또는 부분적으로 다른 인권들의 실현 여부에 달려 있는 경우가 많다. 가령 건강에 대한 권리 실현은 어떤 경우에는 교육권이나 정보권의 실현과 연관되어 있다.

(4) 평등과 비차별의 원칙(equality and non-discrimination)

모든 개인은 인간으로서 평등하며, 각자 타고난 존엄성의 가치로 평등하다. 모든 인간은 인종, 종교, 피부색, 성별, 민족성, 나이, 언어, 종교, 정치적 또는 기타 견해, 국가나 사회적 출신, 장애, 재산, 출생, 또는 지위에 관계없이 인권을 누릴 권리가 있다.

(5) 참여와 통합의 원칙(participation and inclusion)

모든 사람은 인권과 기본적 자유를 실현할 수 있도록 시민적, 또는 경제적, 사회적, 문화적, 정치적 발전에 적극적이고 자유롭고 의미 있게 참여하고, 기여하고, 즐거움을 누릴 권리가 있다.

(6) 책무성과 법치주의의 원칙(accountability and the rule of law)

국가와 기타의 의무이행자는 인권준수에 대한 책무가 있다. 또한, 이와 관련하여 인권기구에 소속된 법적 규범과 기준을 준수해야 한다. 그렇게 하지 않으면, 이에 불만이 있는 권리보유자는 법에 규정된 규칙과 절차에 따라 유력 법원이나 다른 판결자에게 적절한 배상절차를 신청할 권리가 있다.

(7) 역량강화의 원칙(empowerment)

권리보유자로 하여금 스스로 자신의 권리를 요구하는 능력을 가질 수 있고 의무이행자가 그 의무를 이행하는 능력을 강화하도록 한다.

이상의 권리 기반 접근 사회개발의 기본 원칙은 아동복지 서비스 접근에도 그대로 적용된다.「협약」도 아동이 가지는 권리의 보편성과 불가분의 원칙을 강조하고 있으며 평등과 비차별의 원칙, 아동 최선의 이익 원칙, 생명, 생존과 발달의 원칙, 참여의 원칙을 내세우고 있기 때문이다. 또한, 협약에 가입한 모든 국가는「협약」의 내용이 법적으로 지켜지도록 하는 책무성을 가지고 있으며, 아동과 아동업무 담당자가 모두 아동권리교육을 받도록 하여 권리보유자와 권리이행자의 역량을 강화하도록 하고 있기 때문이다.

2. 권리 기반 서비스 접근의 핵심 영역

「공통이해선언문」은 권리 기반 접근이 다음의 다섯 가지 핵심 영역에 대해 구체적이고 특징적인 기준을 필수적으로 갖추고 늘 적용해야 한다고 본다. 아동복지 서비스 접근과 연결하여 설명을 덧붙이면 다음과 같다.

1) 평가와 분석

권리 기반 접근은 권리보유자의 권리 주장과 이에 상응하는 의무이행자의 권리 의무를 규정하고, 권리실현이 이루어지지 못한 경우 그 이유에 대한 즉각적, 근원적, 구조적 원인을 파악하는 평가와 분석을 한다. 즉 그 위반 사례의 겉으로 드러난 원인과 근본적인 원인, 그리고 구조적 원인을 파악하여 즉각적으로 처리 가능한 것과 구조적으로 처리해야 할 것을 제대로 파악하여야 할 것이다. 그리고 이런 위반 사례에 대처하는 데 필요한 규정을 제대로 가지고 있어야 한다.

그러므로 권리 기반 아동복지 서비스 접근도 먼저 권리보유자인 아동의 권리를 규정하고 있는 「협약」에 기초하여 권리의무이행자를 명시해야 하고, 아동권리 위반사례가 발생하였을 경우 그 원인을 파악하는 평가와 분석을 해야 한다. 이런 평가와 분석을 통해 아동권리 위반사례에 대처하는 데 필요한 규정을 세우고 아동권리를 보장할 수 있도록 아동복지 서비스 프로그램을 개발, 운영하고 또 형편에 맞게 지속적으로 개선해야 한다.

2) 역량평가 및 역량형성 프로그램

권리 기반 접근은 권리보유자가 권리를 주장하고 의무이행자가 그 의무를 이행하기에 필요한 능력을 가지고 있는지 평가하고 그런 능력이 발달할 수 있도록 프로그램을 개발하는 전략이 필요하다. 권리 기반 아동복지 서비스 접근을 아동이나 아동의 보호자나 부모, 그리고 지역사회나 국가가 각각 권리보유자나 의무이행자로서 어떤 능력을 어느 만큼 가지고 있는지를 평가해야 한다. 그리고 그 능력을 형성하고 증진시킬 수 있는 아동권리교육 프로그램을 개발하여 교육하고 또 일반인 등에게 홍보하는 등의 전략도 세워야 한다.

3) 모니터링과 평가

권리 기반 접근은 인권 기준과 원칙에 따라 성과와 과정을 모니터하고 평가하는 프로그램이 필요하다. 우리나라도 「협약」을 기초로 모든 아동복지 분야의 실천에서 그 성과와 과정을 모니터링하고 평가하는 것을 법으로 규정하여 실행하여 아동권리 모니터링에 관한 국가보고서를 유엔에 제출하고 있다. 지속적인 모니터링을 통해 미진한 부분을 파악하고 이를 해결하기 위해 대책을 모색하고 지속적으로 형편에 맞추어 개선해 나감으로써 아동권리를 보장하고 향상시키는 아동복지 서비스로 발전되도록 하는 견인차 역할을 한다. 또한, 모니터링과 평가 결과는 전문가나 관계자에게는 물론 부모와 일반인에게도 홍보하여 정책적으로 우선 의제로 채택될 수 있도록 하는 기초 자료가 된다.

4) 정보제공 프로그래밍

권리 기반 접근은 국제 인권기구의 권고와 메커니즘에 관한 정보제공 프로그래밍이 필요하다. 우리나라도 정부의 관련 부처를 비롯하여 한국인권위원회나 유니세프 한국위원회, 국제아동인권센터, 아동단체연합, 세이브더칠드런 등 다양한 인권 관련 기관이나 단체 등을 통해 인권관련 정보를 소개하고 있다. 한국아동권리학회도 그 한 단체로 우리나라에서 아동권리에 대한 국제적 동향의 소개와 더불어 아동복지 서비스 분야에서 권리 기반 접근이 이루어지도록 견인하는 데 선구적 역할을 해 오고 있다. 이 학회는 『아동복지 현장에서의 아동권리 레토릭(이재연 외, 2015)』이라는 공동저서를 통해 아동복지현장에서의 아동권리 고려와 관련된 문제점을 논의하고 아동권리 관점을 기반의 아동복지 방안을 모색함으로써 아동복지와 권리 기반 아동복지 서비스 접근에 대한 폭넓은 이해를 가지도록 하는 데 기여하고 있다. 권리 기반 아동복지 서비스를 제대로 실천하려면 무엇보다 아동권리 관련 정보제공이 더욱 체계화되고 자동화되어야 할 필요가 있다.

3. 권리 기반 접근의 기본 요소

1) 권리 기반 아동복지 서비스의 기본 요소

「공통이해선언문」에서는 권리 기반 접근을 각종 개발협력사업에 적용할 때는 다음과 같은 기본 요소를 갖추어야 한다고 설명한다. 이는 아동복지 서비스 접근에서도 그대로 적용되는 요소들이다.

(1) 사람은 단순히 상품이나 서비스를 수동적으로 수령하는 존재가 아니라 자신이 자신의 발전에 중심적인 행위자(key actors)임을 인식한다

아동은 권리보유자이며 권리주체자이다. 아동복지 서비스 관계자나 국가, 일반인도 아동을 권리보유자로의 관점을 가지고 접근해야 하며, 아동이 자신을 그렇게 인식할 수 있도록 지원해야 한다.

(2) 참여는 수단이자 목적이다

아동복지 서비스에서 서비스의 대상자나 제공자 모두 아동의 참여를 한 방법으로 삼아야 할 뿐 아니라 참여 그 자체를 중요한 목적으로 여기고 접근해야 한다. 아동복지 서비스의 계획과 평가에 이르기까지 모든 과정에서 아동의 참여가 이루어지도록 해야 한다.

(3) 임파워링(역량강화)을 전략으로 한다

이미 앞에서도 여러 번 설명한대로 권리보유자인 아동이나 의무이행자인 부모와 관계자, 그리고 국가는 자기의 권리와 의무가 무엇인지 잘 알고 그 역할을 잘할 수 있도록 격려받고 구체적인 교육을 통해 각자의 역량을 키우도록 하는 접근 전략을 가져야 한다.

(4) 성과와 과정 모두를 모니터하고 평가한다

아동복지 서비스는 모든 과정을 평가하고 평가하는 접근을 해야 한다. 그러므로 복지 서비스의 처음 계획 단계에서부터 전 과정을 모니터하고 평가하는 것에 대한 시스템을 갖추도록 해야 한다. 이 모니터링 과정에서도 아동이 주체자로 참여하도록 체계화되어야 한다.

(5) 모든 이해관계자를 포함하여 분석한다

아동복지 서비스의 분석은 아동은 물론 아동복지 관련자, 즉 부모와 보호자,

아동복지 서비스 관련기관 직원과 지원인력, 아동복지 서비스가 제대로 작동되고 있는지 모니터하고 평가하는 사람, 지역사회 관계자와 지역주민, 입법기관 및 정부 등 모든 아동복지 서비스 관계자들이 포함되도록 해야 한다. 아동복지 서비스가 직접 그 대상이 되는 아동과 부모, 또는 보호자와 관련 업무자만의 관심이나 의무 영역이 아니라 생태적 관점에서 보아야 함을 의미한다.

(6) 소외된 집단, 불리한 처지의 집단, 배제된 집단에 초점을 맞춘다

아동복지 서비스는 모든 아동을 대상으로 하지만 일차적인 관심은 특별한 도움을 필요로 하는 아동에 초점을 맞추도록 한다.

(7) 개발과정은 지역에 기반한 것이 되도록 한다

권리 기반 아동복지 서비스의 개발이 지역에 속해 이루어져야 지역의 여건이나 필요에 맞는 서비스를 개발할 수 있고 또 아동이나 가족이 이용하기에도 좋을 것이다. 우리나라에서도 최근 각 지방자치단체마다 관심을 가지고 추진하고 있는 아동친화지역사회, 또는 아동친화도시(child friendly community, child friendly city, CFC) 운동은 아동복지 서비스가 지역사회 속에서 지역사회와 더불어 접근되고 있음을 잘 보여 준다. 현재 아동친화도시 선정사업은 유니세프한국위원회를 중심으로 전국 지자체의 신청을 받아 해 오고 있다. 유니세프 한국위원회는 아동친화도시의 기준으로 아동참여, 아동친화법체계, 아동권리전략, 아동권리담당 및 조정 구조(아동권리 전담기구), 아동에 미치는 영향 조사 및 평가(아동영향평가), 아동예산(아동관련 예산의 확보), 정기적인 아동실태보고, 아동권리 알리기, 아동을 위한 독립적 대변인 및 아동안전을 위한 조치(유니세프 한국위원회 추가)의 열 가지를 제시하고 있다. 이는 권리 기반 접근의 기본 원칙과 핵심 영역, 그리고 기본 요소 등을 고려한 지표인 셈이다. 서울시 성북구는 2013년 우리나라에서 아동친화도시로 처음 선정되었으며 점차 그 수가 늘어나고 있다.

이 밖에도 권리 기반 아동복지 서비스는 대상이나 활동 내용, 지역 등 모든 면에서 불일치를 줄이는 것을 목표로 한다. 이를 위해 불일치나 권리위반 사례가 있을 경우 우선 그 원인을 분석하여 즉각적 원인, 기본적 원인, 구조적 원인 등의 차원에서 평가하여 상황을 파악하고, 이를 바탕으로 측정 가능한 목적과 목표를 세우도록 해야 한다. 그리고 상향식과 하향식 접근을 모두 사용해 시너지를 이루도록 하며, 모든 이해 당사자가 프로그램을 이해할 수 있도록 지원하여 전략적 동반자관계를 형성하고 유지하도록 하는 접근을 기본 요소로 한다.

4. 권리 기반 접근과 「제1차 아동정책 기본계획(2015~2019)」

권리 기반 접근은 정부의 아동복지 서비스 정책에도 그대로 적용된다. 우리나라는 「협약」 가입국으로서 정부는 아동이 가지는 권리의 보편성과 불가분의 원칙, 평등과 비차별의 원칙, 참여의 원칙 등의 기본 원칙을 지킬 뿐 아니라 「협약」의 내용이 법적으로 지켜지도록 하는 책무성을 가지고 있기 때문이다. 또 협약에 가입한 모든 국가는 아동과 아동업무 담당자에게 아동권리교육을 실시하여 권리역량을 강화하는 것을 요구한다. 그러므로 정부는 아동복지 서비스 정책을 세울 때 이런 권리 기반 접근의 기본 원칙에 입각하여 각 핵심 영역이 다 포함될 수 있도록 해야 한다. 그리하여 아동복지의 각 영역에서 권리 기반 기본 요소가 충족되도록 실천해야 하는 것이다.

정부는 2015년 우리나라 처음으로 '행복한 아동, 존중받는 아동'을 비전으로 하는 「제1차 아동정책 기본계획(2015~2019)」을 수립하였다. 이 기본계획은 2012년 개정된 「아동복지법」에 따라 아동 분야에서 처음 수립되는 중기계획으로 「협약」 및 유엔아동권리위원회의 권고 사항을 정책으로 구현하고자 한 것이다. 그리고 2013년 아동종합실태조사 등에서 나타난 우리나라 아동정책의 취약 부분을 근본적으로 개선하며 그동안 분절적으로 기획, 시행되던 아동관련 사업들을 상호 연계하고 종합적으로 추진하기 위한 기반을 마련하고자 하였다.

아동정책 기본계획의 핵심 목표는 우리나라 아동의 낮은 삶의 만족도와 주관적 행복지수를 OECD 국가 평균 수준으로 향상시키고 「협약」의 중요 원리인 '아동 최우선의 원칙'을 실현시킬 수 있는 기반을 조성하는 것이다. 따라서 사회의 운영원리, 아동을 둘러싼 환경 및 정책의 변화 과정에서 아동의 이익을 최우선으로 보장하고 실현하는 원칙을 정착하고 아동의 눈으로 발달주기에 따른 취약요인을 찾아내고 이를 근본적으로 개선할 수 있는 사회적 기반을 마련하는 데 중점을 둔다. 그러니까 「제1차 아동정책 기본계획」은 정부차원에서 권리 기반 아동복지 서비스 접근을 하고 있음을 나타내는 정책 계획임을 알 수 있다. 구체적 내용은 다음 〈표 4-1〉과 같다.

〈표 4-1〉 「제1차 아동정책 기본계획(2015~2019)」 기본계획 개요

아동정책 기본계획	정책 방향
추진영역	미래를 준비하는 삶 (아동기 역량강화, 꿈과 끼를 살리는 교육 실현, 아동의 참여권 보장, 놀이·여가 권리 보장)
	건강한 삶 (생활공간 기반 건강관리체계 마련, 발달주기별 건강관리체계 내실화)
	안전한 삶 (생활공간 안전확보, 사회안전 위협 요인 대응체계 구축, 아동안전기반 구축)
	함께하는 삶 (아동보호 차별금지 원칙 실현, 보호·지원 필요 아동에 대한 종합대책 마련)
실행기반	아동권리 실현기반 조성
	가족의 양육역량 강화
	아동친화적 지역사회 조성
	민간과의 협력 강화
	아동정책 지원 인프라 강화

출처: 관계부처 합동(2015). 아동의 삶과 대한민국의 미래를 바꾸는 「제1차 아동정책 기본계획(2015~2019)」.

아동정책 기본계획에서는 ‘행복한 아동, 존중받는 아동’을 위해 아동이 생애주기에서 가장 행복한 시기로 아동기를 누리고 체감할 수 있도록 아동 친화적 발달 환경이 제공되어야 하며 가정, 영유아 돌봄 공간, 교육 공간 등 발달 환경이 아동을 행복하게 키울 수 있도록 근본적인 변화전략을 마련해야 함을 밝히고 있다. 그리고 무엇보다 아동을 권리의 주체로 인정하고 아동의 권리를 온전하게 실현할 수 있도록 해야 한다고 명시하고 있다.

정부가 발표한 「제1차 아동정책 기본계획(2015~2019)」은 네 개의 핵심 추진 영역과 실행기반 조성으로 구성되어 있으며 16개의 중점과제를 제시하고 있다. 추진 영역은 미래를 준비하는 삶, 건강한 삶, 안전한 삶, 함께하는 삶으로 구성되며, 실행기반은 아동권리 실현기반 조성, 가족의 양육역량 강화, 아동친화적 지역사회 조성, 민간과의 협력 강화, 아동정책 지원 인프라 강화로 나누어진다.

권리 기반 접근의 관점에서 아동정책 기본계획을 살펴보면 「제1차 아동정책 기본계획(2015~2019)」의 추진 영역은 대체로 권리 기반 접근의 기본 원칙과 관련된 내용으로 볼 수 있으며 실행기반은 권리 기반 접근의 핵심영역을 일부 담고 있음을 알 수 있다. 「협약」에 가입한 지 20여 년이 지나 2015년에 이르러서야 정부가 처음으로 국가차원의 종합적인 아동정책을 수립하였다는 것은 유감스러운 일이나 그래도 처음 세운 기본계획이 권리 기반 접근에 근거하여 이루어졌다는 점에서 다행이라고 볼 수 있을 것이다.

5. 권리 기반 아동복지 서비스 접근의 과제[3)]

성인이 중심이 되어 이루어지던 개발협력사업의 경험을 바탕으로 합의된 권리 기반 접근을 아동복지 서비스에 적용하려면 그것이 아동에 맞는지 숙고해 보아야 한다. 아동은 보호와 교육을 받는 성인의존적이며 동시에 자율권과 참여권

---

3) 이 절은 Gerison Lansdown(2005)이 “What's the difference?: Implications of a child-focus in rights-based programming.”에서 제시한 주장을 바탕으로 작성되었음.

을 가진 존재이기 때문이다. 이에 대해 Lansdown(2005)은 권리 기반 접근의 기본 원칙이나 핵심 영역, 적용의 주요 기본 요소 등을 아동복지 서비스에 적용해도 별 문제가 없으나 다만 아동기의 특성에 비추어 볼 때 적용의 기본 요소 중 몇 가지 면에서 논의의 여지가 있음을 밝히고 있다. 이를 아동기의 지위와 본질, 성인의 역할과 책임이라는 두 측면에서 논의하고 있는데 이를 소개하면 다음과 같다.

1) 아동기의 지위와 본질

(1) 아동의 능력발달에 대한 이해

권리 기반 접근의 개발협력사업은 참여, 역량강화, 그리고 통합 등의 주요 기본 요소를 가지고 있는데 이는 성인관점의 개념이다. 모든 아동이 자신의 관심사에 대해 자기 의견을 표현할 수는 있으나 발달 미숙으로 참여 능력은 제한적이고 또 주어진 정보를 참고하여 필요한 판단을 내리거나 선택하는 능력에도 차이가 있다. 그러므로 아동의 능력이 발달하고 있음을 감안하여 참여기회를 조성하도록 해야 한다.

아동은 어른 식으로 생각이나 감정을 표시하지 않기 때문에 아동의 능력이 과소평가되거나 아동의 의견이 존중되지 않는 경향이 있다. 또 아동이 살고 있는 사회의 문화적 기대나 사회적 수용 정도, 아동의 다른 사람과의 관계 경험, 성인의 지원 정도, 아동기관의 능력 정도, 아동의 성격과 힘 등도 모두 아동의 능력에 영향을 미친다. 그러므로 문화적 차이나 아동의 연령을 유능성의 척도로 여겨 아동을 보호대상으로만 여겨서는 안 된다.

아동은 어리고 상처를 입기 쉽기 때문에 보호가 더 필요하다. 그런데 아동이 위험한 상황에 처해지지 않도록 보호한다는 것이 지나치거나 아동의 생각과는 다르게 적절하지 않은 방식으로 이루어지면 아동이 스스로 할 수 있는 의사결정을 할 기회도 막게 된다. 아동이 적절하고 적합한 보호를 받을 권리와 아동이 자신에게 유리하도록 결정을 내리고 행동하는 것에 참여하고 책임을 지는 권리 사이의 균형을 유지하는 것이 필요하다.

(2) 아동 최선의 이익 원칙

「협약」 제3조의 '아동 최선의 이익이 최우선적으로 고려되어야 한다.'는 아동 최선의 이익 원칙은 공공기관이나 각종 아동복지 기관에 의해 실시되는 모든 아동 관련 활동에 적용되어야 한다. 그러나 '아동 최선의 이익' 개념이 잘 지켜지지 않는 경우도 많고, 때로 아동 최선의 이익에 도움이 된다는 관점에서 행동한 것이 잘못된 경우도 적지 않다. 가령 부모가 직업 등의 형편으로 자녀를 양육하기 어려우면 늦게까지 어린이집에서 머무르도록 야간보육이 이루어진다. 그런데 아동 최선의 이익을 최우선으로 고려하려면 부모 중 어느 한 쪽은 자녀를 돌볼 수 있도록 업무시간을 조절하도록 하는 것이 더 바람직할 것이다. 또 사회나 정부는 영유아 부모에게 양육수당을 지급하여 급여의 부족분을 보완해 주어야 할 것이다. 이탈리아 레지오 에밀리아시의 경우 부모 모두 자녀를 하원 시간까지 데리고 갈 수 없을 경우 질병으로 인한 입원이나 해외근무 등 특별한 사유의 경우에 한하도록 하며 미리 사유서를 제출하여 허락을 받도록 하고 있는데 이는 아동으로 하여금 부모의 양육을 받을 권리를 확보해 주고 부모의 자녀양육권을 보호하기 위한 조치이다. 또 대도시에서는 비싼 토지 사정으로 어린이집에 실외놀이터를 설치하기 쉽지 않아 실외놀이터를 두지 않는 예외규정을 두고 있는데 이는 아동의 건강면에서도 우려할 만하다. 그 외에도 부모의 이혼 후 아동을 데리고 있는 쪽 부모가 상대 부모를 만나지 못하게 하거나 아동보호자가 결혼 파탄의 원인을 제공한 부모와 만나기 어렵도록 하는 것이나 훈육을 위한 체벌 등과 같은 행동을 아동보호에 책임을 가진 성인이 아동에게 도움이 된다고 하며 행하기도 했다.

아동 최선의 이익 관점이 아동이익을 실현하고 아동의 견해를 중요하게 고려하는 방향으로 작용하지 않으면 아동을 위한다고 하면서 성인의 생각대로 행동하고 결정하는 잘못을 범하기 쉽다. 그러므로 아동 최선의 이익을 위한 행동이나 결정은 아동의 권리를 증진시키거나 보호하는 방향으로 이루어지도록 해야 하며, 모든 아동에게 적용되어야 한다. 이를 실현하려면 과연 아동 최선의 이익이 무엇인가를 규정해야 하는데 그것은 아동이 살고 있는 문화권이나 사회·경제적 배경에 따라 다를 수 있다. 아동 최선의 이익 관점은 아동권리를 증진시키기 위한 홍보의 본질이나 아동의 참여수준, 그리고 프로그램 개발 등에도 중요한 시사점을 준다. 그러므로 이런 주제에 대해 더욱 열린 자세로 토론하고 연구할 필요가 있다.

(3) 권리보유자로서의 아동과 의무이행자로서의 아동

권리 기반 접근에서 성인은 대체로 권리보유자와 의무이행자로서 역할을 모두 수행하는 것으로 보나 아동을 의무이행자로 보는 것은 아니다. 그런데 이런 인식은 아동을 한 인격체로 보는 관점과 대치되는 측면이 있다. 과거의 아동관은 아동을 자율적이고 독립적인 개인으로 여기지 않고 다른 사람과의 관계에서만 존재하는 개인으로 보았다. 아동이 어떤 사회적 집단에 소속감을 가지는 것을 아동 안녕의 기초로 여기고 아동의 집단에 대한 의무나 책임을 다하는 것을 강조하고 강화하려 하였다. 이 경우 아동을 경제활동의 책임에서 벗어나 학교에 다니도록 조치하는 것이 때로는 아동을 가족이나 지역사회의 일원으로 보는 유대감을 훼손하는 것 같은 부정적인 결과를 낳기도 하였다. 그러므로 권리 기반 접근을 아동복지에 적용하려면 아동을 경제활동을 책임지는 자로서 여기는 것의 부정적 결과뿐 아니라 긍정적인 점도 함께 고려하는 것이 중요하다.

아동을 의무이행자로 보는 것은 아동권리 관점에서는 논란의 여지가 있어 좀 더 분석을 필요로 한다. 아동을 보호하는 관점에 대한 각기 다른 문화적 양상이 있음을 인정하고 존중하는 것이 아동보호권이란 보편적 원칙을 훼손하지는 않는다고 본다. 인권이 어떤 문화권에서는 개인성을 배제하는 것이 아니라 성숙성과 상호 호혜성을 의미하는 것으로 여겨진다면 더욱 울림이 있을 것이다.

2) 성인의 역할과 책임

정부는 아동에 대한 주요 의무이행자이며, 부모나 보호자는 아동에 대한 권리와 책임을 가진 의무이행자이다. 「협약」 제5조는 '국가는 부모(또는 보호자)가 아동의 능력발달에 맞추어, 아동권리를 행사하도록 적절한 지시와 지도를 제공하는 부모의 책임과 권리, 의무를 존중해야 한다.' 라고 명시하고 있다. 또 제18조는 아동양육의 의무를 수행하는 부모를 지원해야 하는 국가의 의무를 명시하고 있다. 이를 바탕으로 권리 기반 아동복지 접근에서 성인의 역할과 책임을 생각해 볼 수 있다.

(1) 부모의 역할과 책임

부모는 아동의 일차적인 양육을 담당하며, 이 역할을 다할 수 있도록 국가의 지원을 받을 권리가 있다. 그런데 제5조에서 '적절한' 이란 단어를 사용한 것은 부모나 보호자는 자기가 옳다고 믿는 방식으로 지시하거나 지도하지 않도록 해야 하는 것을 의미한다. 지시나 지도는 아동권리 존중을 증진시키는 방향으로 이루어져야 한다.

아동을 권리의 주체로 보면 부모가 자녀에 대한 소유권을 가진다는 가설은 성립되기 어렵다. 부모가 자녀에 대해 무한정의 권리를 가지는 것은 아니다. 아동이 성장하면서 점차 자신의 권리를 행사하는 능력이 향상되며, 부모는 이 과정을 존중하고 아동으로 하여금 자신을 위해 능력을 가지고 결정한 것에 대해 책임을 지는 것도 증가되도록 해야 한다.

(2) 아동복지기관의 역할과 책임

아동복지기관은 가족과 국가의 아동에 대한 의무이행자로서의 역할 설정과 관련하여 중요한 역할을 한다. 아동이 부모나 보호자에 대해 의존적인 위치에 있으며, 부모나 국가가 의무이행자로서의 역할을 하므로 아동복지기관은 아동을 위해, 아동과 함께 부모와 국가의 중간자의 역할을 할 필요가 있다. 즉 아동복지기관은 아동복지 프로그래밍에 부모가 참여하도록 하며, 부모의 자녀의 권리에 대한 민감성을 형성하고 증진시키도록 한다. 그리고 부모로 하여금 자녀에 대한 의무를 다할 수 있도록 부모를 격려하며, 부모의 형편이 자녀에 대한 의무를 다하지 못할 정도로 어려울 경우 정부로 하여금 필요한 지원과 서비스를 제공하도록 요청한다.

또한, 국가로 하여금 부모가 의무를 이행하는 데 필요한 적절한 지원과 서비스를 제공하도록 촉구하는 역할을 하며, 부모가 자신의 의무에 반하는 행동을 할 경우 정부가 개입하도록 한다. 그런데 국가가 가족생활에 개입하는 것에 대해서는 논란이 많다. 부모가 아동에 대한 독점적인 권리를 가지고 있는 것으로 간주하는 문화도 있어 가족 내 아동보호에 대한 국가의 역할을 수용하는 것을 꺼리기 때문이다. 따라서 정부의 아동권리 옹호를 위한 가족 개입에 대해서는 법적, 사회적 합의를 위한 공론화 과정이 요구된다.

3) 아동복지기관의 책임성과 효과성

「협약」은 아동이 자신의 권리를 주장하는 것에 대해 말하고 있는데, 많은 경우 실제로는 아동복지기관이 아동의 편에서 대신 주장해 주고 있는 것이 현실이다. 이것 자체는 문제가 아니다. 아동도 강력한 옹호자를 필요로 하기 때문이다. 그런데 아동복지기관이 아동의 권리를 옹호하는 활동을 할 때 그것이 아동에게 도움이 되는지, 그 활동이 아동에게 어떤 영향을 줄 것인지 어떻게 알 수 있는가? 과연 아동의 지위를 존중하며 협약의 내용을 실천하려면 기본이 되는 체계를 어떻게 개발할 것인가? 이는 간단한 문제가 아니다.

아동이 이해 당사자이므로 아동으로 하여금 자신의 권리를 주장할 수 있는 능력을 강화시키는 데 노력해야 하며, 그런 노력의 본질과 한계에 대해 제대로 평가할 필요가 있다. 즉 그 노력이 어떤 점에서 아동의 이익에 부합하는지, 또 아동의 견해를 더 잘 대변해 주는지 확실히 알 수 있도록 하는 전략, 아동이 그들의 이름으로 이루어지는 기관의 행동에 반대하는 것도 가능하도록 하는 전략도 수립할 필요가 있다.

4) 아동복지 서비스의 지속가능성

아동기는 성인에 의존한다. 필요한 정보에 접하기 위해, 또는 행정적 도움이나 정책결정자에게 접근하기 위해, 필요한 기술적 기반과 상담을 계속 받기 위해서 성인의 지지를 계속 필요로 한다. 그러므로 아동복지사업은 성인대상 사업과 다른 측면이 있다.

(1) 지속적인 성인의 지원

아동이 자신의 권리 옹호 능력이 있고 효과적으로 옹호할 수 있어도 정보나 장소, 기회의 접근을 적절하게 하기 위해서는 성인의 도움이 필요하다. 그러므로 기관이 지속적으로 개입하여 지원해야 할 필요가 있다.

(2) 아동기의 일시성

아동복지사업은 아동이 성장하고 나면 그 사업의 대상이 되지 않는다. 물론 자신의 권리를 주장하는 것은 계속되겠지만 아동의 입장에서 주장하는 것은 아니다. 이렇게 아동기와 연관된 특정 권리는 연령적으로 한계가 있으므로 아동복지는 나이든 아동의 상처를 지속적으로 처리하면서도 새롭게 지원을 필요로 하는 일원이 된 아동을 챙길 수 있도록 지속적인 투자가 필요한 영역이다.

(3) 권력 오용 가능성

아동복지사업은 아동의 기관에 대한 의존성이 지속되어 아동복지기관의 권력오용 가능성이 있다. 아동은 힘이나 권력이 없고 능력의 상대적 취약성으로 인해 착취나 조정의 대상이 될 가능성이 있는 것이다. 그러므로 아동복지사업이 권리 기반 접근을 해야 하는 책임성이 더욱 크며 참여를 기본 전제로 한다는 점을 천명하고 학대에 대항한다는 것을 기관의 지침에 분명히 할 필요가 있다.

이 밖에도 아동은 성인에 비해 자기들끼리 조직을 결성하고 연대하는 것이 쉽지 않으므로 아동의 서로에 대한 책임성을 지지해 줄 필요가 있다. 또한, 아동권리 옹호 노력에 따르는 위험성도 고려해야 한다. 보통 인권에 대한 정당성과 존중을 요구하는 투쟁은 기존에 힘을 가진 집단에 대한 도전에서 시작된다. 그런데 기존의 권력집단은 위협으로 느끼고 보복할 가능성도 있다. 아동은 사회구성원 중 가장 취약한 집단이다. 그러므로 아동복지기관이 아동보호 정책을 개발하고 적절한 보호수준을 확보하기 위해서는 여전히 극복해야 할 과제가 많다.

5) 유아의 참여권 보장[4)]

「협약」은 8세까지의 아동을 유아라 칭한다. 유아에게도 아동권리 관점에서 비차별의 원칙이나 아동 최선의 이익 원칙, 그리고 생존, 발달의 원칙 등에 대해서는 많이 언급하고 그 원칙을 지키려는 노력을 많이 해 오고 있다. 최근에 와서는 유아에게 의견표명과 참여의 원칙을 적용하려는 시도가 많이 나타나고 있으며, 이를 위해 유아와 부모 및 유아교사를 대상으로 아동권리교육을 실시하여 역량강화(임파워먼트) 교육프로그램도 많이 등장하고 있다.

지금까지 참여의 원칙을 유아 프로그램에 적용하는 것이 그리 강조되지 않았거나 관심을 많이 받지 못한 것은 어릴수록 의사소통하고 청취하는 언어방식이 성인과 차이가 있어 그만큼 성인들이 영유아들의 언어를 이해하는 것에는 한계가 있기 때문이라고 본다. 유아가 가진 능력을 크게 평가하지 않았기 때문에 그들이 가지고 있는 생각이나 의견이 그리 대단하지 않을 것으로 보거나 또 그것을 표현할 수 있는 능력이 부족할 것이라고 본 것도 한 이유가 될 것이다. 유아를 환경을 조성하는 참여자나 주체자로 보기보다 그들을 위해 마련해 준 환경을 이용하는 이용자로만 본 것이다.

그리하여 아동참여는 주로 아동의 견해를 존중하려는 문화를 형성하려는 노력보다 아동으로 하여금 자신의 견해를 적절한 방법으로 표현하도록 하는 것을 강조해 왔다. 그것도 인권의 관점이나 인권을 실현하고자 하는 목적에서보다는 발달이나 교육적 수단으로서 참여에 주목한 측면이 있다. 그저 어른에게 예의바

4) 여기서 유아는 0~8세 까지의 아동을 의미한다.

르게, 상대방을 배려하여 말하도록 하는 언어예절을 주로 강조하였을 따름이다.

그러나 「협약」 제12조는 모든 아동이 참여권을 가지고 있음을 밝히고 있다. 영유아도 예외가 아니다. 성인이 충분히 귀를 기울이고 기회를 주면 유아도 얼마든지 자신의 감정과 의견을 나타낼 수 있는 능력을 가진 존재이다. 이는 특별히 이탈리아의 레지오 에밀리아 접근법(서영숙·서지영, 2002)을 통해 전 세계에 강하게 전파된 아동관으로 이 접근법의 주창자인 말라구찌는 어른은 글자라는 한 가지 언어를 가지고 있지만 아이들은 백 가지 언어를 가지고 있다고 강조한다. 유아와 더불어 유치원 주변 환경을 만들어 보는 작업을 하며 실제 유치원 앞에 교통신호등을 세우기까지의 과정을 드러낸 이경숙(2006)의 논문 「우리 동네 프로젝트」나, 유아들이 서로 의견을 모아가며 결국은 그들이 원하는 대로 어린이집에 장난감놀이터를 만들어 간 이순희 · 서영숙(2016)의 연구는 실제 유아들도 훌륭한 참여능력이 있으며 또 그들의 의견이 반영되는 환경을 보장받을 권리가 있는 존재임을 보여 주었다.

영유아보육에서도 의무이행자인 보육교직원이나 부모들이 영유아도 생존과 보호 및 발달권은 물론 참여권을 행사할 수 있는 능력이 있음을 인정하고 이를 누릴 수 있도록 보장하려는 권리 기반 접근을 하려는 노력이 강조되고 있다. 우리나라에서 보육교직원 대상 아동권리 교육용 교재를 국가가 공식적으로 개발한 것은 2010년 보건복지부가 보육교사를 위한 아동권리교육용 교재(서영숙 외, 2009)를 개발하게 된 것이 처음이다. 이 연구보고서에 서영숙 등(2010)은 권리 기반의 접근의 보육을 '아동권리 존중 보육'이라고 명명하고 교사, 영유아, 부모나 보호자 대상의 아동권리 존중 보육에 대한 내용과 방법으로 구성된 교재를 개발하였다. 어린이집에서 하루 중 대부분의 시간을 보내는 영유아들이 원하는 환경에서 원하는 시간에 원하는 활동을 하며 지낼 수 있도록 하루의 전 일과를 통해 영유아의 권리를 존중하는 방법에 대해 구체적으로 설명하여 의무이행자인 보육교직원의 역량을 강화하는 교재로 사용되도록 개발한 것이다. 이후 어린이집이나 유치원에서 아동학대사건이 거듭 발생하면서 아동학대 예방과 연결되어 아동권리 존중 보육과 유아교육에 대한 관심이 더욱 높아지고 있고, 보육교직원의 인성교육 교재의 주요 내용이 되고 있다.

또한, 의무이행자의 한 축인 부모나 보호자가 가정에서 영유아의 권리와 능력에 대한 인식을 가지고 자녀를 어떻게 양육할 것인지에 대해 자녀의 이야기를 통해 자신의 기존 양육방법을 돌아보고 권리존중 관점에서 자녀를 대하는 태도와 방법을 자발적으로 바꾸어 가도록 지원하는 프로그램들이 다양하게 개발되어 부모교육용 교재로 사용되고 있다. 최근에 소개된 것을 보면 '자녀의 마음을 존중하는 자녀양육가이드(서영숙 외, 2015)'를 비롯하여 '영유아를 존중하는 훈육 이해하기'와 '영유아를 존중하는 훈육 실천하기(서울특별시 유아종합지원센터, 2015)' 등이 있다.

영유아대상 권리 기반 접근은 더욱 많은 관찰과 성찰을 바탕으로 섬세하게 접근해야 한다. 영유아는 성인과 다른 언어를 가지고 있어 성인이 그들의 생각과 감정을 제대로 알아보기 어렵고 또 성인이 쉽게 지배할 수 있을 정도로 너무도 연약한 존재이기 때문이다.

활동하기 <Activity>

- 권리 기반 아동복지 서비스 접근에 대한 정보를 풍부하게 제공하는 곳은 어디이며 어떤 정보가 있는지 알아봅시다.
- 권리 기반 아동복지 서비스 접근이 이루어지고 있다는 것은 무엇으로 확인할 수 있는지 현장 사례를 들어 설명해 봅시다.
- 권리 기반 아동복지 서비스 접근의 과제에서 가장 공감이 가는 내용은 무엇이며 왜 그렇게 생각하는지 토론해 봅시다.
- 권리 기반 접근을 보육에 적용할 때 가장 유의해야 하는 기본 요소는 무엇이며 왜 그렇게 생각하는지 설명해 봅시다.

05
CHAPTER

아동권리와 빈곤아동 지원

1. 아동 빈곤의 개념과 측정

아동은 미성년자로서 경제적으로 성인 가족원들에게 의존하는 존재이기 때문에 아동이 속해 있는 가족이나 가구가 빈곤할 경우 아동은 이에 따른 물적, 심리적 자원부족에 가장 취약하게 노출된다. 즉 아동은 가족의 부양을 받고 있는 존재이므로 아동이 빈곤하다는 것은 아동이 속해 있는 가족이 빈곤한 상태(Roosa et al., 2005; Munujin & Nandy, 2012)임을 의미한다. 본 절에서는 아동 빈곤의 개념에 대해 살펴보기로 한다.

1) 절대 빈곤과 상대 빈곤

빈곤은 기본 욕구를 충족시킬 수 있는 생활수단이 부족한 상태로 대개 소득이 부족하여 지출 수준이 낮으며, 열악한 주거 상태에서 살고 건강이나 교육의 수준이 낮아지는 문제 상황이다. 한 사회의 빈곤 지표는 빈곤율로 나타내며, 빈곤율은 크게 절대적 빈곤율과 상대적 빈곤율로 구분된다. 아동 빈곤율은 만 18세 미만의 아동이 속한 가구의 빈곤여부를 먼저 결정한 후 빈곤 가구에 속한 아동이 전체 아동에서 차지한 비율로 표시한다. 그러므로 아동 빈곤율도 아동 절대 빈곤율과 아동 상대 빈곤율로 구분할 수 있다.

(1) 절대적 빈곤율

절대적 빈곤율은 한 개인이나 가구의 소득이 정부최저생계비에 미치지 못하는 비율을 뜻한다. 아동 절대 빈곤율은 소득이 최저생계비에 미치지 못하는 가구에 속한 아동이 전체 아동 인구에서 차지하는 비율을 의미한다. 보건복지부(2015)가 수립한 「제1차 아동정책 기본계획」을 보면, 우리나라 아동의 절대 빈곤율은 2008년 7.1%에서 2012년 5.9%로 감소되고 있다.

이완정 등(2009)에 따르면, 아동 절대 빈곤에는 다음과 같은 경향성이 나타난다.

첫째, 아동의 절대 빈곤율은 도시보다는 농촌지역에서 높게 나타난다.

둘째, 아동의 절대 빈곤율을 가구 유형별로 살펴보면 맞벌이 가정에 속한 아동의 빈곤율이 가장 낮고 모자 가정이나, 특히 조손가정의 아동이 절대적 빈곤인 경우가 매우 높다.

셋째, 아동의 연령별로 보면 5세 이하 아동 집단에서 다른 연령집단보다 절대 빈곤율이 더 높게 나타난다. 이는 영유아를 위한 조기 빈곤중재 프로그램의 필요성이 크다는 것을 시사한다.

(2) 상대적 빈곤율

상대적 빈곤율은 소득이 중위소득 50%에 미치지 못하는 비율을 의미한다. 아동 상대 빈곤율은 소득이 중위소득 50%에 미치지 못하는 가구에 속한 아동이 전체 아동 인구에서 차지하는 비율을 의미한다. 보건복지부(2015)가 수립한 「제1차 아동정책 기본계획」을 보면, 우리나라 아동의 상대 빈곤율은 2008년 10.8%에서 2012년 10.2%로 비슷한 수치를 보이고 있다. OECD(2009)의 자료에 따르면 미국은 OECD 30개국 중 가처분소득 수준으로 볼 때 상위 2위지만, 아동 상대 빈곤율 역시 상위 4위로 나타나 풍요속의 빈곤 상태에 처한 미국 사회의 아동이 많다는 것을 보여 주고 있다. 그러므로 아동 빈곤을 이해할 때는, 한 사회가 부유하다고 그 사회에서 자라는 아동이 전체적으로 부유하지는 않을 수도 있다는 점을 고려할 필요가 있다(한국아동권리학회, 2015).

아동의 상대 빈곤율이 높은 이유는 아동이 속한 가구 중 중위소득 50% 이하의 상대 빈곤에 처한 가구의 비율이 높기 때문인데, 이는 아동을 키우는 가구주가 다음과 같은 특성을 갖고 있기 때문이다(이완정 외, 2009).

첫째, 가구주의 성, 연령, 학력은 가구소득의 근간이 되는 취업여부 및 고용형태에 영향을 주기 때문에, 가구주의 사회 인구학적 특성은 한 가족의 빈곤 여부를 결정짓는 원인이 된다. 노동시장에서 근로가능성과 노동가치성이 평가절하되는 여성가구주, 고령가구주, 저학력가구주는 아동 빈곤과 높은 관련이 있다. 가구주가 여성이고, 연령이 낮거나 높을수록(U자형), 그리고 학력이 낮을수록 빈곤 가능성은 높아지는 것으로 나타난다.

둘째, 가족구조는 가구주의 혼인상태, 배우자 유무, 가구원 수에 따라 결정되는데, 가족구조 역시 아동 빈곤의 원인이 될 수 있다. 한부모가족은 아동 빈곤과 밀접한 상관이 있는데, 특히 여성 한부모가족인 경우 빈곤에 가장 취약하다고 볼 수 있다. 또한, 가구원 수는 소비지출의 규모를 결정하기 때문에 아동 빈곤과 상관이 있는데, 가구원 수가 많을수록 빈곤하거나 빈곤상태가 지속될 가능성이 높다.

Key points : 빈곤한 가정에 속한 아동

- 절대 빈곤은 최저생계비 미만인 상태
- 상대 빈곤은 중위소득 50% 미만인 상태
- 부유한 사회의 아동이라고 빈곤을 경험하는 비율이 낮은 것은 아니다. 아동을 키우는 가족이 빈곤층에 속한 경우가 많다면, 그 사회에서 빈곤을 경험하는 아동의 비율은 높아질 수 있다.

2) 일상에서 경험하는 빈곤의 내용

소득수준만으로 아동의 빈곤을 살펴보는 것은 아동이 실제 생활영역에서 경험하는 박탈을 잘 설명해 주지 못하는 한계가 있다. UNICEF(2012)에서는 그 이유를 다음과 같이 들고 있다.

첫째, 가구 소득은 정확히 파악하기가 어렵고, 특히 설문조사 등의 형태로 조사하는 것은 신뢰하기 어렵다.

둘째, 가족고용의 형태나 불안정한 고용상태에 있는 등의 가구는 소득을 안정적으로 조사하기 어렵다.

셋째, 대개의 국가에서 가구소득은 주거비를 제하지 않은 상태에서 산정되는데, 아동에게 쓰는 비용은 주거비를 제하고 나서야 가능하므로 아동 빈곤에 사용하기에 적합하지 않다.

넷째, 가구의 경제상황은 소득과 자본, 채무 등과 연동되어 있기 때문에, 단순 가구소득만으로는 그 가구의 실제 소비상황을 알기 어렵다.

다섯째, 가구소득만으로 아동 빈곤을 비교할 경우 그 국가의 건강보험이나 보육정책의 아동친화성은 반영되기 어렵다.

여섯째, 아동기의 교육비용이 국가 정책에 따라 다르다. 즉, 초·중등 의무교육의 정도, 특히 취학 전 교·보육 비용 등은 국가의 정책에 따라 가구의 가처분 소득에 영향을 미친다.

일곱째, 한 시점의 가구소득은 그 가구가 경험하는 초과근무, 보너스, 반일제 근무 등 여러 가지 소득불안정 상황을 반영하지 못하는데, 실제로 소득불안정은 아동의 빈곤 경험에 큰 영향을 미친다.

여덟째, 가구소득에서 아동 한 명에게 사용할 수 있는 소득을 계산해야 하는데 이에 대한 적합한 산식[1)]이 아직 없다.

아홉째, 가구소득은 그 가족이 동일한 금액을 아동을 위해 사용하는지, 아니면 다른 곳에 쓰는지 알려 주지 못한다. 이에 따라 가구소득이 작아도 그 가족의 아동이 경험하는 물적 토대는 풍부할 수도 있고, 가구소득이 높아도 아동이 경험하는 물적 박탈은 클 수 있다. UNICEF(2007)는 이노세티연구소의 연구를 통해 OECD 국가의 아동 빈곤을 여섯 가지 차원으로 조사하여 국가별 비교자료를 제시하였다. 조사 내용은 〈표 5-1〉과 같다.

1) UNICEF에서는 이를 'equivalence scale'이라고 하는데, 가구소득에서 첫 번째 성인은 1.0, 두 번째 성인은 0.5, 14세 이하 아동은 0.3으로 계산하는 것이다. 가령, 성인 2명, 15세 아동 1명, 3세 유아 1명의 4인 가구가 소득 46,000달러일 때, 가구원은 2.3명으로 계산되며, '등치시킨(equivalized)' 개인 소득은 20,000불에 해당한다. EU에서는 등치시킨 개인 중위소득 60% 미만을 상대 빈곤에 처했다고 본다.

〈표 5-1〉 UNICEF의 아동 빈곤 조사내용

차원	요소	지표
차원 1. 물질적 복지상태 (material well-being)	상대 빈곤율	· 등치시킨(equivalent) 소득이 중위소득 50% 미만인 가구에 속한 아동의 비율
	무직 가구	· 고용상태인 성인이 없는 가구에 속한 아동의 비율
	보고된 박탈수준	· 가족의 부유한 정도가 낮다고 보고된 아동의 비율 · 교육자원이 빈약한 것으로 보고된 아동의 비율 · 가정에 도서가 10권 미만이라고 보고된 아동의 비율
차원 2. 건강과 안전 (health and safety)	0~1세의 건강	· 출생아 1,000명당 1세 이전에 사망하는 영아의 비율 · 저체중아(2,500g)의 비율
	예방적인 건강서비스	· 12~23개월 사이에 홍역, DPT, 소아바미 예방접종을 받은 영아의 비율
	안전	· 0~19세 사이 아동 10만 명당 사고나 부상으로 사망한 아동의 비율
차원 3. 교육 복지 (educational well-being)	15세의 학업성취	· 언어 이해력 평균 성취도 · 수학 이해력 평균 성취도 · 과학 이해력 평균 성취도
	기본 외	· 15~19세 중 학교에 남아 있는 아동의 비율
	고용상태로 전이	· 15~19세 중 학교 재학, 훈련기관 소속, 고용상태가 아닌 아동의 비율 · 저숙련 직업을 찾기를 기대하는 15~19세 아동의 비율
차원 4. 가족과 또래 관계 (family & peer relationship)	가족구조	· 한부모가정에서 사는 아동의 비율 · 재혼부모가정에서 사는 아동의 비율
	가족관계	· 주 1회 이상 부모와 함께 식사를 한다고 보고하는 아동의 비율 · 부모가 '다른 일을 하지 않고 자신과 대화만 하는 시간'을 갖는다고 보고하는 아동의 비율
	또래관계	· '친절하고 도움이 되는' 친구가 있다고 보고하는 11, 13, 15세 아동의 비율

차원	요소	지표
차원 5. 행동 및 위험 (behavior and risks)	건강관련 행동	· 아침을 먹는 아동의 비율 · 매일 과일을 먹는 아동의 비율 · 신체적으로 활발한 아동의 비율 · 과체중아 비율
	위험 행동	· 15세 흡연아동의 비율 · 2회 이상 만취한 경험이 있는 아동의 비율 · 대마초 경험이 있는 아동의 비율 · 15세까지 섹스를 경험한 아동의 비율 · 콘돔을 사용하는 아동의 비율 · 10대 출산율
	폭력 경험	· 지난 12개월 동안 싸움에 휘말린 적이 있는 11, 13, 15세 아동의 비율 · 지난 2개월간 따돌림이나 괴롭힘을 당한 적이 있는 아동의 비율
차원 6. 주관적 복지 (subjective well-being)	건강	· 자신의 건강상태가 '그저 그렇다' 혹은 '좋지 않다'고 생각하는 아동의 비율
	학교생활	· 자신이 학교를 '많이 좋아한다'고 생각하는 아동의 비율
	주관적 만족감	· 자신이 '생활만족도 검사'에서 중간점 이상이라고 생각하는 아동의 비율 · 자신의 주관적 생활만족에 대해 부정적이라고 생각하는 아동의 비율

이후 UNICEF(2012)에서는 아동결핍지수(child deprivation index)를 활용하여 아동의 빈곤을 측정하였다. 아동결핍지수는 성장과정에서 주요하게 고려되어야 할 소유상태, 서비스 및 각종 기회 충족여부를 14항목으로 측정하여 아동이 경험하는 빈곤 상태를 보고하고 있다. 〈표 5-2〉에 나타난 바와 같이 총 14개 항목 중 2개 이상의 항목에 '아니오'라고 응답한 아동의 수치를 결핍지수로 측정하며, 수치가 높을수록 아동의 기본조건에 대한 결여 수준이 높은 것을 의미한다. 우리나라 아동의 결핍지수는 53.3%로 OECD 국가 중 최하위로 나타났다.

〈표 5-2〉 UNICEF(2012)의 아동결핍지수 측정항목

- 하루 세 끼 섭취
- 하루 한 끼 이상 육류·생선 섭취
- 매일 신선한 과일·채소 섭취
- 교과서 이외 아동의 연령과 지적 수준에 적합한 도서들의 보유
- 자전거, 롤러스케이트 등 야외활동 장비 보유
- 정기적인 여가활동(수영, 악기, 태권도 등)
- 아동별 장난감·교육용 실내 활동 도구 보유
- 소풍·수학여행 등 학교 이벤트 참가비
- 숙제를 할 수 있는 조용하고 환한 가정 내 공간
- 가정에서 인터넷 활용가능
- 새 옷 보유
- 신발 2켤레 이상(이 중 한 켤레는 4계절용) 보유
- 가정으로 친구를 초대할 기회
- 생일잔치·가족행사 등 이벤트 참여

아동이 일상적인 생활에서 경험하는 빈곤을 측정하기 위해서는 '다면적인 빈곤측정(multidimensional poverty: MD poverty)' 방식이 필요하다는 주장이 확산되면서 근래에는 여러 가지 복합지수를 사용하여 아동 빈곤 상태를 조사하고 있으며, OECD 각국에서는 이를 토대로 아동정책을 수립하려 하고 있다. UNICEF에서는 2013년 아동 빈곤을 측정하기 위한 '다중박탈지수(Multiple Overlapping Deprivation Analysis: MODA)를 개발하여 OECD 국가별 현황을 비교하였다. 이 척도는 아동권리의 관점에서 개발된 것으로, 이를 기존에 사용되던 '다면적 빈곤 지수(Multidimensional Poverty Index: MPI)'와 비교한 결과(UNICEF, 2016)는 〈표 5-3〉과 같다.

〈표 5-3〉 MODA와 MPI의 주요 특징 비교

	다중박탈 지수(MODA)	다면적 빈곤 지수(MPI)
개념적 틀	유엔 아동권리협약	기본욕구/역량
분석 단위	아동 (필요시 성인도 측정)	가구/성인 (빈곤 가정이나 빈곤한 성인과 함께 사는 아동으로 이해)
연령 특정적인 지수	있음 예 0~5세, 6~11세, 12~17세	없음
지표(indicator)들을 차원(dimension)으로 종합	차원 별로 판단. 즉, 한 차원에서 최소 한 가지 지표 불충분 시 차원을 충족시키지 못하는 것으로 판단	세 가지 차원에 나열된 지표들 중 불 충족된 지표들을 모아 종합 판단
차원 당 지표 수	각 차원 당 1~2 지표	각 차원 당 2~6지표
주관기관	UNICEF	UNDP & Oxford Poverty and Human development Initiative (OPHI)

출처: UNICEF(2016: 12)에서 일부만 편집함.

활동하기 <Activity>

- 유니세프(www.unicef.org)에서 Multiple Overlapping Deprivation analysis(MODA) 측정문항을 찾아 어떤 내용이 있는지 살펴보고, 논의해 봅시다.
- 소집단별로 다음 활동을 해 봅시다. 교재에 제시된 빈곤관련 각종 지표들과 국내외 자료를 조사하여 나타난 지표들을 토대로 현재 우리나라의 취학 전 영유아가 경험하는 빈곤의 상황을 파악하기 위해서는 어떤 내용을 조사하는 것이 좋을지 지표를 만들어 발표해 봅시다.

2. 빈곤아동의 권리보호 원칙과 서비스 전달체계

본 절에서는 빈곤아동을 보호해야 하는 근거를 권리보호 관점에 비추어 살펴보고, 빈곤아동을 지원하기 위한 기본원칙을 알아보고자 한다.

1) 아동 빈곤에 대한 권리보호 관점의 필요성

Pemberton 등(2012)은 OECD 국가들이 아동 빈곤을 아동권리의 보호 관점에서 다루고자 해 왔으며 이는 다음과 같은 특징으로 나타나고 있다고 설명하고 있다.

첫째, 권리보호의 관점은 「유엔아동권리협약」과 같이 범국가적으로 동의된 아동권리 실현의 기준이 각국의 아동 빈곤에 의해 어떻게 침해되는지 명백하게 제시해줄 수 있다. 그리하여 권리보호 관점은 빈곤으로부터 아동을 보호할 정책적 개입이 반드시 필요하다는 점을 설득력 있게 보여 준다.

둘째, 권리보호의 관점으로 보면, 아동 빈곤이란 있을 수 있는 일이거나 불가피한 것이 아니라 아동을 보호하고자 하는 사람들이 이를 해결하기 위해 시급히 뭔가 해야 하는 잠재적인 상태이다. 「협약」 일반논평 제5호(CRC General Comment No 5)에서는 아동의 권리를 보호하는 것이 모든 국가의 책임임을 명시하고 있으며, 아울러 이는 각국의 입법체계 내에서 이루어지거나 혹은 필요시 국제적 협력으로 진행되어야 함을 천명하고 있다.

셋째, 빈곤의 근원적인 원인에 대해 탐색하다 보면 소득과 부의 불균형을 초래하거나 지속시키고 있는 기존 구조들이 자리 잡고 있다는 사실에 직면하게 된다. 아동권리보호 관점의 한쪽에서는 꾸준히 이 구조에 도전해 왔다. 즉 지구상의 다른 한 쪽에 아동 빈곤을 영속화시키는 '북반구 국가들(Global North)'이 있으며, 이들은 자국에 쌓이는 부만큼 세계 빈곤아동의 문제에 책임을 느끼고 이를 해결하기 위해 범국가적으로 노력해야 한다는 것이다.

넷째, 권리보호의 관점에서 사용하는 용어들은 정치적 논쟁을 긍정적인 방향으로 이끌어 준다. 권리에 기반한 언어를 사용하게 되면 빈곤이 개인의 실패로부터 비롯된다는 시각에서 빈곤이 그 사회 거시경제의 구조나 정치 특성과 관련이 있다는 쪽으로 초점이 바뀌게 된다. 즉 권리보호의 관점에서 보면 아동 빈곤은 해결해야 할 '사회적 문제(social problem)'가 아니라 국가가 법적 책임을 지고 있는 '권리의 침해(violation of rights)' 상태라는 것이다.

다섯째, 권리보호의 관점에서는「협약」에서 아동권리를 건강, 교육, 음식 등의 여러 가지 차원으로 다루고 있는 것과 마찬가지로 아동 빈곤을 음식, 위생적인 물, 건강, 주거지, 교육, 정보 등 '다차원적인(multidimensional)' 측면에서 살펴본 박탈 상태로 본다. 그러므로 권리보호의 관점에서는 아동 빈곤을 가계 소득에 기반하여 측정하거나, '소비기반(consumption-based)'의 빈곤으로 접근하는 것을 반대한다.[2] 권리보호 관점에서는 아동도 성인과 마찬가지로 동등하고 독립적인 권리를 가진다고 보기 때문에, 아동 빈곤을 측정할 때 연령에 적합하고, 성별 특성에 맞는 지표를 사용해야 한다고 강조한다.

> **Key points: a human right approach**
>
> - 빈곤은 달성되어야 할 아동권리를 다차원적인 측면에서 침해한다.
> - 아동권리협약에 가입한 당사국은 자국 아동이 빈곤으로 인해 침해받고 있는 권리를 회복시키기 위해 노력할 책임이 있다.

2) 빈곤아동에 대한 보호 원칙

「협약」에서는 빈곤으로부터 자유가 아동의 명백한 권리임을 구체적으로 명시하고 있지는 않지만, 빈곤으로 인해 아동에게 초래되는 물질적, 사회적 박탈 상태를 어떻게 다루어야 하는지에 대해서 여러 조항에 걸쳐 다루고 있다(Townsend, 2012). 즉,「협약」의 제26조와 제27조는 아동이 발달에 필요한 생활수준을 누릴 권리를 선언하고 있으며, 부모와 사회가 이를 보호하기 위해 노력

2) 세계은행(the World Bank)에서 일일 1달러(US $1)를 소비의 빈곤선으로 잡은 것은 많은 비판을 받아왔다.

할 책임이 있다는 점을 강조하고 있다. 이외에 「협약」 제13, 17, 19, 20, 23, 24, 26, 28, 31, 32, 34, 37, 39조에 걸쳐 아동이 주거지, 영양 부족, 위생 불안, 안전한 식수, 건강서비스, 교육, 정보 등에서 빈곤으로 인해 권리 침해를 당하지 않도록 국가가 보호해야 함을 역설하고 있다.

유엔아동권리협약 제26조

당사국은 모든 아동이 사회보험을 포함한 사회보장 제도의 혜택을 받을 권리를 가짐을 인정하며, 자국 국내법에 따라 이 권리의 완전한 실현을 달성하기 위하여 필요한 조치를 취하여야 한다.

이러한 혜택은 아동 및 아동에 대한 부양책임자의 재력과 상황은 물론 아동에 의하여 직접 행하여지거나 또는 아동을 대신하여 행하여지는 혜택의 신청과 관련된 여타의 사정을 참작하여 적절한 경우에 부여되어야 한다.

유엔아동권리협약 제27조

당사국은 모든 아동이 신체적·지적·정신적·도덕적·사회적 발달에 적합한 생활수준을 누릴 권리를 가짐을 인정한다.

부모 또는 기타 아동에 대하여 책임 있는 자는 능력과 재정의 범위 내에서 아동 발달에 필요한 생활여건을 확보할 일차적 책임을 진다.

당사국은 국내 여건과 재원의 범위 내에서 부모 또는 기타 아동에 대하여 책임 있는 자가 이 권리를 실현하는 것을 지원하기 위한 적절한 조치를 취하여야 하며, 필요한 경우에는 특히, 영양, 의복 및 주거에 대하여 물질적 보조 및 지원계획을 제공하여야 한다.

당사국은 국내외에 거주하는 부모 또는 기타 아동에 대하여 책임 있는 자로부터 아동양육비의 회수를 확보하기 위한 모든 적절한 조치를 취하여야 한다. 특히 아동에 대하여 재정적으로 책임 있는 자가 아동이 거주하는 국가와 다른 국가에 거주하는 경우, 당사국은 국제협약의 가입이나 이러한 협약의 체결은 물론 다른 적절한 조치의 강구를 촉진하여야 한다.

「협약」 일반논평 제5호(CRC General Comment No 5)에서는 협약 4조의 내용을 근거로 하여 해당 국가가 가용 자원이 부족하다는 이유로 아동의 경제적, 사회적, 문화적 권리를 침해하고 있는 빈곤 문제를 해결하는 데 최선을 다하지 않는 것은 용납할 수 없다는 점을 역설하고 있다.

유엔아동권리협약 제4조
당사국은 이 협약에서 인정된 권리를 실현하기 위한 모든 입법적, 행정적 및 여타의 조치를 취하여야 한다. (아동의) 경제적, 사회적, 문화적 권리에 관하여 당사국은 '기용자원의 최대한도까지(to the maximum extent of their available resources)', 그리고 필요한 경우에는 국제협력의 테두리 내에서 이러한 조치를 취하여야 한다.

「협약」에서 언급하는 아동의 모든 권리들은 동등한 중요성을 가지며, 협약에서는 어떤 권리가 다른 권리에 선행한다고 보지 않는다. 그럼에도 불구하고 어떤 권리는 다른 권리보다 시급성을 가지게 되는데, 대표적인 사례는 빈곤으로 의료처치를 받지 못해 사망할 위험이 있는 영아의 경우라 할 수 있다(UNICEF, 2004). 아동 빈곤은 때때로 아동의 권리를 극심하게 침해하게 되기 때문에 각국에서는 이를 우선적으로 해소하고자 하는 정책적 노력을 기울여야 하며, 이는 현상의 우선적인 해결뿐 아니라 중장기적으로는 근본 원인에 대한 지속적인 개선 노력으로 개진되어야 한다.

3) 빈곤아동 지원을 위한 복지 전달체계

빈곤아동을 지원하기 위하여 2011년 7월 14일자로 「아동의 빈곤예방 및 지원 등에 관한 법률(약칭: 아동 빈곤 예방법)」이 제정된 이래 2017년 7월 26일 개정 · 시행되고 있다. 이 법은 빈곤아동이 복지 · 교육 · 문화 등의 분야에서 소외와 차별을 받지 아니하고 한 사회의 구성원으로 건강하게 자랄 수 있도록 제도적 기반을 마련하는 것을 목적으로 한다.

이 법은 빈곤아동이 부모의 사회적 · 경제적 지위와 상관없이 대이나서 자립할 때까지 충분한 역량을 갖출 수 있도록 균형 있고 조화로운 성장과 건강하고 행복한 삶을 누릴 수 있도록 하는 것을 기본이념으로 한다. 이 법에서 '아동 빈곤'이란 아동이 일상적인 생활여건과 자원이 결핍하여 사회적 · 경제적 · 문화적 불이익을 받는 빈곤한 상태를 말하며, '빈곤아동'이란 생활여건과 자원의 결핍으로 인한 복지·교육·문화 등의 격차를 해소하기 위하여 지원이 필요한 아동을 말한다.

「아동 빈곤 예방법」은 대통령령으로 먼저 만들어졌다. 〈표 5-4〉에서 보는 바와 같이, 「아동의 빈곤예방 지원 등에 관한 법률 시행령(대통령령)」과 동법 「시행규칙(보건복지부령)」이 2012년 7월에 만들어졌고, 이에 따라 부산광역시, 대전광역시, 서울특별시의 순서로 지방자치법규가 조례의 형태로 만들어졌다.

〈표 5-4〉 **아동 빈곤 예방을 위한 법률 및 조례 현황**

법령 혹은 자치법규 명		종류	공포일자	시행일자
법령	「아동의 빈곤예방 및 지원 등에 관한 법률」	법률	2017. 7. 26.	2017. 7. 26.
	「아동의 빈곤예방 및 지원 등에 관한 법률 시행령」	대통령령	2012. 7. 13.	2012. 7. 15.
	「아동의 빈곤예방 및 지원 등에 관한 법률 시행규칙」	보건복지부령	2012. 7. 13.	2012. 7. 15.
자치법규	「서울특별시 아동의 빈곤예방 및 지원에 관한 조례」	조례	2016. 3. 24.	
	「부산광역시 아동의 빈곤예방 및 지원 조례」	조례	2013. 3. 20.	
	「대전광역시 아동의 빈곤예방 및 지원 조례」	조례	2014. 3. 7.	

「아동 빈곤 예방법」에서 밝히고 있는 국가와 지방자치단체의 책무는 다음과 같다. 첫째, 국가 및 지방자치단체는 복지·교육·문화 등의 지원 등 빈곤아동 정책의 수행에 필요한 법적·제도적 장치를 마련하고 업무수행에 필요한 재원을 안정적으로 확보하기 위하여 노력하여야 한다. 둘째, 국가 및 지방자치단체는 빈곤아동의 안전·건강 및 복지증진을 위하여 빈곤아동과 그 보호자 및 가정을 지원하기 위한 정책을 수립·시행하여야 한다. 셋째, 국가 및 지방자치단체는 빈곤아동이 어떠한 종류의 차별도 받지 아니하도록 필요한 시책을 마련하여야 한다.

「아동 빈곤 예방법」은 대상 아동의 범위에 「아동복지법」에 근거하여 보호받고 있는 아동, 수급자 아동, 한부모가족 및 다문화 가족 아동을 포함시키고 있다. 그간 아동 빈곤율은 빈곤 가구에 속한 아동을 대상으로 하여 가정 밖 아동은 포함시키지 못하였는데, 동법에서는 대상 아동의 범위를 포괄적으로 보고 있다는 의의가 있다. 또한, 빈곤의 정의에 사회적, 경제적 불이익 외에 문화적 불이익을 포함시킴으로써 빈곤으로 인해 아동이 겪는 박탈 상태를 보다 다면적으로 다룰 수 있게 되었다(한국아동권리학회, 2015).

빈곤아동을 지원하기 위한 중앙정부의 전달체계는 다음과 같다. 보건복지부 아동복지 정책과에서는 빈곤아동종합대책을 수립하고 관련정책을 조정하도록 되어 있다. 또한, 보육사업기획과에서는 어린이집 보육료와 양육수당 지원 대상자의 소득기준액 결정에 관한 사항을 다루고 있으며, 영아·장애아 및 다문화 가족 영유아 등 취약보육 서비스 등 지원에 관한 사항을 담당하고 있다. 그리고 아동권리과에서는 결식아동 급식에 관한 사항, 지역아동 센터, 방과 후 돌봄서비스에 관한 사항을 담당하고 있다.

활동하기 <Activity>

- 「유엔 아동권리협약」 일반논평 제5호(CRC General Comment No 5)를 찾아 읽어 보고, 아동의 권리 보호와 빈곤 지원을 위해 법과 행정체계에서 고려해야 할 사항을 알아봅시다.

- 보건복지부(www.mohw.go.kr)에서 2013년 '아동종합실태조사' 자료를 찾아, 아동이 일상생활에서 경험하는 빈곤의 내용이 이띠히였는지 취학전 영유아, 초등 아동, 중·고등아동 등 연령대별로 비교해 봅시다.

3. 빈곤아동 지원 서비스

본 절에서는 빈곤아동을 보호하기 위한 방법으로 가정에서의 빈곤아동보호와 사회에서의 빈곤아동보호에 대해 다루어 본다.

1) 가정에서의 빈곤아동보호

가정의 빈곤 상태는 자녀에 대한 양육자의 물적, 심리적 투자를 저하시킨다. 빈곤이 아동에게 미치는 두 가지 영향을 김효진(2008)은 인적 자본 투자이론(human capital investment theory)과 가족과정 모델(family process model)로 설명하고 있다.

인적자본 투자이론은 Becker박사에 의해 구체화된 것으로, 이 이론에서는 부모가 아동의 인적 자본 향상을 위해 교육, 건강, 주거, 음식 등의 형태로 물질적 재화와 서비스를 투자하며 이는 가족의 경제적 능력에 좌우된다고 본다. 빈곤한 부모는 자원을 대부분 생계를 위해 우선적으로 소비해야 하기 때문에 자녀의 발달을 지원하기 위한 충분한 자본, 시간, 에너지를 갖기 어려우며, 부모의 경제적 자원의 결핍은 아동의 발달기회를 제한한다.

가족과정 모델은 아동의 일상적 삶에 영향을 미치는 주양육자인 부모의 상태에 초점을 맞춘다. 이 모델에 따르면 빈곤은 부모의 스트레스나 부부갈등을 가중시켜 부모로 하여금 자녀의 양육에 몰입하기보다는 자녀에 대해 비일관적이고 부정적인 양육행동을 하도록 하여 결과적으로 아동 발달에 부정적인 영향을 미친다.

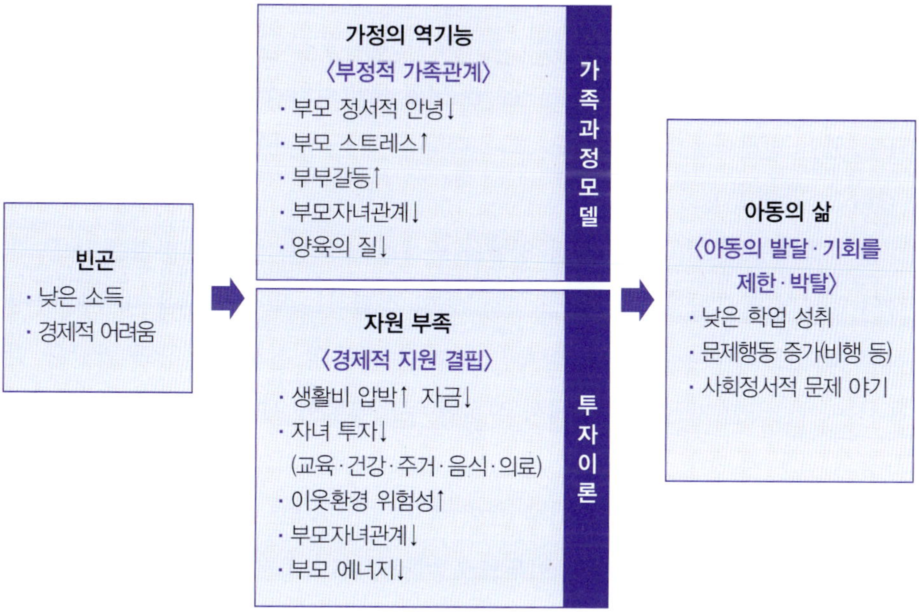

[그림 5-1] **아동 빈곤의 영향경로**

출처: 김효진(2008: 39).

가정의 빈곤 상태가 아동에게 미치는 영향을 중재하기 위한 첫 번째 방향은 빈곤을 경험하는 아동에게 투자되는 각종 물적 자원이 증가되도록 지원하는 것이다. 아동 빈곤에 대한 권리보호 관점에서는 아동의 빈곤을 가계의 소득수준이라는 단일지표보다는 주거지, 음식, 물, 건강, 교육, 정보 등 다면적인 측면에서의 결핍 상태로 보고자 한다. 빈곤에 대한 다면적 측정은 아동 빈곤을 해결하기 위한 정책적 노력이 어디에 집중되어야 하는지 구체적으로 보여 주기 때문에 아동권리를 보호하는 데 긍정적인 영향을 미친다.

보건복지부(2016)의 「제1차 아동정책 기본계획」에 따르면, 정부는 빈곤아동에 대한 기본계획을 수립하기 위해 빈곤가정 아동의 기본욕구 등에 대한 실태조사를 주기적으로 실시하고, 빈곤아동 지원 5개년 기본계획을 수립하고자 하였다. 이를 위해 정부에서는 구체적으로 기초생활보장 제도의 맞춤형 급여 전환에 따른 빈곤가정의 아동에 대한 영향 분석을 실시할 계획이며, 이 때 특히 아동성장에 큰 영향을 미치는 교육·문화·주거급여의 영향을 분석할 예정이라고 하였다. 이외 아동정책 기본계획에는 아동을 위한 다면적인 권리보호 정책들이 망라되어 있어 빈곤아동의 지원에도 보다 다양한 접근이 가능해질 수 있을 것이다(김미숙 외, 2013).

빈곤이 아동에 미치는 부정적 영향을 중재하기 위한 두 번째 방향은 빈곤 가정의 부모역량 강화를 지원함으로써 아동이 경험하는 일상적 훈육 내용이 긍정적일 수 있도록 하는 것이다. 김효진(2008)은 아동의 건강한 성장과 발달을 위해서는 바람직한 가정환경 속에서 적절한 부모역할이 제공되어야 하는데, 빈곤가정의 경우 부모가 장시간의 노동, 스트레스, 양육지식의 부족 등으로 인해 부적절한 양육태도를 보이기 쉽다고 보았다. 이 외에 부모 본인도 스트레스와 우울 등의 사회정서 문제를 겪기 쉬우므로 이들의 심리정서적 역량을 강화시킴으로써 부모의 심리적 불안이 아동에게 미치는 부정적인 영향을 중재할 필요가 있을 것이다.

여성가족부는 근래 생애주기별 부모교육을 통해 건강한 아동양육이 이루어지도록 지원하는 것을 주요 정책 목표로 설정하고, 부모의 역할, 자녀 이해 및 양육방법, 가족갈등 해소방법 등을 중심으로 다방면의 부모교육을 실시하고 있다. 부모교육은 기본적으로 생애주기를 고려한 부모교육의 형태로 이루어지며, 교육을 받고자 희망하는 기관에 맞춤형 전문 강사가 파견되어 부모교육을 하기도 한다. 빈곤 가정 등 취약가정의 경우 전문상담사가 가정을 직접 방문하여 부모교육 외에도, 가족상담 및 생활지원 서비스를 제공한다.

2) 사회에서의 빈곤아동보호

사회에서의 빈곤아동보호 사업은 다양하게 지속되어 왔다. 이 중 스타트 사업은 OECD 각국에서 공히 이루어져 온 대표적인 빈곤아동 지원 사업이라 할 수 있으며, 2012년도부터 도입된 무상보육제도는 빈곤아동의 공정한 출발선을 보장하기 위한 것이라 할 수 있다.

(1) 스타트 사업

사회에서 빈곤아동, 특히 연령이 어린 빈곤아동을 보호하기 위한 대표적인 사업 중 하나는 스타트 사업이라 할 수 있다. 미국의 헤드스타트, 영국의 슈어스타트, 캐나다의 페어스타트, 호주의 베스트스타트, 그리고 우리나라의 드림스타트 사업이 있다. 이들 사업 주체는 아동 인적자본론을 기반으로 빈곤아동에 대한 개입 및 투자를 아동기 초기에 할수록 그 효과와 효율성이 높아진다고 본다. 이에 따라 국가가 아동 빈곤에 조기개입 할수록 빈곤의 부정적 영향을 줄이고자 하며, 취약 아동에게 공정한 출발선을 보장해 주고자 한다.

우리나라의 드림스타트 사업은 취약계층 아동에게 맞춤형 통합서비스를 제공하여 아동의 건강한 성장과 발달을 도모하고 공평한 출발기회를 보장함으로써 건강하고 행복한 사회구성원으로 성장할 수 있도록 지원하는 보건복지부 주관 사업[3]이다. 사업의 지원 대상은 0~12세의 아동 및 가족으로 국민기초수급 및 차상위 계층 가정, 조손가정을 포함한 법정 한부모가정, 학대 및 성폭력피해 아동 등을 우선 지원하는 것을 원칙으로 한다.

지원과정은 가정방문을 통해 파악한 대상 아동과 가족의 기초정보 및 아동의 양육환경과 발달 정보를 기준으로 지역자원과 연계한 맞춤형 통합 서비스를 제공하는 것이다. 신체·건강 서비스는 병·의원 및 정신보건센터를 중심으로 아동의 건강한 성장과 신체 발달을 증진하기 위해 필요한 정보와 검진 서비스 등을 제공한다. 인지·언어 서비스는 방과 후 돌봄 기관과 지역도서관을 토대로 의사소통 능력 및 기초학습 능력을 키워 주려고 노력하는 것으로, 특히 맞춤형 인지·언어 서비스를 통한 아동의 강점을 개발시키고자 한다. 정서·행동 서비스는 아동보호전문기관과 육아종합 지원 센터를 중심으로 아동의 자아존중감 및 긍정적 성격 형성을 위한 정서발달 서비스를 제공한다. 또한, 사회성 발달

---

3) https://www.dreamstart.go.kr/

및 아동권리 신장을 위한 교육을 시키기도 한다. 부모·가족 서비스는 지역의 상담센터나 건강가정 지원 센터를 중심으로 부모 역량 강화, 부모의 자존감 회복, 양육기술의 증진을 지원하는 것이다. 여기에서는 특히 임산부의 건강한 임신과 출산, 양육을 지원한다.

〈표 5-5〉 **드림스타트 사업내용**

서비스 구분	서비스 내용
신체·건강	· 아동의 건강한 성장과 신체발달 증진 · 건강한 생활을 위한 건강검진 및 예방, 치료 · 아동발달에 필요한 신체·건강 정보 제공
인지·언어	· 아동의 의사소통 및 기초학습 능력 강화 · 맞춤형 인지·언어 서비스를 통한 아동의 강점 개발
정서·행동	· 자아존중감 및 긍정적 성격 형성을 위한 정서발달 서비스 제공 · 사회성 발달 및 아동권리 신장을 위한 교육
부모·가족	· 부모자녀 상호작용 및 적합한 교육환경을 위한 부모 역량 강화 · 부모의 유능감 및 자존감 강화 · 부모의 양육기술 지원 · 임산부의 건강한 출산 및 양육 지원

출처: 보건복지부 드림스타트사업단(https://www.dreamstart.go.kr).

(2) 무상교육 · 보육 지원

우리나라에서는 2013년부터 전면 무상교육·보육 정책을 시행하고 있다. 현재 3~5세까지로 확산 적용되고 있는 누리과정은 우리나라 유아의 생애 초기 출발점 평등 보장이라는 취지로 도입되어 운영되고 있다(이정림 외, 2014). 영유아기는 인간발달에 있어 가장 중요한 시기로, 이 시기에 받은 양질의 교육·보육 경험은 사회성, 인지, 정서발달 등에 긍정적인 영향을 미친다.

영유아기 교육에 대한 경제적 효과분석 연구에서 생애주기별로 보았을 때 영유아기 인적 자원에 대한 투자가 투입대비 회수 비율이 가장 높다고 알려져 왔다. 경제적 효과 분석에 자주 언급되는 외국의 대표적인 프로젝트는 페리 유아학교 프로그램(Perry Preschool program), 시카고 아동부모센터 프로그램(Child-Parent Center program), 앱시데리안 유아 중재 프로그램(Abecedarian Early Childhood Intervention Program) 등이다(장혜진 외, 2013). 하이스코프 페리 유아학교 프로젝트(High/Scope Perry Preschool Project)는 3, 4세 아프리카계 유아 중 경계선상의 지적장애아를 대상으로 실시한 중재프로그램으로, 실험집단과 통제집단으로 나뉘어 시행되었으며 대상 유아가 27세가 될 때까지 그 효과가 추적 조사되었다. Temple과 Reynolds(2007)의 연구에 따르면, 이 프로젝트의 경제적 효과는 투입 1달러 당 약 8.74달러의 효과로 계산되었다.

시카고 아동부모센터 프로그램은 저소득 가정의 3세아를 대상으로 preshcool과 유치원에 대한 종일제 프로그램, 가족 지원 프로그램, 학령기 프로그램으로 구성되었다. 이 중 1.5년간의 유아기 프로그램에 참여한 경제적 효과는 Temple과 Reynolds(2007)의 연구에서 투입 1달러 당 7.1달러의 효과를 보인 것으로 분석되었다.

앱시데리안 유아 중재 프로그램은 부모의 교육수준, 지적능력, 사회경제적 지위가 낮은 집단의 자녀를 대상으로 영아기부터 만 5세까지 종일제 유아교육기관 프로그램을 통해 중재 프로그램을 시행한 것이다. 이 프로젝트도 실험집단과 통제집단으로 나뉘어 유아가 21세가 될 때까지 추적 조사되었다. Temple과 Reynolds(2007)의 연구에서 유아기 프로그램에 대한 투입 1달러 당 경제적 효과는 4.01달러인 것으로 분석되었다.

육아정책연구소에서 실시한 무상교육·보육제도의 효과는 다음과 같이 나타났다. 먼저, 이정림 등(2013)의 연구에서는 3, 4, 5세 유아들의 누리과정 성취수준을 유아가 속한 가족의 사회 인구학적 배경에 따라 살펴보았다. 자료의 분석 결과, 양부모가 없는 가족 유형(한 부모, 친인척 가족) 및 다문화가정의 유아들을 포함한 취약계층 유아들에 대한 누리과정 적용 효과를 살펴보았을 때, 사전조사에 비해 사후조사에서 큰 폭으로 상승하여 시간이 경과함에 따라 취약계층이 아닌 가정의 유아를 따라 잡는 경향을 보였다. 이 연구에서는 취약계층 유아의 경우 누리과정의 혜택을 누리는 것으로 분석되었다.

또한, 장혜진 등(2013)의 연구에서는 5세에 누리과정을 통해 무상교육·보육을 경험한 초등학교 1학년 아동의 학교적응을 살펴보았다. 자료의 분석 결과, 월 가구소득 100만 원 이하의 가구의 아동은 5세 누리과정의 경험이 학교적응에 긍정적인 영향을 미치는 것으로 나타나 무상교육·보육 정책이 저소득계층의 중재역할을 한 것으로 밝혀졌다.

(3) 지역아동 센터

지역아동 센터는 소득 기준이 중위소득 100% 이하의 아동으로 지역사회 방과 후 돌봄을 필요로 하는 아동을 지원하는 곳이다. 지역아동 센터를 이용할 수 있는 대상아동의 범위는 교육 급여 대상 가정의 아동, 3명 이상의 다자녀 가정의 아동, 맞벌이 가정의 아동, 보호대상 한부모가정, 조손가정의 아동, 다문화가정 아동, 장애아동 또는 장애 가정의 아동 등이다(보건복지부, 2017).

지역아동 센터에서는 아동보호, 교육 및 정서지원, 문화적 체험 지원 등 지역사회 내 아동 돌봄에 관한 서비스를 제공한다. 즉, 급식과 안전한 보호를 위한 기본서비스를 제공하고, 방과 후 아동의 학습능력을 제고시키기 위한 교육, 일상생활 지도 등을 수행한다. 아동 상담과 가족 지원 등 정서적 서비스와 체험활동, 공연 등의 문화서비스를 통해 아동의 심리적 안정을 보호하기도 한다.

김미숙(2014)에 의하면, 지역아동 센터와 이용 아동의 수는 증가하고 있으나 지원이 충분하지 못해 센터별로 제공되는 아동지원 프로그램 내용과 수준이 상이한 문제가 있다. 즉, 각 센터별로 프로그램의 주요 내용을 보호·교육·문화·복지·지역사회연계의 5대 영역으로 구분하여 운영하도록 되어 있으나, 프로그램의 내용이 통일되어 있지 않고 센터 자율로 운영하도록 하고 있다는 것이다. 그 결과 센터의 여건에 따라 이용 아동에게 제공되는 프로그램의 질적, 양적 서비스 수준에 차이가 발생한다.

그러므로 프로그램과 서비스의 질 확보에 따른 지역아동 센터의 전문성을 확립하기 위해, 프로그램의 내용과 절차에 대한 최저기준을 제시하고 현장에서 사용할 수 있는 표준화된 프로그램을 보급하여 프로그램의 질적 향상을 기할 필요가 있다. 이와 같이 아동의 욕구를 반영한 양질의 프로그램을 제공함으로써 아동의 권리를 보장하고 이들의 전인적 성장 발달을 지원할 수 있다.

활동하기 <Activity>

- 보건복지부 드림스타트 사업의 추진체계를 알아보고(사업단 홈페이지 참조), 학생이 거주하는 지역 근처에서 드림스타트 사업이 어떻게 이루어지고 있는지 소집단별로 조사하여 발표해 봅시다.

- 어린이집을 방문하여 원장이나 교사를 면담하고, 무상보육을 경험한 빈곤 가정의 영유아가 어떤 변화를 나타내었는지 경험담을 인터뷰한 후 수업시간에 이에 대해 논의해 봅시다.

4. 권리에 기반한 빈곤아동 지원정책의 방향

「유엔아동권리협약」 일반논평 제7호(CRC General Comment No 7)에서는 초기 유년기에서의 아동권리 이행과 관련하여 협약 당사국들이 아동 빈곤의 부정적인 영향을 근절하기 위해 실질적으로 노력해야 함을 밝히고 있다. 위원회에서는 빈곤의 악영향에 대한 광범위한 인식에도 불구하고 수백만의 유아에게 가장 기본적인 삶의 생활수준마저 보장되고 있지 않음에 대해 우려한다. 상대적 빈곤 상태에서 성장하는 것은 아동의 복지, 사회통합, 자기존중을 저해하고, 학습과 발달의 기회를 감소시킨다. 절대 빈곤 상태에서의 성장은 심지어 더욱 심각한 결과를 초래하며 삶의 기본적인 질을 저해시킬 뿐만 아니라 아동의 생존과 건강을 위협한다. 당사국은 아동의 복지에 부정적인 영향을 미치는 빈곤의 악영향에 맞서야 하며, 초기 유년기의 빈곤을 근절하기 위한 체계적인 전략을 실행하기 위해 노력하여야 한다. 아동과 가족을 위한 '물질적인 보조 및 지원계획(「협약」 제27조 3항)을 포함한 유아의 권리에 부합하는 기본적인 생활수준을 보장하기 위한 모든 가능한 수단이 사용되어야만 한다. 아동의 사회보험을 포함한 사회보장 제도의 혜택을 받을 권리의 이행은 모든 전략에 있어 중요한 요소이다.

OECD 각국을 대상으로 한 UNICEF(2012)의 보고서에 따르면, 아동 빈곤에 대한 정부의 적극적 개입은 아동의 빈곤율을 감소시키는 효과를 보이는 것으로 나타났다. 이 보고서에는 가족에 대한 공공지출이 늘어날수록 아동 빈곤율이 감소하는 것을 보여 주고 있다. 정부의 개입으로 프랑스에서는 60%, 독일과 영국에서는 약 40%의 빈곤아동이 줄어드는 효과가 나타났다. 특히 영국은 2010년 「아동 빈곤법(Child Poverty Act)」을 제정하였고, 2020년까지 영국 내에서의 아동 빈곤을 근절하겠다는 강력한 정책 의지를 실현하고 있다(한국아동권리학회, 2015).

우리나라에서도 2014년부터 「아동의 빈곤예방 및 지원 등에 관한 법률(약칭: 아동 빈곤 예방법)」이 제정되어 시행되고 있다. 동법에서는 정부와 지방자치단체장이 아동 빈곤 지원을 위한 기본계획을 수립하고 구체적인 정책노력을 기울여야 함을 천명하고 있다. 빈곤을 경험하는 아동이 발달과정에서 겪는 불이익을 조기에 중재할 수 있도록 정책적 노력이 체계화될 필요가 있다.

활동하기 <Activity>

- 학생이 거주하는 지역의 주민센터 홈페이지나 센터를 방문하여, 본인이 영유아기 자녀를 둔 빈곤 가정의 부모라고 가정하고 어떤 지원을 받을 수 있는지 조사하여, 소집단별로 발표하고 논의해 봅시다.

- 소집단별 발표를 듣고, 지방자치단체와 중앙정부 차원에서 아동 빈곤 예방과 지원을 위해 가장 중시하여야 할 정책 방향을 각각 세 가지씩 도출하여 논의해 봅시다.

06
CHAPTER

다문화가정 아동의 권리증진과 보호

우리사회는 국제결혼과 외국인 근로자의 이주 증가로 인해 국가 간 인적교류가 그 어느 때보다 활성화되고 있으며 그에 따라 다인종, 다문화 사회로 급속히 진행되고 있다. 공식적으로 다문화가정 자녀로서 확인이 가능한 아동 외에도 법적으로 다문화가정 범주에 포함되지 않는 이주노동자 자녀, 특히 불법 체류에 머물러 있는 가정의 사례를 포함하면 그 수는 더 늘어날 것이다. 이에 정부에서는 다문화가정 아동의 권리와 복지를 위해 다각도로 지원을 펼치고 있다. 본 장에서는 다문화가정 아동의 현황과 지원 및 정책 방향에 대해 살펴보고자 한다.

1. 다문화가정 아동의 개념과 서비스원칙

우리사회에는 다양한 문화적 배경을 가진 다문화가정 아동이 살아가고 있으며 그 수 또한 증가하고 있어 이들에 대한 지원과 권리보장이 중요한 사회문제로 부각되고 있다. 본 절에서는 다문화가정 아동의 개념과 서비스원칙을 살펴보고, 이들의 권리 보호관점은 어떠한지 알아보기로 한다.

1) 다문화가정의 개념과 유형

국제 이주로 인한 우리사회의 다문화 현상은 이제 더 이상 낯선 주제가 아니다. 우리나라가 외국인 백만 명 시대를 열 즈음에 여러 매스컴을 비롯하여 학계에서도 '다문화사회', '다문화가정' 등에 대한 담론과 연구가 활발히 진행되기 시작하였고 최근 몇 년간은 텔레비전에도 다문화와 관련된 다양한 프로그램이 등장하고 있다. 이처럼 '다문화'라는 용어는 우리의 일상에서 쉽게 접할 수 있게 되었다.

다문화가정에 대한 정의가 학자들마다 차이가 있으나 보편적으로 국제결혼이나 이주가정 등 서로 다른 문화권을 가진 사람들이 가정을 이루는 것으로 한국인 남성과 결혼한 이주여성가족을 지칭하는 개념이다. 그러나 최근 다른 문화권에서 유입된 구성원이 포함된 가정으로 전체 구성원 중 한 명이라도 다른 문화권에서 이주한 가정의 경우까지 포함하는, 보다 확대된 개념으로 정의되고 있다.

2008년 제정된 「다문화가족 지원법」을 통해 다문화가족 구성원의 안정적인 가족생활과 삶의 질 향상 그리고 사회통합을 위해 다양한 지원을 하고 있다. 또한, 「재한외국인 처우 기본법」 제10조는 '국가 및 지방자치단체는 재한외국인 또는 그 자녀에 대한 불합리한 차별 방지 및 인권옹호를 위한 교육홍보 그 밖에 필요한 조치를 하기 위하여 노력하여야 한다.'라고 규정하고 있으며, 정부는 동법 제5조에 따라 「제2차 외국인정책 기본계획(2013~2017)」을 수립하여 운영하고 있다. 이 계획에서는 이민배경 자녀의 건강한 성장환경 조성, 이민자 인권존중 및 차별방지 제도화, 다양한 문화에 대한 사회적 관용성 확대 등을 정책과제로 하고 있다. 전체 다문화가족 자녀 중 6세 미만의 영유아가 56.7%(117,877명)를 차지하는 것(행정자치부, 2015)으로 미루어 볼 때 다문화 아동이 한국 사회에서 온전한 시민으로 자리 잡는 것이 한국 사회의 미래 전망에 얼마나 중요한지를 알 수 있다.

다문화가정의 취학 전 자녀의 비중이 높음에도 불구하고, 이들의 적응 및 성취 향상을 위한 교육지원은 미흡한 실정이다. 특히, 아동발달의 맥락에서 볼 때 영유아기는 다문화가정 자녀가 초·중등 단계에서 겪게 될 어려움을 조기에 예방할 수 있는 중요한 시기이기 때문에 더욱 많은 주목이 필요하다. 다문화가정 아동의 초등학교 취학 전 보육 및 교육 지원과 언어 및 정서발달의 중요성에도 불구하고 유아교육기관에서의 체계적이고 보편적인 다문화교육이 이루어지지 못해 다문화가정 아동들이 적응함에 있어 언어발달지연, 자아정체감 부족 등의 어려움을 겪기도 한다.

정부의 다문화가정 정책이 기존의 초기 정착에 초점을 둔 이민여성 중심에서 이제는 자녀 중심으로 이동하고 있어 자녀의 성장 지원에도 많은 관심을 기울이고 있다. 그동안 우리 사회가 급속하게 다문화 사회로 진입하게 됨에 따라 추진해 온 다문화 정책이 일부 성과도 있었지만 현실적인 문제 해결에 급급한 나머지 진행과정에서 나타나고 있는 다문화가정 자녀들이 갖고 있는 여러 가지 어려움도 상당하므로 이에 대한 현실적인 지원이 필요하다.

보건복지부(2016a)의 「제1차 아동정책 기본계획」에 따르면, 정부는 다문화 영유아 관련 특별 프로그램을 개발·보급하고, 다문화 친화적인 교재교구 개발 및 교사특별직무교육을 추진할 예정이며, 특히 언어·인성교육 프로그램 및 평가도구를 개발·활용하고 조기 언어교육 및 통합적 교육복지 서비스를 제공할 계획임을 밝힌바 있다.

다문화가족, 다문화아동은 누구인가?

- 「다문화가족 지원법」 제2조에 의하면, 다문화가족 범위는 다음과 같다.
  가. 「재한외국인 처우 기본법」 제2조 제3호의 결혼이민자와 「국적법」 제2조부터 제4조까지의 규정에 따라 대한민국 국적을 취득한 자로 이루어진 가족
  나. 「국적법」 제3조 및 제4조에 따라 대한민국 국적을 취득한 자와 같은 법 제2조부터 제4조까지의 규정에 따라 대한민국 국적을 취득한 자로 이루어진 가족

이상의 관련 법규에 따르면 다문화가족은 혼인귀화자나 기타 사유의 국적취득자를 비롯하여, 그 배우자 및 그 자녀들로 구성된 가족이다. 이러한 법규정에 의하면, 외국 국적 소유의 이주노동자 가족과 기타 장기체류 외국인 가족 등은 다문화가족 범위에 포함되지 않으나, 본 장에서는 이러한 범위를 넘어, 국내에 거주하는 다문화가족자녀 외에 다양한 문화적 배경을 가진 이주노동자의 자녀, 불법체류자의 자녀까지 포함한다.

다문화가정 유형이 다양해지면서 국제결혼 재혼가정 어머니를 따라 입국하는 중도입국자녀, 미등록 이주민 가정에서 출생하는 자녀 등에 대한 정부의 공식적인 통계자료가 부재하기 때문에 한국사회에 거주하고 있는 다문화가정 아동의 정확한 수치는 확인하기 어려운 상황이다. 다만 통계청의 국제결혼 증감 추이와 행정안전부의 외국계 이주민 실태조사, 법무부의 이주노동자 유입 추이, 교육부의 국제결혼가정 자료 등의 통계로 미루어 볼 때, 꾸준히 증가하고 있음을 추정할 수 있다. 〈표 6-1〉은 다문화가정 자녀 유형에 대한 내용으로 국제결혼가정 자녀와 외국인 근로자가 본국에서 결혼하여 형성된 가족이 국내에 이주한 가정의 아동과 외국인 근로자가 한국에서 결혼하여 출생한 아동 등으로 나눌 수 있다.

〈표 6-1〉 **다문화가정 자녀 유형**

<table>
<tr><td rowspan="2">국제결혼 가정자녀</td><td>국내출생 자녀</td><td>· 한국인과 외국인 배우자(이하 '결혼이민자' 사이에서 출생한 자녀
· 「국적법」 제2조 제1항에 따라 국내 출생과 동시에 한국 국민이 되므로 「대한민국헌법」 제31조에 따른 교육권을 보장받음</td></tr>
<tr><td>중도입국 자녀</td><td>· 결혼이민자가 한국인과 재혼한 이후에 본국에서 데려온 자녀, 국제결혼 가정 자녀 중 외국인 부모의 본국에서 성장하다가 청소년기에 입국한 자녀 등
· 국내 입국 시에는 외국 국적이나 특별귀화를 통해 한국 국적으로 전환 가능</td></tr>
<tr><td>외국인 근로자 가정자녀</td><td colspan="2">· 외국인 사이에서 출생한 자녀
· 「대한민국헌법」 제6조 제2항 및 유엔아동권리협약에 따라 한국아동과 동일하게 교육권 가짐
· 미등록 외국인 자녀의 경우에도 「초·중등교육법 시행령」 제19조 및 제75조에 따라 거주 사실 확인만으로 초·중학교 입학 가능</td></tr>
</table>

저출산으로 인해 학령인구는 급격히 줄어들고 있으나 다문화 학생은 꾸준히 증가하고 있어 전체 초·중·고 학생 중 다문화 학생의 비중이 1.7%를 차치하고 있는 것으로 나타났다(교육부, 2016). 이러한 수치는 전년 대비 20% 이상 증가한 10만 명에 가까운 것으로, 국내에서 출생한 다문화 학생 증가가 가장 큰 원인으로 분석되었다. 공식적으로 다문화가정 자녀로서 확인이 가능한 아동 외에도 법적으로 다문화가정 범주에 포함되지 않는 이주노동자 자녀, 특히 불법 체류에 머물러 있는 가정의 사례를 포함하면 그 수는 더 늘어날 것이다.

여성가족부가 발표한 「2015년 전국 다문화가족 실태조사」에 따르면 다문화가정의 만 9세~24세 자녀는 2012년에 비해 24%증가한 82,476명으로 나타났으며, 다문화가정 자녀들 중 차별을 경험한 비율은 9.4%로 2012년에 비해 다소 감소했고, 차별 경험 시 부모님이나 선생님에게 알리는 등 적극적인 대응이 증가했다. 학교생활 적응에 있어서 전체 재학 자녀의 89.8%는 잘 적응하고 있다고 응답했으며, 학교생활에 적응하지 못하는 이유로 친구들과 어울리지 못한다는 응답이 64.7%로 가장 많고, 다음으로 학교공부에 흥미가 없는 경우가 42.2%로 나타났다(여성가족부, 2016a). 〈표 6-2〉는 다문화가정 자녀의 연령별 현황이다. 영유아기에 해당하는 만 6세 이하의 연령대가 가장 많은 분포를 차지하고 있음을 알 수 있다.

〈표 6-2〉 다문화가정 자녀 연령별 현황 (단위: 명)

	연령별 현황				
	계	만 6세 이하	만 7~12세	만 13~15세	만 16~18세
2015	207,693	117,877	56,108	18,827	14,881
	100%	56.8%	27.0%	9.1%	7.1%
2014	204,204	121,310	49,929	19,499	13,466
	100%	59.4%	24.5%	9.5%	6.6%
2013	191,328	116,696	45,156	18,395	11,081
	100%	61.0%	23.6%	9.6%	5.8%
2012	168,583	104,694	40,235	15,038	8,616
	100%	62.1%	23.9%	8.9%	5.1%

출처: 행정자치부(2015). 외국인주민현황조사.

활동하기 **<Activity>**

- 보건복지부 홈페이지 보육통계 부분에서 다문화가정 영유아의 어린이집 이용현황의 연도별 추이를 살펴보고 어떠한 변화가 있는지 정리해 봅시다.

- 교육부 홈페이지 교육기본통계 부분에서 다문화가정 아동의 연령대별 초·중등 재학률이 어떠한 변화가 있는지 살펴봅시다.

2) 권리에 기반한 다문화가정 아동 서비스 원칙

다문화가정 아동도 「아동권리협약」의 모든 조항에 해당하는 권리를 보호받아야 한다. 국제결혼과 이주가 증가하면서 아동권리에 관한 국제법과 국내법은 아동이 처한 상황에 관계없이 다문화아동의 차별방지와 인권보장을 위한 법적 대책을 마련하고 있다.

국제법의 가장 핵심이념인 무차별 평등의 원칙과 아동 최상의 이익의 원칙은 부모가 어떠한 불리한 법적 지위에 있더라도 이로 인한 불이익을 받지 않도록 방어해 준다. 즉 당사국은 기본적으로 국적과 인종, 종교, 피부색, 언어 등으로 차별받지 않을 권리를 보장할 의무가 있음을 명시하고 있다. 그러나 국내법의 경우 각 법의 세부 규정이 이러한 원칙을 일관성 있게 모두 담아내는 것은 아니기 때문에, 다문화아동권리의 사각지대가 존재한다(이재연 외, 2015).

다양한 유형의 다문화가정 아동이 증가하면서 인종, 민족 등에 따른 차별방지와 인권을 보장하기 위하여 아동권리와 관련된 국제법과 국내법들에 대한 내용이 〈표 6-3〉, 〈표 6-4〉에 있다.

「협약」 제2조는 모든 아동의 권리를 차별 없이 보장받아야 한다고 천명하고 있다. 그러나 다문화가정 아동들 중에는 대한민국 국민이 아니라는 이유로, 또는 미등록 체류하고 있다는 이유로 적절한 법의 보호나 제도적 보살핌에서 배제되고 있으며, 특히 미등록 이주아동은 단속과 추방의 공포로 인해 안정적인 양육환경에서 성장해야 하는 가장 기본적인 권리조차 누리지 못하고 있다.

「협약」에서는 당사국에 거주 중인 아동에 대한 포괄적 차별금지(제2조), 생존과 발달(제6조), 이름과 국적(제7조), 신분보존(제8조), 교육권(제28조), 소수민족(제30조)에 관한 권리 내용을 명시함으로써 아동에 대한 권리를 구체적으로 보장하도록 하고 있다.

〈표 6-3〉「유엔아동권리협약」에 명시된 다문화가정 아동권리 관련 내용

[제2조] 차별방지
당사국은 자국의 관할권 내에서 아동 또는 부모나 법정 후견인의 인종, 피부색, 성별, 언어, 종교, 정치적 또는 기타의 의견, 민족적, 인종적 또는 사회적 출신, 재산, 무능력, 출생 또는 기타의 신분에 관계없이 그리고 어떠한 종류의 차별 없이 이 조약에 규정된 권리를 존중하고, 각 아동에게 보장하여야 한다.

[제6조] 생존과 발달
당사국은 모든 아동이 고유의 생명권을 가지고 있음을 인정한다.

[제7조] 이름과 국적
아동은 출생 후 즉시 등록되어야 하며, 출생시부터 성명권과 국적 취득권을 가지며, 가능한 한 자신의 부모를 알고 부모에 의하여 양육 받을 권리를 가진다.

[제8조] 신분보존
당사국은 위법한 간섭을 받음이 없이 국적, 성명 및 가족 관계를 포함하여 법률에 의하여 인정된 신분을 보존할 수 있는 아동의 권리를 존중한다.

[제28조] 교육권
당사국은 아동의 교육에 대한 권리를 인정하며, 점진적으로 그리고 기회 균등의 기초 위에서 이 권리를 달성하기 위하여 조치를 취하여야 한다.

[제30조] 소수민족이나 원주민 아동
인종적, 종교적 또는 언어적 소수자나 원주민이 존재하는 국가에서 이러한 소수자에 속하거나 원주민 아동은 자기 집단의 다른 구성원과 함께, 고유문화를 향유하고, 고유의 종교를 신앙하고 실천하며, 고유의 언어를 사용할 권리를 부인당하지 아니한다.

유엔아동권리위원회의 권고(2011)에서, 우리나라에 거주하고 있는 다문화·이주자 출신의 아동에 대한 차별, 난민아동 등이 정부의 지원 조치로부터의 배제를 포함하여 끈질기게 지속되고 있는 차별의 복합적인 형태에 대해 우려를 표했다. 또한,「협약」제2조의 내용에 부합하는「차별금지법」을 신속히 제정할 것과 인식향상, 대중 교육 캠페인을 포함하여, 취약하거나 소수자 상황의 아동을 향한 차별적 태도를 근절하고 방지하기 위한 모든 조치를 취할 것을 권고하였다. 이미 국가인권위원회에서도 2006년에 부모의 체류자격에 관계없이 모든 이주노동자 자녀에게 부모와 함께 지내며 양육 받을 권리와 교육받을 권리를 보장하고, 양육비와 의료비를 지원하는 사회복지체계를 구축해야 함을 권고하였다. 또한, 2010년도에도 교육과학기술부장관에게 이주아동에 대한 한국어 교

육 시스템과 모국어 정보 시스템을 강화하고, 학교장이 이주아동의 전입학을 거부하지 못하도록 관련 법규를 정비하거나 행정지도, 관리감독을 강화할 것을 등을 권고한 바 있다(황옥경 외, 2016). 그러나 이러한 권고사항이 현실적으로 잘 시행되고 있지는 않은 실정이다.

다문화가정 아동관련 국내법의 경우 「아동복지법」을 비롯하여 「초 · 중등교육법시행령」, 「다문화가족 지원법」 등에서 자세히 명시하고 있다. 그러나 이들을 위해 제공되는 제도적 지원 서비스는 주로 합법적인 체류자에 한정된다는 점과 함께 그 내용 또한 소수자 아동을 위한 충분한 교육 및 문화적 권리가 보장되지 못하고 있어 개선이 필요하다.

〈표 6-4〉 **국내법에 명시된 다문화가정 아동의 권리**

법	내용
「대한민국헌법」	제11조: 모든 국민은 법 앞에서 평등하며 생활의 모든 영역에서 차별금지 제6조: 외국인은 국제법과 조약이 정하는 바에 의하여 그 지위가 보장 되어야 함
「아동복지법」	제2조, 제4조: 아동은 자신 또는 부모의 종교, 사회적 신분, 출생지역, 인종 등에 따른 어떠한 종류의 차별도 받지 아니하고 자라야 함
「다문화가족 지원법」	제10조: 국가와 지방자치단체는 아동·청소년 보육·교육을 실시함에 있어서 다문화구성원인 아동·청소년을 차별하여서는 아니 됨
「재한외국인 처우 기본법」	제10조: 국가 및 지방자치단체는 재한외국인 또는 그 자녀에 대한 불합리한 차별방지 및 인권옹호를 위한 교육홍보 그 밖에 필요한 조치를 위해 노력하여야 한다.
「초·중등교육법」	시행령 제19조: 다문화학생은 다문화학생 특별학급이 설치된 초등학교에 입학하거나 전학할 수 있다.
「영유아보육법」	제3조: 영유아는 자신이나 보호자의 종교, 사회적 신분, 인종, 출생지역등에 따른 어떠한 종류의 차별도 받지 아니하고 보육되어야 한다. 제26조: 취약보육 대상에 영아, 장애아, 다문화가족 아동 등에 대한 보육을 우선적으로 실시하여야 한다.

국내법의 경우 「대한민국헌법」을 비롯하여 「아동복지법」, 「다문화가족 지원법」, 「재한외국인 처우 기본법」, 「초·중등교육법」, 「영유아보육법」 등에서 다문화아동의 생존과 보호 및 발달에 관한 권리를 규정하고 있다. 「협약」에서 명시되고 있는 무차별과 아동 최상의 이익 원칙은 부모의 법적 체류 상황에 관계없이 이로 인한 불이익을 받지 않도록 보장하고 있다. 그러나 국내법의 경우 국제법이 명시하고 있는 모든 내용을 다 포괄하고 있지는 못하기 때문에 다문화가정 아동권리의 사각지대가 존재한다.

국제협약으로는 「협약」이 가장 중요하며, 이외에도 「경제적·사회적·문화적 권리에 관한 국제조약」, 「모든 이주노동자 및 그 가족의 권리에 관한 국제협약」 등이 다문화아동의 권리에 대하여 규정하고 있다. 이들 국제법은 자국 내의 아동에 대해 당사국들이 기본적으로 국적과 인종, 종교, 피부색, 언어 등으로 차별받지 않을 권리를 보장할 의무가 있음을 명시하고 있다.

Key points : 유엔아동권리위원회 이주아동 관련 권고사항(2011)

- 미등록 이주민의 자녀를 포함한 이주아동이 실질적으로 교육에 접근하고 교육을 받을 수 있도록 보장하는 정책과 전략을 개발하고 채택할 것을 당사국에 권고한다.

2. 다문화가정 아동의 권리보호를 위한 복지 서비스 전달체계

한국사회에서 다문화가 정착되기 위해서는 우리 사회 구성원들의 인식이 무엇보다 중요하다. 그동안 매스컴에서 보도된 결혼이민자 가정이나 이주노동자 가정의 소식들은 그리 긍정적이지만은 않다. 다문화 사회가 확대되고, 다문화가정의 평균 거주기간이 늘어남에 따라 가정의 해체 및 재혼다문화가정의 증가, 부부와 자녀중심의 2세대 핵가족형태로의 전환 등 다양한 가족특성이 나타나고 있다. 대부분의 다문화가정에서 기존 한국사회의 문화와 언어 적응에 어려움을 겪고 있으며 특히 자녀교육에 있어서 많은 어려움을 겪고 있다. 이 절에서는 다문화가정아동의 권리를 침해할 수 있는 요인과 그들의 권리보호를 위한 서비스 전달체계에 대해 알아보고자 한다.

1) 다문화가정 아동의 권리를 침해하는 요인들

(1) 다문화가정 부모의 자녀 양육 어려움

다문화가정 어머니들은 자녀의 양육과정에서 한국어 소통 미흡으로 인한 어려움, 경제적 빈곤으로 양육비 및 교육비 등의 지출 부담, 양육방식을 둘러싼 배우자 또는 가족 간의 갈등, 아이를 돌봐 줄 사람과 보육시설 부재 등으로 어려움을 호소하고 있다. 자녀 양육 시 가장 필요하다고 생각하는 부분은 자녀와 의사소통 혹은 학습지도에 도움이 될 수 있는 한국어 교육에 대한 필요도, 자녀 양육정보를 교환할 수 있는 또래 아이들의 부모 모임, 이민자 나라 언어로 된 보육관련 자료 순으로 나타났다(한국보육진흥원, 2013). 다음은 다문화가정 아동 양육 시 경험하는 어려움에 대한 내용이다.

① 의사소통

결혼이주여성가정의 경우, 대부분 한국 남성과 외국 출신 여성이 결혼하는 경우가 많아, 어머니가 한국문화와 언어에 제대로 적응하지 못한 상태에서 결혼과 동시에 입국하고, 출산과 양육, 가정교육의 상당 부분을 책임지고 있어 어려움을 많이 겪게 된다. 특히 자녀와의 충분한 의사소통은 자녀가 성장하는 동안 애착형성에 있어서도 많은 영향을 주게 되는데, 이러한 소통에 어려움을 겪게 되는 경우 이후 여러 발달 영역에도 부정적 영향을 미치게 된다. 특히 이로 인한 학습부진은 가정에서의 언어 환경 부족과 아이들의 학습지원 부족으로 인한 것이며 또한 경제적 어려움으로 인한 높은 사교육비를 감당하지 못하는 것도 요인이라 할 수 있다.

취학 전 아동의 경우, 다문화가정 유아의 적응에 관한 선행연구에서 공통적으로 나타나는 부분(정민영 · 정정희, 2010)은 유아의 한국어 능력과 다른 유아와의 상호작용에 대한 것으로, 다문화가정 유아의 한국어 능력이 좋을수록 교육기관에서 적응을 잘 하며 유아교육기관에서 또래들과 함께 놀면서 친사회적 행동과 기술을 배우게 된다고 하였다. 그런 의미에서 유아의 상호작용을 촉진시키는 교사의 민감성, 교사와 유아와의 안정적인 관계 등이 수반될 때, 다문화가정 영유아 적응을 위한 긍정적인 효과를 기대할 수 있을 것이다. 또한, 다문화가정에서 자란 아동들이 어휘에서 가장 큰 차이가 나타나며 초등학교에 진학하면서 점차 격차가 드러나기 시작하므로 언어발달교육을 위한 표준화된 정확한 측정도구와 교육법이 제공될 필요가 있다(문무경 외, 2016).

② 가정해체로 인한 자녀양육문제

다문화가정 증가와 동시에 주목해야 할 현상은 결혼이민자 가정의 이혼이나 사별로 인한 다문화가정의 해체이다. 최근에는 다문화가정의 이혼비율이 전체 이혼의 11% 내외를 차지하며 다문화가정이 해체되는 경우가 빈번히 발생하고 있다(송효진 외, 2015). 이로 인해 자녀와 함께 한부모가정으로 살아간다는 것은 한국 국적은 취득했지만 한국인이 아닌 채로 한국인으로 키워야 할 자녀에 대한 양육 책임을 혼자 감당하게 되어 양육에 부담을 크게 느끼게 된다는 것을 의미한다.

여성가족부에 따르면 다문화가정 중 한부모 비율은 4.8%로, 사회적 관계가 부족한 것으로 나타났으며, 특히 외로움이나 자녀양육 등으로 인한 어려움은 더 증가한 것으로 나타났다(여성가족부, 2016b). 여성가족부 다문화가정 콜센터에 접수된 상담의 약 40%가량이 가정폭력, 이혼문제 등 가족문제로 집계되면서 이 같은 갈등이 자녀의 정서적 학대로 일어질 가능성이 높아지고 있다. 다문화가정의 경우 언어나 문화적 차이로 인해 외부 활동이 적고 한국의 일반인들과의 교류가 드물고 사회생활이 폐쇄적이라 가정이나 육아에 문제가 있어도 감추려고 하는 경향이 있어 다문화가정 부모들을 위한 부모교육과 상담이 필요하다.

기존의 정책 대부분이 안정된 가정생활을 영위하고 있는 다문화가정을 대상으로 하기 때문에 한부모 다문화가정이나 특수한 상황에 놓인 다문화가정을 위한 자녀양육 및 가족관계를 지원하는 다양한 프로그램이 지원될 필요가 있다. 다문화 해체가정의 경우 언어소통능력 미흡과 양육방식 갈등, 방과 후 돌봄의 부재도 상당한 것으로 나타나고 있다(김유경, 2013). 특히 홀로 자녀를 양육하는 경우 한국어가 완벽하지 않기 때문에 주변의 도움 없이는 자녀교육에 대한 올바른 지식과 정보를 습득하는 데 있어 많은 어려움을 겪고 있다.

무엇보다 이혼 후 양육비를 지급받지 못한 결혼이주여성은 경제적 자립을 위해 일은 하지만 지지기반이 부족하고 정보접근성이 떨어지므로 일반 한부모에 비해 더 특수한 어려움을 겪게 된다. 따라서 이혼 전후 과정에서 부모교육과 상담 등 집중적인 서비스를 통한 양육능력 강화와 함께 양육비 이행 과정에서 언어적 어려움을 겪는 경우 언어 서비스 지원을 강화할 필요가 있다.

이처럼 다문화가정 유형에 따라 그들이 처한 상황에 맞는 적절한 지원이 적기에 이루어졌을 때 긍정적인 결과를 낳을 수 있다. 현재 여성가족부는 제2차 다문화가족정책 기본계획(2013~2017)에 이어 제3차 기본계획(2018~2022)을 수립하고 있는데, 이를 계기로 다문화가족 자녀의 성장과 발달에 따른 지원정책과 가파른 가족해체현상에 대한 실질적이고 효과적인 방향과 관점을 제시할 필요가 있다.

활동하기 <Activity>

- 편견의 영역이 다양함을 알고 일상에서 본인이 가지고 있는 편견의 대상은 어떤 것인지 찾아봅시다.
- 교사의 다문화역량을 강화하기 위해 필요한 것들은 무엇이 있을지 생각해 봅시다.

(2) 다문화가정 아동에 대한 차별과 편견

「다문화가족 지원법」의 적용을 받는 다문화가정 아동들은 어떠한 차별도 받지 않도록 법으로 명시하고 있다. 국내법이 보장하고 있는 다문화가정의 아동은 「다문화가족 지원법」의 적용을 받는 자녀들이다. 즉 다양한 유형의 다문화가정 아동들의 생존과 발달 그리고 복지를 보장받을 수 있는 합법적 권리를 가지고 있음을 천명하고 있다. 그러나 현실적으로 육아 지원기관이나 학교 등 아이들이 다니고 있는 현장에서는 여전히 사회적 편견과 차별 등이 일어나는 등 어려움을 경험하고 있다. 「협약」 제6조에서는 당사국은 아동의 생존과 발달을 최대한 보장하여야 하며, 제28조에서는 기회균등의 기초 위에서 아동의 교육받을 권리를 보장하기 위하여, 무상의 초등교육을 의무적으로 실시하여야 한다고 명시하고 있다. 또한, 제29조에서는 아동이 자신의 부모, 문화적 주체성, 언어 및 가치, 그리고 현 거주국과 출신국의 국가적 가치 및 이질문화를 존중하도록 교육하여야 한다고 명시하고 있다.

다양한 문화를 무시하고 우리문화를 일방적으로 강요하거나, 이방인으로 차별하는 것은 이들의 고유한 정체성을 파괴하는 일종의 문화적 폭력이다. 여성가족부의 '2015년 국민 다문화수용성 조사 결과'에 의하면 청소년들의 다문화수용성 지수가 일반 성인에 비해 높으며, 2012년도 조사결과와 비교해도 향상된 수준인 것으로 나타났다(여성가족부, 2016c). 다문화수용성 지수가 높아지는 것으로 미루어 볼 때 청소년들의 다문화가정 아동에 대한 차별의식은 점차 개선되고 있지만, 교육현장에서 또래나 교사에 의한 편견이나 차별은 여전히 존재하고 있음을 알 수 있다. 그러므로 교사의 인식개선 및 전문성 향상이 우선적으로 전제되어야 한다.

① 또래와 교사의 태도

다양한 배경을 가진 다문화가정 아동이 낯선 환경에서 적응하기 위해서는 상당한 기간과 노력이 필요하듯이 일반아동과 교사도 이들을 이해하고 배려하는 자세가 필요하다. 예를 들어 다문화가정과 그 아동을 만나는 교사가 일종의 호기심을 표현할 때 그것이 때로는 해당 아동과 가정에게 불쾌감을 불러일으킬 수도 있으므로 신중할 필요가 있다. 교사가 진심으로 다문화가정과 아동을 위하여 최선을 다하고 있다고 신뢰할 수 있게 해야 한다.

다문화가정 아동이 지닌 가정 배경이 더 이상 소외, 편견, 사회적 부적응의 근원이 되도록 방치해 두어서는 안 되며, 다문화가정이라는 배경이 아동의 강점이 될 수 있다는 인식의 전환이 필요하다(장명림 외, 2011). 따라서 다문화교육은 궁극적으로 통합교육이 되어야 하므로 지나치게 특별함과 분리교육을 강조할 경우 부작용이 발생할 수도 있으므로 더욱 신중하게 접근해야 한다. Mary Tamer(2014)는 앞으로의 교육기관은 다문화가정 아동을 위해 더 많은 교실 전략과 가족 개입실행을 위해 문화적 항해를 할 필요가 있으며, 이주아동에 대한 편견과 고정관념 등은 이러한 항해를 약화시킬 것이라고 했다.

이러한 점과 더불어 최근 언론을 통해 다문화가정 아동에 대한 보도를 할 때 부정적인 면을 부각시켜 자주 보도되면서 그들에게 '특별'이라는 이름의 구분과 낙인을 지우는 것에 대해 우려를 나타내고 있다. 배타적 태도와 편견, 고정관념으로 인해 다문화가정 아동의 학교생활과 적응이 어려워지기도 하는데, 정확한 근거도 없이 만들어 내는 고정관념과 편견은 그것이 차별의 의도가 없을지라도 해당 아동에게는 큰 상처가 되기도 하므로 사회 전반적으로 다문화 인권교육이 시행될 필요가 있다.

다음 사례들은 다문화아동의 법적 권리가 실종되고 있는 현실을 그대로 보여주고 있다.

유치원에서도, 학교에서도 여전한 차별과 편견

- 필리핀 출신 결혼이주여성은 아이를 유치원에 보내고 싶었으나 포기했다. 유치원 측이 "혼혈인을 받으면 다른 한국인 엄마들이 싫어해 아이를 다른 유치원으로 옮길 수 있다"며 받아주지 않았기 때문이다.

(연합뉴스. 2016. 11. 30. 발췌)

- 다문화가정의 자녀 중 초등학교 때 학업을 중단하는 아이는 2012년 278명에서 2014년 435명으로 꾸준히 증가하고 있다. 다문화가정의 아이들이 학교에 적응하지 못하고 학교 밖으로 밀려나는 경우가 많다는 의미다.

(세계일보. 2017. 6. 4. 발췌)

이외에도 법 테두리 밖의 그림자 아이들처럼 출생등록과 체류 또는 건강권을 보장받지 못하는 사례도 있다.

② 출생등록 및 이주아동의 체류 문제

국제사회의 권고에도 불구하고 법제도 밖의 사각지대에 방치된 미등록 체류 아동들의 현실에 대해 보도되고 있는 내용들을 보면 이들의 교육권, 건강권 등에서 상당한 권리 침해를 받고 있는 실상을 알 수 있다. 부모의 합법적 체류신분에 의한 이주노동자 자녀들과는 달리 불법체류 미등록 이주노동자 자녀들의 경우 배우고 싶고 치료받고 싶어도 마음대로 할 수 없는 상황이다. 「협약」 제7조에는 아동은 출생 후 즉시 등록되어야 하며, 출생 시부터 성명권과 국적취득권을 가지며, 가능한 한 자신의 부모를 알고 부모에 의하여 양육 받을 권리를 가진다고 명시하고 있다.

우리나라의 「국적법」은 속인주의를 원칙으로 하기 때문에 외국인 자녀를 출신국과 출입국관리사무소에 등록해야 한다. 그러나 출생신고가 여의치 않거나, 부모가 불법체류 신분노출을 꺼려 출생신고를 기피하는 경우, 아동은 무국적자로서 서류상 '존재하지 않는' 상태로 살아가게 된다. 그간 유엔아동권리위원회, 인종차별철폐위원회 등은 부모의 법적 지위와 상관없이 출생등록에 대한 아동권리를 보장하라고 권고하여 왔다.

2014년 국회에서 발의된 「이주아동권리보장법」은 우리나라에서 거주하는 이주아동의 기본적 인권을 보호하고 차별 없는 생활을 보장함을 목적으로 하고 있다. 이주아동에게도 교육받을 권리, 건강하게 살 권리, 취약한 상황에서 보호와 지원을 받을 권리, 출생을 등록할 권리, 구금과 강제 퇴거로부터 보호받고 안정적으로 체류할 권리에 관한 보장이 차별 없이 이뤄져야 한다는 내용이 담겨져 있다. 이 내용에는 국내에서 태어난 이주아동에게 영주권을 허용한 후 18세가 될 때 국적을 선택할 수 있게 한다는 것이다. 미등록체류의 유형이 너무 다양해졌기 때문에 미성년 자녀의 교육권을 위하여 자녀와 그 부모에게 일정기간 체류자격을 주고 기간 동안 귀국을 준비하거나 국내 체류 자격취득 준비를 통해 불법체류를 감소시키는 방안이 있다. 국적을 불문하고 국내에서 출생하고 체류하고 있는 모든 자녀들을 보편적으로 보호할 수 있는 법 제정이 필요하다. 다음의 사례는 이러한 권리 침해 상황을 잘 보여 주고 있다.

방치된 그림자 아이들

- 우리나라에는 학교에도 병원에도 갈 수 없는 '그림자 아이들'이 있다. 한국에서 태어났으나 출생신고조차 못해 서류상으로 존재하지 않는 '그림자 아이들'이 약 2만 명으로 추정된다. 한국말을 하지만 숨어 지내는 아동들이다.

  (세계일보, 2016. 6. 15. 발췌)

- 한 어린이는 태권도를 열심히 배웠으나 국기원으로부터 승품 심사 참여 자격이 제한된다는 통보를 받았다. 무국적 상태인 미등록 이주아동이라는 이유에서였다.

  (세계일보, 2016. 3. 6. 발췌)

③ 건강권 침해

「협약」 제6조는 '모든 아동은 생명에 관한 고유의 권리를 가지고 있으며, 생존과 발달을 최대한 보장받아야 한다.'고 제시하고 있고, 제24조는 '당사국이 도달 가능한 최상의 건강수준을 향유하고 질병의 치료와 건강의 회복을 위한 시설을 이용할 수 있는 아동의 권리를 인정한다.'고 말하고 있으며, '이러한 권리의 완전한 이행을 위해 모든 아동에게 필요한 의료지원과 건강관리의 제공을 보장하는 조치를 취하여야 한다.'고 정하고 있다. 그러나 국내에 거주하는 미등록 이주아동은 위의 사례처럼 「의료급여법」이나 「국민건강보험법」의 적용 대상에 포함되지 않아 공공 및 일반 의료서비스의 사각지대에 놓이는 문제가 발생하고 있다.

특히 임신과정에서부터 모성보호가 이루어지지 않아 유·사산, 신생아질환의 확률이 매우 높을 수 있다. 이와 같은 상황에서 미등록 이주아동은 의료서비스가 필요한 경우 인권단체, 민간의료지원단체 등의 지원을 통할 수밖에 없는 것이 현실이며, 이러한 경우에도 재원이 충분하지 않아 사실상 미등록 이주아동·청소년에 대한 의료지원은 매우 미흡한 실정이다. 다만 응급의료에 관한 법률과 공공보건의료에 관한 법률에 의하여 국내에 체류하고 있는 미등록 미성년 이주자에 대해서도 일정 범위 내의 무료 진료를 시행하고 있기는 하지만 응급의 경우를 제외 하고 일반적인 의료서비스를 받는 것은 사실상 매우 어려운 상황이다(황옥경·구은미·김형욱·이은주, 2016).

치료받고 싶어요!

"미숙아로 태어난 아기를 가까스로 살렸지만 병원비가 없어요"

필리핀에서 대가족의 생계를 책임지고 있던 마리아 부부는 고용허가제를 통해 2010년 한국으로 입국했다. 공장의 구조조정으로 마리아의 남편이 해고 되면서 두 사람은 경제적인 어려움을 겪게 되었다. 남편이 새로운 일자리를 구하고 있던 중, 마리아가 임신 33주 만에 1.9kg 밖에 되지 않는 미숙아를 출산했다. 아기는 심각한 저체중과 신생아 황달로 서울의 한 종합병원 신생아중환자실에서 인큐베이터 치료를 받아야했다. 건강보험이 없던 아기에게는 매일 고액의 입원비가 쌓여 가는데, 일정한 수입 없이 지내고 있던 마리아 부부는 병원비를 감당할 능력이 되지 않았다.

출처: 이주아동권리보장기본법 제정 추진 네트워크(2015).

Key points : 다문화교사의 태도

- 다문화아동을 담당하고 있는 교사는 배타적 태도나 편견 없이 아동을 대하며 지나친 특별함이나 분리교육을 강조하기보다는 궁극적으로 통합교육을 지향할 필요가 있다.

2) 다문화가정 아동 지원을 위한 복지 서비스 전달체계

다문화가정 아동을 위한 중앙정부의 전달체계는 여성가족부 다문화가족정책과에서 다음과 같은 업무를 담당하고 있다. 중앙부처 및 지방자치단체의 다문화가족 지원정책 총괄, 다문화가족 지원법령 제·개정, 다문화가족정책위원회 및 실무위원회 운영, 다문화가족 지원정책 기본계획 및 연도별 시행계획의 수립·평가, 다문화가족 지원 중장기 정책 수립, 정책 개발 및 제도 개선, 다문화가족 실태조사 실시와 다문화가족 지원센터 운영 및 평가, 다문화가족 이중언어 인재 DB 구축·운영, 다문화가족자녀 성장 지원 프로그램(다재다능), 다문화가족 자녀 언어발달 지원 사업, 다문화가족 이중언어 가족환경 조성 사업, 한국어교육 운영 지원 등의 업무를 담당하고 있다.

그 외 다문화가족 지원과에서는 다문화가족에 대한 사회적 인식개선을 위한 시책 추진 및 홍보와 다국어지원시스템 구축·운영 등 다문화가족의 의사소통 지원 업무를 담당하고 있다. 지방자치단체의 경우 다문화가족 자녀의 건강한 성장환경 조성을 위해 다문화가족 지원센터를 중심으로 다음과 같은 지원을 하고 있다.

- 이중언어 가족환경 조성: 영유아 자녀를 둔 다문화가족을 대상으로 부모교육, 부모-자녀 상호작용교육 및 자조모임 지원, 이중언어 활동 프로그램 운영, 이중언어 관련 콘텐츠 등 교재교구 지원(다문화가족 지원센터)
- 언어발달지원 사업: 만 12세 이하 다문화가족 자녀를 대상으로 자녀 언어발달정도 평가 및 언어교육. 부모상담 및 교육(다문화가족 지원센터)
- 방문교육(부모교육, 자녀생활서비스): 결혼이민자(입국 5년 이하), 중도입국자녀(만 24세 미만)를 대상으로 한국어교육과 부모교육 등 실시(다문화가족 지원 센터)
- 대학생 문화멘토링 사업 운영: 대학생 멘토(외국인유학생, 한국인)와 다문화자녀 대상
- 다문화 청소년 글로벌 캠프: 다문화청소년을 대상으로 부모나라 역사·문

화 이해, 청소년 교류 등을 통한 자아정체감 확립

- 다문화가족 자녀 방문학습 지원: 만 3세~초등학생 이하 자녀
- 다문화 아빠학교 운영: 다문화가족(아빠, 초등학생 자녀)을 대상으로 행복한 성장과 건강한 다문화가정 조성을 위한 프로그램 운영

다문화가정 아동을 지원하기 위해 그동안 여러 부처에서 산발적으로 실시해 온 서비스들을 효율성을 높이기 위해 각 부처 간 협력체계 구축을 실시하고 있다.

〈표 6-5〉 **다문화가정 아동과 관련된 정부부처별 정책**

부처	법제도 및 정책	주요 내용
교육부	다문화가정 자녀교육지원	· 이주아동 학교교육, 한국어교육
행정안전부	거주 외국인 지원 표준조례안	· 지방자치단체가 거주외국인에 대한 지원을 할 수 있도록 마련
법무부	출입국관리법 재한외국인처우기본법	· 외국인정책의 기본 계획을 수립하도록 하고, 재한외국인의 인권옹호와 사회적응 지원 · 다문화 이해 증진
노동부	외국인 고용노동 등에 관한 법률	· 고용허가제 도입
보건복지부	다문화가정 자녀의 보육 지원	· 다문화가정 영유아 보육 서비스 강화 · 다문화 특성화 보육시설 지정 및 한국어 교육 프로그램 지원 · 보육교사 대상 다문화관련 교육 강화
여성가족부	다문화가족 지원센터	· 지역사회 다문화가족을 대상으로 교육, 상담, 번역 등 종합서비스 제공

다문화가정 아동을 지원하기 위해 교육부에서는 중앙다문화교육센터를 통해 통계관리 및 우수사례 발굴, 컨설팅을 지원하고, 시·도교육청을 중심으로 지역 다문화교육센터를 통해 지역 맞춤형 다문화교육 모델을 구축하고 있다. 특히 다

문화유치원 시범사업을 통해 유아기부터 다문화유아에게 언어와 기초학습을 지원하여 동등한 출발이 되도록 하고 다문화가정 유아의 발달단계와 다문화적 요소 등 특성을 고려하여 교육을 실시하고 있다. 보건복지부에서는 다문화가정 자녀의 보육료 지원뿐 아니라 다문화어린이집을 지정하여 한국어 교육 프로그램을 지원하고 있으며 보육교사를 대상으로 다문화역량 강화를 위한 다양한 연수를 실시하고 있다. 여성가족부에서는 전국 217개 다문화가족 지원센터를 통해 다문화가정과 그 자녀를 위한 다양한 지원을 하고 있다.

3. 다문화가정 아동을 위한 복지 정책

다문화가정 아동을 위한 복지 지원 정책은 아동이 자신의 잠재력을 충분히 발휘하여 역량 있는 사회구성원으로 성장할 수 있도록 적기에 필요한 교육적·제도적 지원을 포함하여야 한다. 본 절에서는 다문화가정 아동의 복지 정책의 주요 내용을 살펴보고, 관련 교육기관의 전문가들이 다문화가정 아동과 그 가족을 어떻게 지원할 수 있는지 알아보고자 한다.

1) 다문화가정 아동을 위한 복지 지원

다문화가정 아동 지원의 경우 2006년 '다문화가정 자녀교육 지원 대책' 발표 당시만 해도 시혜 성격의 일괄 지원에 그쳤던 것이 지금은 다문화가정 아동의 배경과 성장주기 등에 따라 맞춤형으로 이루어지고 있다.

- 2008년 「다문화가족 지원법」이 18세 미만인 자의 교육지원 대책을 마련하고 그 과정에서 어떠한 차별도 받지 않도록 조치를 취하여야 한다고 규정
- 2010년에는 교육부가 미등록 이주노동자 자녀도 국내거주 사실만 확인되면 입학할 수 있게 초·중등교육법 시행령 개정
- 2011년부터 다문화가정 유아에 대해 소득수준에 관계없이 유아학비 지원
- 2012년에는 한국어가 서툰 중도 입국 청소년을 위해 초·중·고교에 한국어

교육과정을 정규과목으로 운영

- 2013년에는 불법체류 아동의 학습권 보장을 위한 조치가 시행되어, 미등록 이주아동이 부모와 분리되어 단독으로 퇴거하는 사례가 발생하지 않도록 고교를 졸업하는 20세까지는 추방할 수 없게 됨
- 2015년부터 다문화유치원 30개원을 전국 5개 지역에서 시범운영, 2017년도에는 17개 지역 90개원으로 확대 운영
- 2017 다문화가족 자녀 미래인재육성 차원에서 이중언어 인재를 모집·심의하여 DB구축 및 활용처 발굴

(1) 맞춤형 교육으로 적응 지원

- 다문화 어린이집을 이용하는 만 0~5세 영유아 중 「다문화가족 지원법」 제2조 1호에 따른 다문화 가구를 대상으로 소득 · 재산 수준과 무관하게 보육료 지원
- 유치원 단계부터 조기 개입하여 다문화 유아에게 언어 및 기초학습 등 맞춤형 교육을 지원하여 동등한 출발점을 보장하기 위한 다문화 유치원을 확대하여 운영하고 있으며, 유아발달 수준에 따라 누리과정과 연계하여 통합언어교육과 개별언어지도를 실시하고 있다. 영·유아기 언어발달 시기에 지체되지 않도록 언어 및 기초학습 지원 및 이중언어 가족환경조성 사업 규모 확대를 통해 부모·자녀 간 정서적 유대 강화와 정체성 확립에 기여
- 다문화가족 지원 사업의 일환으로 학업성취가 낮고 자아발달 및 정서, 사회성 발달에 어려움을 겪고 있는 다문화가정 아동을 대상으로 한 자녀 생활서비스 실시
- 다문화가족 자녀의 이중언어 가족환경 조성을 위한 가족코칭 실시로 이중언어 잠재역량 강화
- 다문화가족 자녀 언어발달지원 사업의 일환으로 언어평가 및 언어교육이 필요한 만 12세 이하 다문화가족 자녀를 위해 체계적이고 전문적인 언어발

달지원 서비스 제공을 통해 다문화가족 자녀들이 건강한 사회구성원으로 성장할 수 있는 초석 마련

- 학령기 다문화가족 자녀의 잠재적 역량 개발 및 사회성 발달을 지원하여 미래 글로벌 인재로 양성하기 위해 – 多재다능프로그램을 추진하여 가족관계 개선, 사회성 및 리더십 개발 지원

(2) 다문화 이해교육 확대

- 다문화 중점학교 및 글로벌 브리지, 진로진학교육 지원 사업을 통한 다문화가족·아동 및 일반 아동의 건강한 성장과 다문화 수용도와 이해도를 높이기 위해 다문화 중점 학교를 지정하여 운영하고 있다. 중점학교란 다문화 학생과 일반학생이 다름을 존중하고 어울려 살 수 있도록 하고 교육과정을 통해 다문화 감수성을 제고하고 다문화 이해 및 반편견 교육 등을 실시하고 있다. 글로벌브리지란 다문화 학생의 잠재능력을 개발하여 우수한 인재로 육성하기 위함이다. 또한, 다문화 학생의 적성과 소질을 발견하고 진로탐색 기회를 마련하기 위한 직업교육 지원도 하고 있다.
- 교원 연수를 통해 다문화 학생에 대한 이해도를 제고하고 다문화 학생 지도와 관련한 교육 역량을 강화하고 있다. 또한, 다문화 교육에 대한 모든 정보를 한 눈에 확인할 수 있는 '다문화교육 콘텐츠 포털(www.nime.or.kr)'을 운영하여, 다문화 교육과 관련한 현장 사례와 자료를 공유하고 있다.
- 다문화에 대한 올바른 인식 개선을 위해 여성가족부와 한국건강가정진흥원은 '다누리배움터(www.danurischool.kr)'를 운영하고 있다. 다누리배움터는 국민의 다문화수용성을 높이고 서로의 문화를 존중하는 사회분위기를 조성하기 위해 앱과 모바일을 통한 다양한 다문화이해교육 서비스를 제공하고 있는 온라인 사이트이다.

2) 유아기관에서의 다문화가정 아동을 위한 지원

(1) 다문화가정 영유아 교사의 인식 제고, 자료 및 연수 지원

다문화가정 아동을 지도하고 있는 교사는 교사 스스로의 반성적 사고를 통해 다문화가정 학부모와 아동의 역동성과 다양성을 고려하면서 다문화교육을 실시해 나갈 필요가 있다. 다문화교육에서 차지하는 현장 교사의 역할이나 역량은 매우 중요하며, 교사의 다문화인식 정도에 따라 부모의 참여도 달라지므로 다문화에 대한 교사의 인식이 확장될 수 있도록 교사 연수 또한 교사의 다문화경험 기간이나 정도에 따른 수준별 맞춤형 연수가 필요하다.

다문화이해교육에 대한 교사들의 전문성신장을 위한 프로그램으로 연수, 워크숍, 문화연수, 동료 장학 등이 이루어지고 있으나, 다문화유치원 추진 시 다문화교사의 전문성 미흡과 다문화 부모의 관심과 협조 미흡, 다문화 유아 언어진단도구 부재 등을 애로사항으로 꼽았다(문무경, 2016). 교육부와 중앙다문화교육센터에서 다문화교육 정책학교 교원 워크숍을 정기적으로 열고 있으며, 보건복지부에서는 다문화 특성화 어린이집을 지정하여 한국어 교육 프로그램을 지원하고 있으며 보육교사 대상 다문화 관련 교육을 강화하고 있다.

(2) 다문화교육 프로그램 개발 및 보급

유아기관에 재원하고 있는 다문화가정 아동뿐만 아니라 일반가정 유아를 대상으로 함께 실시할 수 있는 다문화교육 프로그램을 개발하고 보급하는 것을 우선적으로 지원할 필요가 있다. 또한, 기관과 가정과의 연계가 수반되어야 성공적인 다문화교육이 될 수 있으므로 다문화가정 부모의 자녀양육 역량을 높일 수 있도록 자존감 향상 및 이중언어 프로그램을 개발하여 보급할 필요가 있다. 이 역시 특정 나라에 한정되지 않고 보다 다양한 국가로까지 확대 개발될 필요가 있다. 현재 유아를 위한 다문화이해교육은 연령별 누리과정과 연계하여 생활주제 및 계절 등을 고려하여 이루어지며, 교육부와 육아정책연구소에서 개발한 '유아 다문화이해교육 프로그램'이 활용되고 있다(문무경 외, 2016).

(3) 부모교육 활성화 및 다문화가정 부모 참여 확대

유아교육기관에서 실시하는 부모교육 시 다문화 관련 내용을 포함한 다양한 영상을 활용하여 일반가정 학부모들의 인식 변화가 우선적으로 이루어질 필요가 있다. 학부모를 위한 다문화이해교육으로 학부모 연수, 간담회, 학부모 참여활동 등이 이루어지고 있다. 부모가 가지고 있는 다문화가정에 대한 편견은 그 자녀에게로 다시 전이되어 자녀 또한 부정적 영향을 받게 되므로 인식전환이 필요하다. 특히 부모교육과 함께 지역사회 네트워크를 통해 다문화가정 부모와 아동을 보다 통합적으로 지원할 필요가 있다. 다문화가정 부모가 육아지원기관에 주로 요구하는 사항은 한글교육과 또래관계 지도가 거의 대부분인 것으로 나타났다(문무경 외, 2016).

Key points : 다문화가정 아동의 배경과 성장주기 등에 따라 맞춤형 지원이 이루어짐

- 영·유아기 언어발달을 위해 언어 및 기초학습 지원 및 이중언어 가족환경조성 사업 규모 확대를 통해 부모·자녀 간 정서적 유대 강화와 정체성 확립을 도모
- 부모교육과 함께 지역사회 네트워크를 통해 다문화가정 부모와 아동을 보다 통합적으로 지원할 필요

활동하기 **<Activity>**

- 교재에 나와 있는 유아교육기관에서의 다문화가정 아동지원에 대한 내용 외에 어떠한 지원들이 있는지 기사를 검색해 봅시다.

- 일반 학부모들의 다문화에 대한 이해를 높이기 위해 가장 필요한 부분은 무엇일지 생각해 봅시다.

4. 권리에 기반한 다문화가정 아동정책 방향

1) 다문화가정 아동의 교육기회 보장

다문화교육에서 차지하는 교사의 역할 및 역량은 매우 중요하다. 교사 스스로 문제점을 인식하고 변화의 필요성에 부응하는 태도를 갖고 다문화가정과 그 자녀를 대할 필요가 있다. 교사의 다문화 인식 정도에 따라서 부모의 참여도 역시 달라지므로 다문화에 대한 교사의 편견이나 인식이 변화할 필요가 있다. 정지민(2016)의 연구에서도 다문화아동에 대한 교사의 지지가 높을수록 다문화아동의 학교생활과 교우관계 등 다방면에 긍정적 영향을 미치는 것으로 나타나 교사들의 다문화 이해를 증진시킬 수 있는 프로그램이 시급함을 알 수 있다.

교사의 다문화교육에 대한 인식과 반편견주의적 인식을 높이고 다문화가정 아동의 특성을 이해할 수 있도록 도우며, 이들을 지도하기 위한 필요한 구체적인 정보를 안내하기 위한 연수가 필요하다. 보육교사 특별직무교육 개편에 대한 요구도 조사에서도 다문화가정 부모와의 의사소통 내용 보강에 대한 요구(강은진 외, 2016)가 포함되어 있는 만큼 교사의 다문화교육에 대한 요구도는 높다고 볼 수 있다. 그러나 다문화 경험 여부 또는 경험 기간을 고려한 차별화된 다문화교사교육과 연수가 필요하다.

2) 한국어교육 및 학습지원

체계적이고 전문적인 언어발달지원 서비스를 통해 다문화가정 아동들이 건강한 사회구성원으로 성장할 수 있도록 현재 다문화가정아동을 위해 실시하고 있는 한국어교육과정(KSL)을 국내 출생 다문화자녀, 중도입국자녀 등 대상의 다양화를 고려하여 개발할 필요가 있다. 또한, 이들을 담당하고 있는 한국어 담당 교사나 강사의 전문성 향상을 위해 체계적인 연수를 실시하고 또한, 다문화가정 아동의 이중언어로 소통할 수 있는 환경조성을 위해 부모교육과 부모-자녀 활동 프로그램을 보다 더 활성화할 필요가 있다.

3) 다문화가정 및 자녀에 대한 인식 개선

한국다문화사회의 형성과정은 우리의 가치에 이주외국인을 동화시키는 데에 더해 혈통적인 일관성을 유지하려는 특징을 가지고 있다. 그러므로 다문화가정 및 그 자녀에 대한 사회적 인식이 한쪽으로 치우칠 가능성이 크므로, 학교, 가정, 사회 각 분야에서 서로의 문화를 인정하고 존중하는 다문화교육이 절실하다. 우리가 사는 세상이 모두 다문화적 연결망 속에서 이루어지고 있으므로 일상 속에서 지속적으로 다문화를 체험할 수 있도록 해야 한다. 다문화가정아동이 단순히 다문화가정의 자녀라고 해서 교육기관에서의 적응상의 문제가 있는 것이 아니므로 일방적으로 도와주어야 하는 관점에서 벗어나 다문화가정아동의 강점이나 잠재능력을 개발시켜나가도록 프로그램을 실시할 필요가 있다.

특히 '인식'은 어린 시절 한번 형성이 되면 나중에 고치려고 해도 쉽게 고쳐지지 않기 때문에 어린 시절부터 다문화에 대한 올바른 인식을 배우며 성장하는 것이 중요하다. '나와 다르다'는 개념을 느끼기 시작하는 것이 유아기부터이다. 그런 의미에서 최근 정부에서는 3~5세 누리과정에 문화다양성에 관한 교육을 포함시켰으나 여전히 초등교육에서의 다문화 인식교육은 매우 취약하다고 볼 수 있다.

4) 다문화가정 부모 대상 교육 및 상담 강화

(1) 성장주기에 따른 맞춤형 지원 강화

- (영 · 유아기) 언어발달 시기에 지체되지 않도록 언어 및 기초학습 지원 및 이중언어 가족환경조성 사업 규모 확대를 통해 부모 · 자녀 간 정서적 유대 강화와 정체성 확립에 기여
  - 다문화유치원: (2015) 30개소 → (2016) 60개소
  - 이중언어 가족환경조성사업 참여 가구 수: (2015) 5,660가구 → (2016) 8,000가구 이상
- (학령기) 학령기 다문화가족 자녀의 잠재적 역량 개발 및 사회성 발달을 지

원하여 미래 글로벌 인재로 양성 - 多재다능프로그램을 추진하여 가족관계 개선, 사회성 및 리더십 개발 지원

- 2016년 다문화가족 지원센터 81개소에서 운영(신규) (여성가족부, 2017)

다문화가정의 경우 언어적 소통의 어려움과 문화적 차이로 인해 가족 간 갈등이 심화되거나 이에 따른 가족해체 문제가 발생할 수 있으므로 위기 상황에서는 자국어로 위기 상담을 받을 수 있는 콜 센터(1577 - 1366)나 가족갈등 치유 프로그램을 이용할 수 있도록 다양한 서비스가 필요하다. 현재 여성가족부에서 다문화가정지원 포털인 다누리(www.liveinkorea.kr)를 통해 일부 지원하고 있는데 수요자들에게 보다 더 현실적인 지원이 이루어지도록 개선할 필요가 있다.

어린이집에서의 다문화가정 부모상담은 문화적응, 언어적 의사소통, 사회적 네트워크 기반이 부족한 경우의 다문화가정 자녀가 건강하게 성장하는 데 매우 중요한 기회가 될 수 있다. 모든 것이 낯설고 소외감을 느끼는 환경에서 교사가 먼저 다가가 다문화가정 부모가 자녀 양육이나 생활전반에 어떠한 어려움이 있는지 부모의 궁금한 점이나 어려움 등을 상담을 통해 살펴보고 지원할 필요가 있다.

특히 자녀의 언어발달 상태나 어린이집 적응 상황 등에 대해 가정과 연계를 통해 부모의 이해를 돕고 문제행동 예방을 위해서도 긴밀한 협조가 필요하다. 때로는 양부모들 간의 양육태도나 문화적 차이로 인해 자녀문제행동에 대한 이해와 대처방법이 다를 수 있으므로 교사는 이에 대한 충분한 이해와 대화가 필요하다. 부모상담을 통해 이 시기 자녀양육에 필요한 부모역할 수행에 필요한 기본적인 지식과 자녀에 대한 긍정적인 태도 및 자녀와의 상호작용에 필요한 감정 나누기 그리고 부모의 자기 스스로에 대한 이해와 성찰이 필요함을 전할 필요가 있다. 부모역할에 대해 자신감이 저하되어 있을 경우 교사는 좋은 부모역할을 할 수 있고 또 하고 있음을 격려하고 보다 전문적인 도움을 받을 수 있는 지역사회 연계 기관을 소개해 줄 필요가 있다.

다문화시대에 교사가 가져야 하는 다문화역량은 영유아기 사회·정서적 발달에 있어서 매우 중요하다. 다문화교육을 위해 단순히 다문화보육 프로그램을 찾아 교육을 하거나 관련 교구를 제작하여 수업하는 데 그치는 것보다 교사 본인이 다문화역량을 충분히 갖출 필요가 있다.

활동하기 **<Activity>**

- 내가 맡고 있는 학급에 다문화아동이 있다고 가정하고, 나는 그 가족과 아동을 위해 무엇을, 어떻게 지원할 것인지에 대해 의견을 나누어 봅시다.

- 다문화가정 자녀에 대한 본인의 교육관은 어떠한지 서로 공유해 봅시다.

보육교사 대상 다문화 역량 수준 체크

다음 문항들을 보고 자신과 비슷한지 생각해 봅니다.

- 나는 나와 다른 문화를 가진 사람들과 교류하는 것을 즐긴다.
- 나는 나와 다른 문화를 가진 사람들에게 개방적이다.
- 나는 나와 전혀 다른 문화를 가진 이들에게 가끔씩 내가 그들을 잘 이해하고 있다는 사실을 언어로 혹은 비언어적 행동을 통해 보여 준다.
- 나는 나와 다른 문화를 가진 사람들이 행동하는 그들만의 방법을 존중한다.
- 나는 나와 다른 문화의 사람들과 교류하는 데 상당히 자신이 있다.
- 나는 나와 다른 문화를 가진 사람들과 교류할 때 내가 원하는 정도껏 사교적이 될 수 있다.

출처: 한국보육진흥원(2013).

"동화책 읽기로 상황 이해력 높이기"

송유진 교사가 근무하는 인천 마니산유치원에는 전교생 116명 중 15명이 다문화 유아로 관내 전체 다문화유아의 35.7%가 이곳에 재원하고 있다. 아동들에게 상황을 이해시킬 수 있는 가장 효과적인 교육방법 중 하나가 동화책 읽어 주기라고 생각해 '혹부리영감', '콩쥐 팥쥐' 등 다양한 전래동화를 활용해 정직, 배려, 나눔, 부지런함, 존중 등의 다문화 관련 가치교육을 할 수 있는 수업안을 만들었다. 특히 전래동화는 한국인의 정서를 잘 알 수 있어 효과적인 다문화교육 교재여서, 동화책을 가정으로 보내 부모님과 함께 읽게 해서 더욱 교육적 효과를 높였다.

인근의 다문화 중심 초등학교, 지역 청소년수련관, 학생교육원, 다문화 지원 센터 등과 연계해 유치원 단독으로 추진하기 어려운 야영장 체험, 인형극 관람, 템플스테이 등 다양한 행사도 추진했으며, 다문화가정 여성들을 위해 부모교육도 자주 개최했다. 무엇보다 매일 아침마다 아이들과 인사하면서 '넌 세상에 하나밖에 없는 소중한 보물이야.'라고 이야기하도록 했다. 모두 다르기 때문에 더 소중하고, 잘하는 것도 모두 다르고, 나와 다른 것이 모여 더 다양해지고 풍성해지는 삶을 아이들을 통해 배운다고 했다.

출처: 한국교육신문(2016).

07

CHAPTER

아동권리와 장애아동 지원

1. 장애아동의 개념과 서비스 원칙

장애아동은 역사적으로 생명권과 발달권을 보호받지 못한 경우가 많았다. 현대사회로 들어와 장애아동의 권리를 보호하고 이들의 복지를 향상시키기 위한 입법적, 행정적 노력이 증가해 왔다. 본 절에서는 장애아동의 개념과 유형을 살펴보고, 장애아동의 권리 보호관점은 어떠한지 살펴보기로 한다.

1) 장애아동의 개념과 유형

'특수아동(children with special needs)'이란 건강한 성장과 발달을 위해 일반 아동보다 특별한 보호와 지원을 필요로 하는 아동을 의미한다. 아동기에 적용되는 장애의 개념은 성인들과 달리 이 시기의 가장 주된 과업이 발달과 교육이라는 측면에서 바라보아야 한다. 즉, 전체 아동집단에 비해 발달이나 교육적 요구가 독특하거나 특별한, 환언하면 평균, 보통, 일반, 또는 정상이라는 범주에서 심각하게 일탈된 특수아동(exceptional children)이라는 명칭으로 불리게 된다. 즉, 아동의 경우 병리적 결함모델에 근거해서 '장애'가 정의되지 않으며 분류나 명칭에 있어 차이가 있을 수 있다는 점을 염두에 둘 필요가 있다(박영균 외, 2009).

이에 비하여, '장애아동(children with disability)'이란 장기간의 신체적, 정신적, 지적 혹은 감각적 손상(impairment)을 가지고 있어 그 결과 다른 사람과 동등한 수준으로 사회에 참여하는 데에 여러 가지 방해를 경험하게 되는 18세까지의 아동을 의미한다(UNICE 2013a). WHO에서는 1980년 국제장애분류(ICIDH: International Classification of Impairments, Disability, and Handicaps)를 발표하여 장애에 관한 개념을 정립하였고, 1997년 이를 개정하여 환경과 개인이라는 상황적 요인을 포함하여 장애의 개념을 확장시킨 ICIDH-2를 발표하였다. 2001년에는 여기에 기능에 대한 정보를 더 부가시켜 건강과 관련된 상태를 표현하는 체계와 통일시킨 '기능·장애·건강의 국제분류(ICF: International Classification of Functioning, Disability, and Health)'를 발표하였다. 이러한 개선을 통해 한 개인의 기능과 장애를 질병, 질환, 상해, 외상 등 그 사람의 건강조건과 개인적·환경적 요인과의 복합적인 상호관계로 바라보고자 하였다(박영균 외, 2009).

우리나라 「장애아동복지 지원법」에서 '장애아동'이란 18세 미만의 사람 중 「장애인복지법」 제32조에 따라 등록한 장애인을 말하며, 이외 6세 미만의 아동으로서 장애가 있다고 보건복지부장관이 별도로 인정하는 사람을 포함한다. 장애인복지법 제32조에 따라 등록할 수 있는 장애 종류는 동법시행령 별표 1에 제시되어 있으며, 그 구분은 다음과 같다.

① 지체장애인, ② 뇌병변장애인, ③ 시각장애인, ④ 청각장애인, ⑤ 언어장애인, ⑥ 지적장애인, ⑦ 자폐성장애인, ⑧ 정신장애인, ⑨ 신장장애인, ⑩ 심장장애인, ⑪ 호흡기장애인, ⑫ 간 장애인, ⑬ 안면장애인, ⑭ 장루장애인 및 요루장애인, ⑮ 뇌전증장애인

또한, 「발달장애인 권리보장 및 지원에 관한 법률」에서 '발달장애인'이란 「장애인복지법」 제2조 제1항의 장애인으로서 다음 각 목의 장애인을 말한다.

① 지적장애인: 정신 발육이 항구적으로 지체되어 지적 능력의 발달이 불충분하거나 불완전하여 자신의 일을 처리하는 것과 사회생활에 적응하는 것이 상당히 곤란한 사람
② 자폐성장애인: 소아기 자폐증, 비전형적 자폐증에 따른 언어·신체표현·자기조절·사회적응 기능 및 능력의 장애로 인하여 일상생활이나 사회생활에 상당한 제약을 받아 다른 사람의 도움이 필요한 사람
③ 그 밖에 통상적인 발달이 나타나지 아니하거나 크게 지연되어 일상생활이나 사회생활에 상당한 제약을 받는 사람으로서 대통령령으로 정하는 사람

이외 발달상의 특별한 요구(needs)를 갖는 아동은 저체중 출생아, 대사이상 영아 등 보다 포괄적으로 다루어지고 있으며, 근래에는 OECD 국가들이 이들의 요구를 조속히 파악하여 적절히 지원함으로써 특수아동들이 발달과정에서 전문적인 도움을 받을 수 있도록 노력하고 있다. 우리나라의 「장애아동복지 지원법」 제12조에서는 장애의 조기발견을 위해 국가와 지방자치단체에서 영유아에 대

하여 정기적인 건강검진 · 예방접종을 실시하는 경우 장애의 유무를 조기에 발견하기 위하여 선별검사를 실시할 수 있도록 하고 있으며, 이외 장애의 조기발견을 위하여 방송·신문 및 인터넷 등 다양한 매체를 이용하여 홍보하여야 한다고 밝히고 있다. 이 외에 「발달장애인 권리보장 및 지원에 관한 법률」 제4조에서도 국가와 지방자치단체가 발달장애를 최대한 조기에 발견하여 지원할 수 있도록 필요한 조치를 강구하여야 한다고 명시하고 있다.

영유아기는 제1성장 급등기인 만큼 신체적, 정신적 발달의 속도가 빠르고 이에 따른 변화를 크게 경험하므로 부모로서는 자녀를 임신하였을 때, 출산하였을 때 혹은 성장기의 어느 시점에서 자신의 자녀가 일반 아동과는 다른 특수한 요구를 가지고 있다는 것을 알게 된다. 자녀가 특수한 발달 요구를 갖고 있다는 것을 알게 되었을 때, 이에 대한 가족의 반응은 아동의 연령, 장애의 정도, 가족의 문화적 특성이나 사회적 가치관에 따라 다르게 나타난다(Muscott, 2002). Ulrich와 Bauer(2003)는 현대 서구사회에서 자녀의 장애를 알게 된 부모가 거치는 적응의 단계를 다음과 같이 4단계로 제시하였다.

첫째, 도피단계(the ostrich phase)로 부모는 자녀가 나타내는 장애 증상을 부인하지는 않지만 그 결과에 대해서 인정하려 하지 않는다. 가령, '그래, 영수는 남자애잖아. 이 나이 때 남아는 산만하고 부산스러운 법이야'라고 생각한다.

둘째, 특정한 지명(special designation)의 시기로 부모는 이 시기가 되면 자녀가 특별한 문제를 갖고 있으며, 이를 치료해줄 적절한 치료나 서비스를 찾게 된다.

셋째, 정상화(normalization)의 시기로 부모는 자신의 자녀가 다른 일반 아동과 다르게 보이는 것을 꺼리게 되고, 이에 따라 특수 치료나 서비스를 줄이고 일반 학교에 다니는 시간을 늘리고자 한다.

넷째, 자아 – 현실화(self-actualization)의 단계로 부모는 '다르다'는 것은 더 못하거나 혹은 더 나은 것이라는 비교보다는 그저 '다를 뿐'이라는 사실을 인식하게 된다. 그들은 자녀에게 자신의 장애에 대해 알도록 함으로써 스스로를 인정하고 지지할 수 있도록 지원한다.

아동과 함께 하는 전문가들은 가족이 어느 단계에 있는지 인식하고 필요한 도움을 줄 수 있도록 노력하여야 한다. 아동을 돌보고 가르치는 교사나 전문가들은 장애아동을 키우는 가족의 상태를 충분히 인식하지 못한 채, '이 가족은 너무 요구가 많다', 혹은 '아이의 아버지가 분노감을 극복할 수 있다면, 훨씬 협력이 더 잘될 것이다.'라는 등의 코멘트를 적기도 한다. 이는 가족의 어려움을 더 가중시킨다. 특수한 요구를 가진 아동을 양육하는 부모나 보호자가 필요로 하는 도움에 주의 깊게 집중하는 것이 아동의 발달과 교육을 지원하기 위한 첫 걸음이 되어야 한다(Ulrich & Bauer, 2003).

활동하기 <Activity>

- 보건복지부, 중앙 장애아동 지원 센터, 한국보건사회연구원 등의 홈페이지에서 장애아동 현황 관련 자료를 검색해 보고, 장애아동의 유형별 현황이 연령대별로 어떠한지 정리해 봅시다.

2) 권리에 기반한 장애아동복지의 원칙

특수한 요구를 가진 아동도 「유엔아동권리협약」의 모든 조항에 해당하는 권리를 보호받아야 한다. 「협약」 제2조는 비차별의 원칙을 천명하고 있는데, 장애를 가진 아동은 차별의 대상이 되기 쉽기 때문에 이 조항은 특히 중요하게 다루어질 필요가 있다. 시각장애를 가진 아동에게 학교 시험에서 더 많은 시간을 부여하는 등의 '긍정적 차별(positive discrimination)'도 적극적으로 검토할 필요가 있으며, 장애를 가진 여아는 유기, 폭력 등의 위험으로부터 남아보다 더욱 적극적으로 보호받을 필요가 있다(Save the Children, 2009). 그리고 제3조는 아동 최선의 이익 원칙을 다루고 있다. 아동이 다니는 유아기관이나 학교 등 공공기관에서는 특수한 요구를 가진 아동의 안전과 보호를 우선적으로 고려하여야 한다. 또한, 제6조에서는 아동의 고유한 생명권을 존중하고, 이들의 생존과 발달을 최대한으로 보장하여야 한다고 명시하고 있다. 역사적으로 장애를 가진 아동의 생명권은 직, 간접적으로 위협받아 왔다. 「협약」은 각국 정부가 자국의 장애아동이 생명권과 발달권을 보장받을 수 있도록 노력하여야 함을 강조하고 있다. 아울러 제12조에서는 아동이 자신의 의견을 표명할 권리를 존중하여야 한다고 밝히고 있다. 장애아동도 일반 아동과 마찬가지로 주변 환경에 접근할 수 있어야 하고, 참여할 수 있어야 한다.

〈표 7-1〉 **장애를 가진 아동을 대할 때 고려하여야 할 사항: 장애아동의 목소리**

- 우리도 감정(feelings)이 있어요.
- 우리를 비난하거나 우리에 대해 불평하지 마세요.
- 우리도 다른 아이와 똑같은(just like) 존재랍니다.
- 우리를 깔보지 말고, 존중해 주세요.
- 당신의 시간을 써서 우리를 이해하도록 노력해 봐 주세요.
- 우리 부모님이나 보호자에게 말하지 말고, 우리를 보고 직접 말해 주세요.
- 우리를 보고 겁먹지 말아 주세요.
- 우리에게 뭔가 묻기를 어려워하거나 주저하지 마세요.
- 진심으로 귀기울여 주고 이해해 주세요.

출처: Save the Children(2009: 89).

「협약」 제23조에서는 장애를 가진 아동의 권리를 보호하기 위해 각국이 노력하여야 할 사항을 직접적으로 명시하고 있다. 〈표 7-2〉에 제시된 바와 같이, 각국은 장애를 가진 아동이 존엄성을 가지고 품위 있는 생활을 누릴 수 있도록 노력하여야 하며, 이를 위해 장애아동이 특별한 보호를 받을 수 있도록 장려하여야 한다. 그리고 이러한 지원은 가능한 무상으로 제공되어야 하며, 각국은 국제협력 정신에 입각하여 개발도상국의 요구를 해결하는 데 지원하여야 한다.

〈표 7-2〉 「유엔아동권리협약」 제23조

당사국은 정신적 또는 신체적 장애아동이 존엄성이 보장되고 자립이 촉진되며 적극적 사회참여가 보장되는 여건 속에서 충분히 품위 있는 생활을 누려야 함을 인정한다. 당사국은 장애아동의 특별한 보호를 받을 권리를 인정하며, 신청에 기하여, 그리고 아동의 여건과 부모 혹은 기타 아동보호자의 사정에 적합한 지원이 활용 가능한 재원의 범위 내에서 아동과 보호자에게 제공될 것을 보장하여야 한다. 장애아동의 특별한 곤란을 인식하며, 본 조 제2항에 따라 제공된 지원은 부모나 기타 아동보호장의 재원을 고려하여 가능한 한 무상으로 제공되어야 하며, 장애아동의 가능한 한 전면적인 사회참여와 문화적, 정신적 발전을 포함한 개인적 발전의 달성에 공헌하는 방법으로 그 아동이 교육, 훈련, 건강관리지원, 재활지원, 취업 준비 및 오락의 기회를 효과적으로 이용하고 제공받을 수 있도록 계획되어야 한다. 당사국은 국제협력의 정신에 입각하여, 그리고 다음 분야에서의 능력과 기술을 향상시키고 경험을 확대하기 위하여, 재활, 교육 및 직업보도 방법에 관한 정보의 보급 및 이용을 포함하여, 예방의학 분야 및 장애아동에 대한 의학적, 심리적, 기능적 처치 분야에 있어서의 적절한 정보의 교환을 촉진하여야 한다. 이 문제에 있어서 개발도상국의 필요에 대하여 특별한 고려가 베풀어져야 한다.

유엔아동권리위원회(2006)는 장애를 가진 아동의 권리보호에 대해 일반논평 제9호(General Comment No. 9)를 통해 다음과 같이 밝히고 있다. 유엔은 세계 인구의 약 10%가 장애를 가지고 있으며, 이 중 1/4은 아동이라고 보고 있다. 장애를 가진 아동의 80%는 개발도상국에 거주하고 있으며, 이들 대부분은 학교에 다니지 못해 문맹이다. 이들 아동이 장애를 가지게 되는 주요 이유는 전쟁, 질병, 그리고 빈곤 때문이며 이는 다시 이들 장애아동이 이차 장애를 갖게 되는 주요 원인으로 작용하는 악순환을 보이고 있다.

많은 나라에서 장애를 가진 아동은 극심한 차별의 대상이 되고 있다. 장애를 가진 아동과 그 가족은 자국에서 적절한 의·식·주를 누릴 수 있어야 하며, 특히 빈곤 가정의 장애아에게는 국가와 사회의 특별한 보호와 지원이 이루어져야 한다. 당사국은 장애를 가진 아동이 협약에서 천명하고 있는 제반 권리를 충분히 누리지 못하는 이유가 장애 때문이 아니라 그 사회에 존재하는 사회적, 문화적, 물리적 장애 때문임을 인식하여야 한다. 일반논평 제9호는 당사국이 장애를 가진 아동의 권리를 보호하고 증진시키기 위해 구체적인 노력을 경주할 것을 강조하고 있다.

우리나라 「장애아동복지 지원법」에서는 장애아동의 권리보호를 위한 기본이념과 권리보호를 〈표 7-3〉과 같이 명시하고 있다. 동법에서는 장애아동의 권리에 관한 기본이념으로 아동 최선의 이익 원칙과 아동의 의견표현 권리를 강조하고 있다. 그리고 장애아동의 권리에 대해 여섯 가지로 밝히고 있는데, 이는 장애아동의 복지를 지원하는 데 있어 가장 기본적인 원칙으로 작용하여야 한다. 즉 장애아동은 학대와 폭력 등으로부터 보호받아야 하며, 가족과 함께 생활하며, 적절한 교육을 받을 수 있어야 한다. 장애아동은 필요한 의료 및 복지 지원을 받을 수 있어야 한다. 그리고 장애아동은 휴식, 여가 및 놀이 등에 참여할 기회를 가질 수 있어야 하며, 자신의 의사를 표명하고 권리를 옹호하기 위해 필요한 교육이나 훈련을 제공받아야 한다.

〈표 7-3〉 **「장애아동복지 지원법」에 명시된 장애아동의 권리**

제3조(기본이념)

① 장애아동을 위한 모든 활동에 있어서 장애아동의 이익이 최우선적으로 고려되어야 한다.

② 장애아동은 자신에게 영향을 미치는 모든 활동에 대하여 자신의 견해를 자유로이 표현할 권리를 최대한 보장받아야 한다.

제4조(장애아동의 권리)

① 장애아동은 모든 형태의 학대 및 유기·착취·감금·폭력 등으로부터 보호받아야 한다.

② 장애아동은 부모에 의하여 양육되고, 안정된 가정환경에서 자라나야 한다.

③ 장애아동은 인성 및 정신적·신체적 능력을 최대한 계발하기 위하여 적절한 교육을 제공받아야 한다.

④ 장애아동은 가능한 최상의 건강상태를 유지하고 행복한 일상생활을 영위하기 위한 의료적·복지적 지원을 받아야 한다.

⑤ 장애아동은 휴식과 여가를 즐기고, 놀이와 문화예술활동에 참여할 수 있는 기회를 제공받아야 한다.

⑥ 장애아동은 의사소통 능력, 자기 결정 능력 및 자기권리 옹호 능력을 향상시키기 위한 교육 및 훈련 기회를 제공받아야 한다.

2. 권리에 기반한 장애아동복지 서비스 전달체계

장애를 가진 아동은 부모와 가족과 함께 생활할 수 있어야 하며, 불가피한 경우 양질의 서비스를 제공하는 시설이나 기관에서 양육 받을 수 있어야 한다. 장애아동은 국가와 사회의 지원을 통해 적합한 교육을 받으며 행복한 일상생활을 영위할 수 있어야 한다. 여기에서는 장애아동의 권리를 침해할 수 있는 주요 요인을 살펴보고, 장애아동의 권리보호를 위한 관련 법과 서비스 전달체계에 대해 살펴본다.

1) 장애아동의 권리를 침해하는 요인

앞 절에서 살펴본 바와 같이, 우리나라 「장애아동복지 지원법」 제4조에서는 장애아동의 권리 보호에 대해 여섯 가지로 명시하고 있다. 여기에서는 각 사항별로 장애아동의 권리가 저해될 수 있는 측면이 어떠한지 살펴보고, OECD 각국이 장애아동의 권리를 보호하기 위해 무엇에 역점을 두고 정책을 추진하는지에 대해 Save the Children(2009)과 Inclusive Europe(2011)의 자료를 토대로 알아본다.

(1) 학대 및 유기 · 착취 · 감금 · 폭력 등으로부터 보호받을 권리

「협약」 19조에서는 모든 아동이 폭력과 학대, 유기로부터 보호받아야 하며, 당사국은 아동학대를 막고, 학대로 고통 받는 아동을 보호하기 위한 조치를 취하여야 함을 명시하고 있다. 장애를 가진 아동은 학대 및 유기, 폭력 등에 특히 취약한데 이는 보고, 듣고, 이동하거나 옷을 입고, 용변을 보고 목욕을 하는 등의 생활 기능을 독립적으로 수행하기 어려운 장애 상황 때문이다. 즉, 장애를 가진 아동을 돌보는 과정에서 초래되는 신체적, 재정적, 정서적 부담이 장애아동에 대한 학대나 폭력으로 이어지는 수가 있으며, 장애를 가진 아동이 부모 형제, 가족으로부터 떨어져 시설에 있게 되면 이러한 취약성이 높아질 수 있다.

근래에는 학교에서 장애를 가진 아동이 따돌림을 당하거나 또래로부터의 학교 폭력에 노출되는 것을 예방하고자 한다. 많은 보호자가 자신의 자녀가 또래로부터 부적절하게 대우받는 것을 피하고자 학교에서의 여러 가지 활동에 참여시키지 않으려 하는데, 이는 다시 장애아동의 자율성을 저해하는 결과를 초래하기도 한다. 특히 지적인 장애를 가진 아동의 경우, 자신이 당하는 피해를 정확하게 인식하지 못하거나, 혹은 이를 적절하게 표현하는 데 어려움을 겪는다.

(2) 부모에 의하여 양육되고, 안정된 가정환경에서 자랄 권리

「협약」 제9조에서는 아동의 이익이 침해당하는 경우가 아닌 한 부모와 함께 살 권리를 지니며, 부모와 떨어져 살 경우 부모를 만날 권리를 갖는다고 밝히고 있다. 또한, 제18조에서는 부모가 아동양육에 공동 책임을 져야 하며, 당사국 정부는 부모가 이러한 책임을 다하도록 지원해 주어야 한다고 명시하고 있으며, 제20조에서는 당사국 정부가 가족이 없는 아동을 특별히 보호하기 위해 우선 적절한 위탁가정이나 입양가정의 보호를 받을 수 있게 하거나 혹은 필요한 경우 보호시설을 제공하도록 하고 있다.

장애를 가진 아동도 일반 아동과 마찬가지로 가정에서 부모로부터 사랑과 관심, 그리고 충분한 보호를 받으며 성장할 수 있어야 한다. 정부는 장애아동의 부모가 양육의 책임을 다할 수 있도록 지원해 주어야 한다. 첫째, 부모와 형제자매가 장애의 원인과 특성을 이해하고 개별 아동의 고유한 특수 요구를 인식할 수 있도록 지원하여야 한다. 둘째, 필요한 심리적 지원을 해 주어야 한다. 셋째, 수화 등과 같이 가족원들이 장애를 가진 아동과 순조롭게 의사소통을 할 수 있도록 필요한 교육이나 훈련 기회를 제공해 주어야 한다. 넷째, 장애아동에게 필요한 장비나 기구를 포함한 물질적 지원을 해 주어야 한다. 다섯째, 가족이 필요시 장애를 가진 아동을 데리고 이동할 수 있도록 지원해 주어야 한다. 여섯째, 주간에 장애아동을 돌봐 주는 서비스를 제공해주어야 한다.

(3) 적절한 교육을 제공받을 권리

「협약」 제28조에서는 당사국 정부가 자국의 모든 아동에게 균등한 교육의 기회가 있음을 인정하고 초등교육을 의무화하는 한편, 중등교육과 고등교육의 발전을 위해 적절한 조치를 취하여야 한다고 밝히고 있다. OECD 각국에서는 장애아동을 위해 '통합교육(inclusive education)'을 실시하고 있다. 이는 영유아기의 취학 전 교·보육부터 해당되며, 부모가 원할 경우 특수교육을 받을 수 있는 권리로 확장된다. 장애를 가진 아동은 특수교사 자격이 있는 전문교사에게 배울 수 있어야 하며, 당사국 정부는 장애아동에게 양질의 교육이 이루어질 수 있도록 노력하여야 한다. 장애아동의 부모나 보호자는 아동이 정확한 진단과 평가를 받을 수 있고, 이를 기반으로 자신에 적합한 개별화 교육을 받을 수 있도록 필요한 정보와 전문적 도움을 받을 수 있어야 한다.

UNICEF(2012)에서는 '아동친화적인 학교(child-friendly school)'라는 개념을 사용하고 있는데, 이는 「협약」의 내용을 학교라는 시스템에 접목시키려는 것으로 모든 아동이 양질의 교육경험을 제공하는 학교에 다닐 수 있어야 한다는 의미를 가진다. 아동친화적인 학교는 안전하고, 건강하며, 보호체계가 잘 작동하는 환경을 갖추고 있어야 한다. 이 시스템에서 장애를 가진 아동은 권리에 기반한 통합교육을 받을 수 있어야 하며, 이는 개별 장애아동의 특성과 요구에 맞는 개별화 교육 경험이 제공되는 방식으로 이루어져야 한다.

(4) 의료적 · 복지적 지원을 받을 권리

「협약」 제24조에 의하면, 당사국 정부는 아동이 최상의 건강 수준을 누릴 수 있도록 아동에게 적절한 보건 서비스를 제공해야 한다. 또한, 제26조에서는 모든 아동이 사회보험을 포함, 사회보장 제도의 혜택을 받을 권리를 갖는다고 명시하고 있다. 장애아동은 산전, 산후 진단과 조기 중재의 기회를 박탈당하지 않아야 한다. 장애아동이 성장하면서 접하게 되는 의료 정보나 처치와 관련하여 부모나 보호자, 그리고 의료 전문가들은 장애를 가진 아동이 자신의 건강이나 장애 특성에 대해 충분한 판단 능력을 갖지 못하였다고 경시하는 경향이 있으므로 아동의 연령에 적합한 방식으로 정보를 제공할 필요가 있다.

장애아동은 빈곤을 겪게 될 가능성이 높으며, 빈곤의 결과 부적절한 양육을 받거나 이로 인해 또 다른 장애를 얻게 될 수도 있다. 특히 장애아동을 양육하게 되는 어머니가 적합한 양육 지식을 갖출 수 있도록 지원해 주어야 하며, 이뿐만 아니라 장애아동의 부모가 실업 등의 고용 불안을 겪지 않고 안정적으로 자녀 양육에 몰두할 수 있도록 필요한 복지 지원을 하여야 한다.

(5) 휴식과 여가를 즐기고, 놀이와 문화예술활동에 참여할 권리

「협약」 제31조에서는 모든 아동이 적절한 휴식과 여가생활을 즐기며, 문화예술 활동에 참여할 권리를 가진다고 밝히고 있다. 또한, 제17조에 따르면, 모든 아동은 국내와 국외로부터 필요한 정보를 얻을 수 있어야 하며, 대중 매체는 아동에게 유해한 정보를 지양하고 이익이 되는 정보만을 제공하여야 한다. 장애를 가진 아동은 여가와 놀이에 필요한 장소에 물리적으로 접근할 수 있어야 하고, 아동에게 제공되는 모든 활동에 자신에게 적합한 형태로 참여할 수 있어야 한다.

장애를 가진 아동도 일반 아동과 함께 놀이에 참여할 수 있어야 하는데, 이는 통합교육의 형태로 이루어질 수 있다. 또한, 장애아동은 TV 프로그램이나 인터넷뿐만 아니라 극장이나 오페라, 연극 등의 문화적 경험을 하기 위해 시설에 접근할 수 있어야 하고, 시각이나 청각의 장애 등이 있을 경우 이를 보완한 형태로 제공받을 수 있어야 한다. 무엇보다 장애아동도 글, 그림, 무용 등 다양한 방식으로 자신의 문화적 소양이나 예술적 재능을 나타내고 자신의 잠재력을 키워갈 수 있는 기회를 가질 수 있어야 한다.

(6) 자기권리 옹호 능력을 향상시키기 위한 교육 및 훈련 기회를 제공받을 권리

「협약」 제12조에 따르면, 당사국 정부는 모든 아동이 자신에게 영향을 미치는 사건에 대해 의견을 말할 권리를 보장하여야 하며, 아동의 견해에 정당한 비중을 두도록 해야 한다. 장애를 가진 아동은 성장하면서 자신을 둘러싼 환경에서 배척당하는 경험을 일상적으로 하게 된다. 물리적 접근이 차단되거나 대중교통을 이용하기 어려운 상황이 반복되면 장애아동은 결과적으로 일반 아동만큼 사회의 여러 가지 활동에 참여하기가 어렵게 된다. 결과적으로 장애아동은 아동기의 상당 부분을 고립된 채 보낼 수 있으며, 이를 극복하기 위해서는 주변의 부정적인 편견, 편향적인 고정관념으로부터 자신을 심리적으로 보호하는 기제를 만들 수 있어야 한다. 또한, 자신의 권리가 침해당했을 때 장애아동이 자신의 권리를 옹호하는 목소리를 낼 수 있어야 한다.

활동하기 <Activity>

- 소집단별로 자기 주변이나 지역사회에서 장애아동의 권리를 보호하기 위해 설치하였거나 시행하고 있는 사업 내용을 조사해 보고 이를 정리하여 발표해 봅시다.

  예 주변 어린이집에서 장애아동의 접근성을 높이기 위해 설치한 설비 내용

2) 장애아동 지원을 위한 복지 전달체계

「장애아동복지 지원법」 제5조에서는 장애아동의 복지 지원에 관하여는 다른 법률에 우선하여 이 법을 적용한다고 밝히고 있다. 「장애아동복지 지원법」은 국가와 지방자치단체가 장애아동의 특별한 복지적 욕구에 적합한 지원을 통합적으로 제공함으로써 장애아동이 안정된 가정생활 속에서 건강하게 성장하고 사회에 활발하게 참여할 수 있도록 하며, 장애아동 가족의 부담을 줄이는 데 이바지함을 목적으로 한다. 이 법에 근거하여 국가와 지방자치단체가 장애아동의 특별한 복지적 욕구에 따라 의료비 지원, 보육 지원, 가족 지원 및 장애아동의 발달에 필요한 지원 등 다양한 인적·물적 자원을 제공한다.

장애아동의 교육에 관해서는 「장애인 등에 대한 특수교육법」에서 다루고 있

다. 이 법은 「교육기본법」 제18조에 따라 국가 및 지방자치단체가 장애인 및 특별한 교육적 요구가 있는 사람에게 통합된 교육환경을 제공하고 생애주기에 따라 장애유형 · 장애정도의 특성을 고려한 교육을 실시하여 이들이 자아실현과 사회통합을 하는데 기여함을 목적으로 한다(제1조). 각급학교의 장은 특수교육대상자가 그 학교에 입학하고자 하는 경우에는 그가 지닌 장애를 이유로 입학을 거부하는 등 교육기회에 있어서 차별을 할 수 없다. 특수교육대상자의 범위는 ① 시각장애, ② 청각장애, ③ 지적장애, ④ 지체장애, ⑤ 정서·행동장애, ⑥ 자폐성장애, ⑦ 의사소통장애, ⑧ 학습장애, ⑨ 건강장애, ⑩ 발달지체 등으로 한다(제15조). 이 법에서 '통합교육'이란 특수교육대상자가 일반학교에서 장애유형·장애정도에 따라 차별을 받지 아니하고 또래와 함께 개개인의 교육적 요구에 적합한 교육을 받는 것을 말한다. 또한, '개별화교육'이란 각급학교의 장이 특수교육대상자 개인의 능력을 계발하기 위하여 장애유형 및 장애특성에 적합한 교육목표·교육방법·교육내용·특수교육 관련 서비스 등이 포함된 계획을 수립하여 실시하는 교육을 말한다(제2조).

그 외 장애아동을 지원하기 위한 관련 법과 목적은 〈표 7-4〉에 제시된 바와 같다.

〈표 7-4〉 **장애아동을 지원하기 위한 관련 법**

법률	목적
「장애인 차별금지 및 권리구제 등에 관한 법률」	모든 생활영역에서 장애를 이유로 한 차별을 금지하고 장애를 이유로 차별받은 사람의 권익을 효과적으로 구제함으로써 장애인의 완전한 사회참여와 평등권 실현을 통하여 인간으로서의 존엄과 가치를 구현함을 목적으로 한다.
「장애인복지법」	장애인의 인간다운 삶과 권리보장을 위한 국가와 지방자치단체 등의 책임을 명백히 하고, 장애발생 예방과 장애인의 의료·교육·직업재활·생활환경개선 등에 관한 사업을 정하여 장애인복지대책을 종합적으로 추진하며, 장애인의 자립생활·보호 및 수당지급 등에 관하여 필요한 사항을 정하여 장애인의 생활안정에 기여하는 등 장애인의 복지와 사회활동 참여증진을 통하여 사회통합에 이바지함을 목적으로 한다.

법률	목적
「발달장애인 권리보장 및 지원에 관한 법률」	발달장애인의 의사를 최대한 존중하여 그들의 생애주기에 따른 특성 및 복지 욕구에 적합한 지원과 권리옹호 등이 체계적이고 효과적으로 제공될 수 있도록 필요한 사항을 규정함으로써 발달장애인의 사회참여를 촉진하고, 권리를 보호하며, 인간다운 삶을 영위하는 데 이바지함을 목적으로 한다.
「장애인활동 지원에 관한 법률」	신체적·정신적 장애 등의 사유로 혼자서 일상생활과 사회생활을 하기 어려운 장애인에게 제공하는 활동 지원 급여에 관한 사항을 규정하여 장애인의 자립생활을 지원하고 그 가족의 부담을 줄임으로써 장애인의 삶의 질을 높이는 것을 목적으로 한다.
「장애인고용촉진 및 직업재활법」	장애인이 그 능력에 맞는 직업생활을 통하여 인간다운 생활을 할 수 있도록 장애인의 고용촉진 및 직업재활을 꾀하는 것을 목적으로 한다.
「교통약자의 이동편의 증진법」	교통약자(交通弱者)가 안전하고 편리하게 이동할 수 있도록 교통수단, 여객시설 및 도로에 이동편의시설을 확충하고 보행환경을 개선하여 사람 중심의 교통체계를 구축함으로써 교통약자의 사회 참여와 복지 증진에 이바지함을 목적으로 한다.
「장애인·노인·임산부 등의 편의증진 보장에 관한 법률」	장애인·노인·임산부등이 생활을 영위함에 있어 안전하고 편리하게 시설 및 설비를 이용하고 정보에 접근하도록 보장함으로써 이들의 사회활동참여와 복지증진에 이바지함을 목적으로 한다.

장애아동을 지원하기 위한 중앙정부의 전달체계는 다음과 같다. 보건복지부 장애인정책국에는 장애인정책과, 장애인권익 지원과, 장애인자립기반과, 장애인 서비스과가 설치되어 장애인을 위한 복지 서비스를 주로 담당하고 있다. 여기에서는 장애인복지 관련 종합계획 수립에 관한 총괄 · 조정 업무를 담당하며, 장애인등록 및 판정에 관한 사항부터 장애인활동 지원제도의 운영, 장애인 자립생활 관련 사업, 의료재활 및 장애아동 재활치료 지원에 관한 사항 등 제반 장애인 복지 서비스를 관장하고 있다. 이외 보건복지부의 아동복지 정책과와 아동권리과에서 아동의 복지와 권리 증진을 위한 업무를 수행하고 있다. 또한, 장애아동의 의료서비스 지원은 보건복지부의 보건의료정책실이, 특수교육 서비스 지원은 교육부와 시도교육청이, 직업훈련 및 재활업무는 보건복지부와

노동부에서 관련 업무를 담당하고 있다.

「장애아동복지 지원법」에 의해 국가와 지방자치단체는 중앙 장애아동 지원 센터와 지역 장애아동 지원 센터를 설치하여야 한다. 중앙 장애아동 지원 센터는 장애아동의 복지 지원에 관한 조사·연구를 수행하며, 지역 장애아동 지원 센터에 대한 평가 및 운영지원 업무를 담당한다. 지역 장애아동 지원 센터는 특별자치도·시·군·구의 자치구 단위로 설치되며, 지역 장애아동의 복지 지원 허브 역할을 담당한다. 지역 장애아동 지원 센터가 장애아동을 위한 복지 지원의 효과적인 시행을 위하여 연계 및 협력 체계를 구축하여야 하는 기관 또는 단체는 〈표 7-5〉와 같다.

〈표 7-5〉 **지역 장애아동의 복지 지원을 위해 연계·협력하는 기관 또는 단체**

- 「장애아동복지 지원법」 제32조에 따른 어린이집
- 「장애인복지법」 제58조에 따른 장애인복지시설
- 「아동복지법」 제50조에 따른 아동복지시설
- 「유아교육법」 제2조제2호의 유치원
- 「초·중등교육법」 제2조의 학교
- 「장애인 등에 대한 특수교육법」 제24조에 따른 전공과
- 「의료법」 제3조의 의료기관
- 「공공보건의료에 관한 법률」 제2조제2호의 공공보건의료기관
- 「지역보건법」 제10조에 따른 보건소
- 「장애인 등에 대한 특수교육법」 제11조에 따른 특수교육지원센터
- 「영유아보육법」 제7조에 따른 육아종합 지원 센터
- 그 밖에 복지 지원과 관계된 기관 또는 단체

지역 장애아동 지원 센터 외에도 〈표 7-6〉에 제시된 기관 또는 단체에서 장애아동에게 필요한 복지 지원을 할 수 있다.

〈표 7-6〉 **장애아동에게 복지 지원을 할 수 있는 기관 또는 단체**

- 「장애인복지법」 제58조에 따른 장애인복지시설
- 「아동복지법」 제52조의 아동복지시설
- 「건강가정기본법」 제35조에 따른 건강가정 지원 센터
- 「장애아동복지 지원법」 제21조제3항에 따른 발달재활 서비스 제공기관
- 「장애아동복지 지원법」 제23조에 따른 가족 지원업무 수행기관
- 「장애아동복지 지원법」 제32조에 따른 장애영유아를 위한 어린이집
- 그 밖에 보건복지부장관 또는 지방자치단체의 장이 필요하다고 인정하는 기관 또는 단체

활동하기 **<Activity>**

- 학생 자신이 거주하고 있는 자치 시·군·구의 지도를 출력한 후 여기에 해당 지역사회에서 장애아동에게 복지 지원 서비스를 제공하고 있는 관련기관의 위치를 표시해 봅시다.

3. 장애아동을 위한 지원 정책의 내용

장애아동을 위한 지원 정책은 아동이 가족과 함께 건강한 생활을 영위하며, 자신의 발달과 개별 요구에 적합한 보육 및 교육을 받으며, 사회의 모든 영역에 자유롭게 참여할 수 있도록 보호하는 내용으로 이루어져야 한다. 본 절에서는 장애아동을 위한 복지 지원 서비스의 주요 내용을 살펴보고, 영유아를 돌보는 유아기관의 전문가들이 장애를 가진 영유아와 가족을 어떻게 지원할 수 있는지 알아보고자 한다.

1) 장애아동을 위한 복지 지원

장애아동을 위한 복지 지원 서비스의 주요 내용을 살펴보면 다음과 같다.

첫째, 장애아동수당 지원으로, 「국민기초생활 보장법」에 의한 수급자 및 차상

위 계층의 만 18세 미만 등록 장애아동(만 20세 이하로서 「초 · 중등교육법」에 따른 학교에 재학 - 휴학 및 의무교육대상자 중 유예자도 포함됨 - 중인 자는 포함)에게는 최대 월 20만 원까지의 장애아동수당이 지급된다.

둘째, 의료비 지원으로, 국가와 지방자치단체는 장애아동의 의료적 욕구에 따라 적절한 의료비 지원을 할 수 있다. 〈표 7-7〉에 제시된 바와 같이, 장애아동은 장애인 의료비를 지원받을 수 있으며, 장애아동을 위한 의료재활시설을 이용할 수 있다. 이 외 장애 검사 및 등록진단비 등을 가구 형편에 따라 지원받을 수 있다.

〈표 7-7〉 **장애아동을 위한 의료 지원 서비스 내용**

주요사업명	지원 대상	지원 내용
장애인 의료비 지원	· 의료급여법에 의한 의료급여 2종 수급권자인 등록장애인 · 건강보험의 차상위 본인부담 경감 대상자인 등록장애인(만성질환 및 18세 미만 장애인)	· 1차 의료급여기관 진료 - 본인부담금 1,500원 중 750원 지원(원내 직접 조제) - 본인부담금 1,000원 중 750원 지원(그외의 경우) · 2차, 3차 의료급여기관 진료 - 의료(요양) 급여수가적용 본인부담 진료비 15%(차상위 14%, 암환자 5%, 입원 10% 등) 전액을 지원하되 본인부담금 식대는 지원하지 않음
장애아동 의료재활시설 운영	등록장애인	· 지원 내용 - 장애의 진단 및 치료 - 보장구 제작 및 수리 - 장애인 의료재활상담 등 · 의료급여수급권자 및 시·군·구청장의 무료진료 추천자는 무료, 그 외의 자는 실비부담
청각장애아동 인공달팽이관 수술비 지원	인공달팽이관 수술로 청력 회복이 가능한 저소득 청각장애인	인공달팽이관 수술비 및 재활치료비 지원

셋째, 보조기구 지원으로, 국가와 지방자치단체는 장애아동의 학습과 일상생활 활동에 필요한 보조기구를 교부 · 대여 또는 수리하거나 구입 또는 수리에

필요한 비용을 지급할 수 있다. 등록장애인 중 「국민기초생활 보장법」상의 수급자 및 차상위계층의 장애아동에게는 장애인 보조기구가 조건에 따라 지급된다. 또한, 등록 장애아동의 보장구를 구입할 때는 건강보험급여가 적용된다.

넷째, 발달재활 서비스 지원으로, 국가와 지방자치단체는 장애아동의 인지, 의사소통, 적응행동, 감각·운동 등의 기능향상과 행동발달을 위하여 적절한 발달재활 서비스를 지원할 수 있다. 발달재활 서비스를 지원할 때에는 장애아동의 장애유형·장애정도와 그 가족의 경제적 능력 등을 고려하여 지원할 대상 및 내용을 결정할 수 있으며, 지방자치단체는 발달재활 서비스의 제공 경험 및 전문성, 서비스 내용의 적정성 등을 고려하여 발달재활 서비스를 제공하는 기관을 지정하여 운영할 수 있다.

〈표 7-8〉 **장애아동을 위한 발달재활 서비스 내용**

주요사업명	지원 대상	지원 내용
발달재활 서비스	· 연령 기준: 만 18세 미만 장애아동 · 장애유형: 뇌병변, 지적, 자폐성, 언어, 청각, 시각 장애아동 · 소득기준: 전국가구평균소득 150% 이하 · 기타요건 - 「장애인복지법」상 등록 장애아동 - 다만, 등록이 안 된 만 6세 미만 아동은 의사진단서(검사자료 포함)로 대체 가능	· 매월 14만 원~22만 원의 발달재활 서비스 바우처 지원 · 언어·청능, 미술·음악, 행동 놀이, 심리, 감각 운동 등 발달재활 서비스 선택하여 이용

다섯째, 보육 지원으로, 국가와 지방자치단체는 「영유아보육법」 제27조에 따른 어린이집 이용대상이 되는 장애아동에 대하여 보육료 등을 지원하여야 한다. 어린이집 또는 유치원을 이용하지 아니하는 장애영유아에게는 양육수당을 지급할 수 있다.

〈표 7-9〉 장애아동을 위한 보육 지원 서비스 내용

주요사업명	지원 대상	지원 내용
장애아 무상보육료 지원	· 만 0세~만 12세 장애아동 - 장애소견이 있는 의사진단서(만 5세 이하만 해당) 제출자 - 특수교육 대상자 진단·평가 결과 통지서 제출자(만 3세~만 8세까지만 해당)	· 지원 단가 - 종일반: 43만 8천 원/월 - 방과 후: 21만 9천 원/월 - 만 3~5세 누리장애아 보육: 43만 8천 원/월 ※가구소득 수준과 무관

여섯째, 가족 지원으로, 국가와 지방자치단체는 장애아동의 가족이 장애아동에게 적합한 양육방법을 습득하고 가족의 역량을 키울 수 있도록 가족상담·교육 등의 가족 지원을 제공할 수 있다.

〈표 7-10〉 장애아동을 위한 가족양육 지원 서비스 내용

주요사업명	지원 대상	지원 내용
발달장애인부모 심리상담	전국가구 평균소득의 150% 이하의 발달장애인(「장애인복지법」 상 지적·자폐성 장애인) 자녀의 부모	과중한 돌봄 부담을 가지고 있는 발달장애인 부모에게 월 16만 원까지의 바우처를 제공하여 심리·정서적 상담 서비스를 이용할 수 있게 함
장애인 재활 지원센터 운영	등록장애인 및 가족, 관련 전문가	· 장애인과 가족 지원 - 정보격차 해소 지원 사업: 정보제공 및 상담, 장애인 IT대회 - 인권·교육 지원 사업 - 생활·문화 지원 사업: 정서적, 사회적, 경제적 자원 제공 · 전문가와 지역사회 지원 - 전문가와 종사자 교육 지원 사업: 전문인력을 활용한 학술연구활동 지원 - 지역사회 통합 지원 사업: 장애 이해와 예방, 인식 개선활동

일곱째, 돌봄 및 일시적 '휴식 지원 서비스' 지원으로, 국가와 지방자치단체는 장애아동 가족의 일상적인 양육부담을 경감하고 보호자의 정상적인 사회활동을 돕기 위하여 돌봄 및 일시적 휴식 지원 서비스를 제공할 수 있다. 이는 장애아동의 장애유형·장애정도와 그 가족의 경제적 능력 등을 고려하여 지원할 대상 및 내용을 결정할 수 있다.

〈표 7-11〉 **장애아동을 위한 돌봄 지원 서비스 내용**

주요사업명	지원 대상	지원 내용
장애아 가족 양육 지원 (1~3급)	· 연령 기준: 만 18세 미만 중증장애아동 · 장애유형: 「장애인복지법」에 근거한 1급, 2급, 3급 장애아동 · 소득기준: 전국가구평균소득 100% 이하	· 한 아동당 연 480시간 범위 내 지원 · 아동의 가정 또는 돌보미 가정에서 돌봄 서비스 제공(장애아동보호 및 휴식 지원

여덟째, 지역사회 전환 서비스 지원으로, 국가와 지방자치단체는 장애아동이 18세가 되거나 「초·중등교육법」 제2조의 고등학교와 이에 준하는 각종 학교 또는 「장애인 등에 대한 특수교육법」 제24조의 전공과를 졸업한 후 주거·직업체험 등의 지역사회 전환 서비스를 제공하도록 노력하여야 한다.

아홉째, 문화·예술 등 복지 지원으로, 국가와 지방자치단체는 문화·예술·스포츠·교육·주거 등의 영역에서 장애아동에게 필요한 서비스가 지원되도록 최대한 노력하여야 한다.

이상과 같은 장애아동복지 지원 서비스는 취약가정의 장애아동에게 우선적으로 제공되어야 한다. 취약가정이라 함은 ① 장애아동의 부 또는 모가 「장애인복지법」 제2조의 장애인인 경우, ② 한 가정에 장애아동이 2명 이상인 경우, ③ 장애아동이 「한부모가족 지원법」 제4조 제2호의 한부모가족의 자녀인 경우, ④ 장애아동이 부모와 떨어져 조부 또는 조모가 세대주이거나 세대원을 사실상 부양하는 경우, ⑤ 장애아동이 「다문화가족 지원법」에 의한 다문화가족의 자녀인 경우, ⑥ 장애아동이 「도서·벽지 교육진흥법」에 의한 도서·벽지에 거주하는 경우 등이다.

2) 유아기관에서의 장애아동 지원

장애아동을 지원하기 위해서는 '개별화 가족 지원 계획(Individualized Family Service Plan: IFSP)'과 '개별화 교육프로그램(Individualized Education Program: IEP)'을 통해 아동이 성장 발달과 교육과정을 경험할 수 있도록 하여야 한다. 개별화 가족 지원 계획과 개별화 교육프로그램의 차이는 개별화 가족 지원 계획의 경우 장애를 가진 아동이 가정이나 보육시설과 같은 친근한 양육환경에서 적절한 지원을 받도록 하는 데 중점을 두고 있는 것에 비해, 개별화 교육프로그램은 학교 환경에서 개별 아동에게 적합한 방식으로 교육내용이 제공되는 데에 중점을 두고 있다. 이런 이유로 개별화 가족 지원 계획은 장애아동뿐만 아니라 가족의 필요와 욕구에도 관심을 둔다(Muscott, 2002).

〈표 7-12〉 **개별화 가족 지원 계획과 개별화 교육프로그램의 비교**

개별화 가족 지원 계획(IFSP)	개별화 교육프로그램(IEP)
출생~2세	3세~21세
가족과 부모가 아동의 발달과 학습을 어떻게 지원하도록 해야 하는지에 주안점을 둠	개별 아동을 지원하는 데 주안점을 둠
지원결과는 아동뿐만 아니라 가족의 측면에서도 나타나야 함	지원결과는 아동에게 나타나야 함
학습이 이루어지는 아동의 주변 환경, 즉 가정이나 보육시설, 공원 등의 근린환경에 적합한 서비스를 제공하고자 함	교육이 이루어지는 학교 환경과 교실 환경에 적합한 서비스를 제공하고자 함
가족이 아동을 지원하는 데 필요한 서비스를 제공하는 지역사회 관련기관 및 단체와의 연계를 중시함	학교와 교육청의 교육 서비스 전달체계를 중시함
가족과의 초기 미팅에서 제공되는 정보와 자원을 안내하고, 관련 단체와 기관들이 어떤 역할을 하는지, 재정 소요는 어떠한지 안내함	가족과의 미팅을 통해 아동에게 필요한 중장기, 단기 목표를 안내하고, 이를 달성하는 데 필요한 과정을 안내함

출처: Ray, Kinder, & George(2009:18)의 내용 중 일부임.

레이 등(Ray et al., 2009)은 유아기관의 교사가 장애를 가진 영유아의 가족과 협력할 때 역점을 두어야 할 부분을 다음과 같이 제시하였다.

첫째, 교사는 장애 영유아의 부모가 이들을 돌보는 데 추가의 노력을 기울여야 한다는 점을 인식하고 이를 존중해 줄 필요가 있다. 교사가 장애 영유아의 부모에게 지지적인 태도로 유아기관에서 진행되는 그 날의 지원 내용과 과정을 이야기해주고, 공감을 표시하는 적극적 경청을 해 주는 것만으로도 장애 영유아를 돌봐야 하는 부모의 스트레스는 상당히 경감될 수 있다. 어떤 부모는 자신의 자녀가 필요로 하는 지원 서비스의 내용과 이를 어디에서 찾아야 하는지에 대해 잘 모를 수 있다. 그러므로 지역사회의 정보를 제공해 줌으로써 부모를 지원해 줄 수도 있다.

둘째, 교사는 장애의 다양한 스펙트럼에 대해 전문적으로 알기 어려우므로 장애 영유아의 특성과 이들을 어떻게 지원해줄 수 있는지에 대해 지속적으로 관심을 가지고 배워야 한다. 대개 교사는 가족이 주는 정보를 통해 장애 영유아의 특성을 이해할 수 있으며, 이 정보와 자신이 배운 것을 토대로 개별 영유아에게 적합한 지원계획을 수립할 수 있다. 간혹 자녀의 장애 증상에 대해 잘 알지 못하는 가족이 있을 경우, 교사가 자신이 알게 된 내용을 적절하게 정보로 제공해 준다면 이는 장애 영유아의 가족을 지원하는 결과가 되기도 한다.

셋째, 유아기관의 교사는 영유아에 대해 가족과 쌍방향 의사소통을 활발히 하여야 한다. 교사는 장애 영유아의 가족과도 활발한 의사소통을 하여야 하며, 가족이 지향하는 장애 영유아의 발달과 학습 과정, 목표 등에 대해 파악하여야 한다. 영유아가 나타내는 행동과 발달 과정에 대해 다각적인 기록을 통해 가족에게 정보를 제공할 수 있으며, 이는 교사가 가족과 신뢰를 쌓는 방법이 되기도 한다. 교사는 가족과 의사소통을 할 때 장애에 대해 부정적으로 표현하거나 혹은 장애 영유아에 대한 자신의 경험을 지나치게 일반화시키는 것을 경계하여야 한다.

넷째, 교사는 장애 영유아의 부모와 교류하면서 때로 화를 내거나 교사를 믿지 못하거나 교사의 지도 방법에 대해 의문을 표시하는 부모를 만날 때가 있다. 교사는 이를 개인적인 것으로 받아들이지 말고, 도전적인 상황을 긍정적인 방법으로 다룰 수 있도록 노력하여야 한다. 장애 영유아를 돌보는 가족은 과거 다른 곳에서 불쾌하거나 좌절되거나 혹은 부적절한 경험을 하였을 수 있으며, 이런 이유로 유아기관의 교사를 오해하고 화를 낼 수도 있다. 교사가 가족의 요구에 인내심을 가지고 적극적 경청을 한다면, 가족은 결국 교사의 진심을 이해하고 협력적인 관계를 맺으려 할 것임을 염두에 두어야 한다.

4. 권리에 기반한 장애아동 지원 정책 방향

장애에 대한 권리 기반 접근에서는 장애 때문이 아니라 사회 곳곳에 숨어 있는 물리적, 심리적 장벽 때문에 장애를 가진 아동이 여러 가지 불편함과 박탈을 겪게 된다고 본다. 이를 '장애에 대한 사회적 모델(social model of disability)'이라고 하는데, 이 모델에서는 장애아동을 둘러싼 주변 환경과 사회의 선입견과 고정관념, 적극적이지 않은 정책과 제도, 교육 및 의료 시스템의 불완전성, 장애아동의 물리적 접근에 장애가 되는 건물과 도로들, 장애아동과 가족이 겪기 쉬운 빈곤과 이에 따른 부적절한 경험들이 장애아동이 우리 사회의 일원으로써 '통합(inclusive)'되지 못하도록 한다고 설명한다(UNICEF, 2007).

장애아동이 우리 사회의 일원으로 존중받고 충분히 통합되기 위해서는, 이들을 위한 교육 및 훈련 시스템이 활성화될 필요가 있다. 또한, 장애아동이 자립적으로 지역사회의 물리적 환경에 접근할 수 있도록 장애물이 제거되고 필요한 지원이 이루어져야 한다. 장애아동은 다른 아동과 마찬가지로 놀이와 스포츠 활동에 참여함으로써 즐거움과 학습 경험을 얻는다. 또래의 놀이에서 배제된 장애아동은 심리적으로 상처를 받을 뿐만 아니라 일상적인 놀이 활동을 통해 습득하게 되는 적절한 행동방식을 알지 못하게 된다. 마찬가지로 장애아동은 안전하게 보호된 상태에서 적합한 스포츠 활동에 참여할 수 있어야 하고, 이는 패럴림

픽과 같이 각국의 국제적 협력, 당사국의 자국 내 지원체계 간 협력을 통해 구축될 수 있어야 한다.

장애아동을 키우는 가정에서는 추가의 의료비용과 돌봄의 부담을 지게 된다(UNICEF, 2013a). 장애아동을 전담하여 돌보아야 하는 부모 중 한 사람은 직업을 가지기 어렵고, 가정의 재정적 부담은 늘어나게 되어 이런 이유로 장애아동의 가정은 빈곤을 겪기 쉽다. 다른 한편으로, 빈곤 가정의 아동이 불충분한 의료접근성 때문에 장애를 얻게 되기도 한다. 또한, 장애아동을 키우는 부모는 신체적, 심리적, 금전적 부담으로 과중한 스트레스를 경험하며 이는 부모의 심리적 불안정으로 연결되기 쉽다. 장애아동의 부모에게 적절한 지원을 함으로써 부모로서의 역량을 유지할 수 있도록 하는 것은 장애아동의 삶의 질 제고에 매우 중요한 역할을 한다. 장애아동이 자신을 양육하는 가정 내에서 적절한 생활수준을 누릴 수 있도록 지원하는 것은 현대 사회가 가장 역점을 두어야 하는 정책 방향이라 할 수 있다(UNICEF, 2013b).

활동하기 **<Activity>**

- 소집단별로 주변 환경에서 나타나는 장애아동에 대한 편견, 고정관념, 물리적 제약, 제도적 한계 등을 조사하여 발표한 후 발표내용에 대해 논의해 봅시다.

08

CHAPTER

아동권리와 학대피해 아동 지원

아동은 자신의 성장발달에 필요한 자원이나 지원을 미리 알아 스스로 습득하거나 요구하거나 스스로를 보호하는 데에는 한계가 있으며 자신의 처지를 다른 사람에게 알려 도움을 요청할 수 있는 능력도 제대로 갖추고 있지 않다. 그러므로 주변 성인들과 국가는 아동을 학대나 질병으로부터 보호하고 그들의 이익을 대변해주어야 하는 존재이다. 영유아는 더욱 그렇다.

이 장에서는 아동학대의 개념, 유형, 징후, 휴유증, 원인을 중심으로 아동학대에 대한 기본적인 이해와 더불어, 아동학대 발생 현황과 지원체계, 학대피해 아동보호 서비스 내용, 그리고 권리 기반 학대피해 아동보호 서비스의 정책 방향에 대해 다루고자 한다.[1)]

1. 아동학대의 이해

1) 아동학대의 개념

아동학대는 아동에게 실제 해롭거나 해로울 가능성이 있는 결과를 가져오는 행위나 잘못을 하는 것이다. 아동학대는 처음에는 아동에 대한 신체적 학대에 주목하였다가 시대를 지나면서 점차 그 범위가 확대되어, 언어폭력, 부모나 보호자가 아동을 제대로 돌보지 않은 방임, 성적 학대 등이 포함되면서 아동학대의 개념도 크게 확장되었다. 아동학대는 시대나 국가적, 문화적 배경, 또는 연구자에 따라 조금씩 다른 기준을 가지고 설명되고 있어 아동학대를 한 가지로 정의내리기는 쉽지 않다. 또 눈에 보이는 상처가 없을 경우 학대로 판단하는 것이 쉽지 않고 학대행위의 빈도나 지속성 등의 기준을 설정하는 것도 쉽지 않다. 거기다 학대행위의 의도성 여부를 가리는 것은 더욱 쉽지 않다.

그러므로 학대는 아동이 학대로 실제 상처를 입었는지를 기준으로 하는 협의의 개념과 그 이상의 광의의 개념으로 나누어 설명되기도 한다. 세계보건기구

1) 이 장에서 아동학대의 유형과 그 구체적 행위의 예, 징후, 원인, 발생현황 등의 내용은 보건복지부 산하 중앙아동보호기관 홈페이지(http://korea1391.go.kr)와 2015 전국아동학대현황보고서(2016)의 내용을 기반으로 소개하였음.

는 아동학대를 '아동 양육에 책임을 지고 있거나 신뢰관계에 있거나 권위를 가진 사람에 의한, 모든 형태의 신체적·정서적으로 가혹한 처사의 학대, 방임 또는 보호의 태만 및 상업적이거나 다른 형태의 착취로서, 그 결과 아동의 건강, 생존발달 및 존엄성에 실제적인 해를 끼치거나 그러한 가능성을 초래한 것'이라 하여 광의의 개념으로 정의하고 있다. 우리나라의 「아동복지법」 제3조(정의)의 7호에서도 광의의 개념을 사용하여, '아동학대란 보호자를 포함한 성인이 아동의 건강 또는 복지를 해치거나 정상적 발달을 저해할 수 있는 신체적·정신적·성적 폭력이나 가혹행위를 하는 것과 아동의 보호자가 아동을 유기하거나 방임하는 것'으로 정의하고 있다.

이 정의를 보면 아동학대는 아동이 건강하게 성장·발달하는 과정에서 '복지를 해치거나 정상적 발달을 저해할 수 있는 행위(child abuse)'와 '아동의 기본적 필요를 만족시키지 않는 행위(child maltreatment)'가 모두 포함된다.

2) 아동학대의 유형

보건복지부 산하 중앙아동보호전문기관(http://korea1391.go.kr)은 「아동복지법」 제3조의 아동학대의 정의에 기반하여 학대유형을 신체학대, 정서학대, 성학대, 방임의 네 유형으로 구분하여 학대유형별 내용과 구체적 학대행위 사례를 소개하고 있는데 이를 중심으로 설명하면 다음과 같다. 이중 정서학대나 방임은 신체학대나 성학대와 달리 신체적 외상으로는 잘 드러나지 않으나 영유아 시기뿐 아니라 이후의 성인시기에 이르기까지 신체적, 지적, 사회·정서적 발달에 영향을 주는 학대로 잠재적 학대라 부르기도 한다.

(1) 신체학대

신체학대는 보호자를 포함한 성인이 아동의 건강 또는 복지를 해치거나 정상적 발달을 저해할 수 있는 신체적 폭력이나 가혹행위를 하는 것으로, 보호자를 포함한 성인이 아동에게 우발적인 사고가 아닌 상황에서 신체적 손상을 입히거나 또는 신체손상을 입도록 허용한 모든 행위를 말한다.

구체적인 신체학대 행위의 예는 아래와 같다.

- 직접적으로 신체에 가해지는 행위
- 도구를 사용하여 신체를 가해하는 행위
- 완력을 사용하여 신체를 위협하는 행위
- 신체에 유해한 물질로 신체에 가해지는 행위

(2) 정서학대

정서학대는 보호자를 포함한 성인이 아동의 건강 또는 복지를 해치거나 정상적 발달을 저해할 수 있는 정신적 폭력이나 가혹행위를 하는 것으로, 보호자를 포함한 성인이 아동에게 행하는 언어적 모욕, 정서적 위협, 감금이나 억제, 기타 가학적인 행위를 말하며 언어적, 정신적, 심리적 학대라고도 한다.

구체적인 정서학대 행위의 예는 아래와 같다.

- 원망적/거부적/적대적 또는 경멸적인 언어폭력 등
- 잠을 재우지 않는 것
- 벌거벗겨 내쫓는 행위
- 형제나 친구 등과 비교, 차별, 편애하는 행위
- 가족 내에서 따돌리는 행위
- 아동이 가정폭력을 목격하도록 하는 행위
- 아동을 시설 등에 버리겠다고 위협하거나 짐을 싸서 쫓아내는 행위
- 미성년자 출입금지 업소에 아동을 데리고 다니는 행위
- 아동의 정서 발달 및 연령상 감당하기 어려운 것을 강요하는 행위
- 다른 아동을 학대하도록 강요하는 행위

(3) 성학대

성학대는 보호자를 포함한 성인이 아동의 건강 또는 복지를 해치거나 정상적 발달을 저해할 수 있는 성적 폭력이나 가혹행위를 하는 것으로, 보호자를 포함

한 성인이 자신의 성적 충족을 목적으로 18세 미만의 아동에게 행하는 모든 성적 행위를 말한다.

구체적인 성학내 행위의 예는 아래와 같다.

- 자신의 성적 만족을 위해 아동을 관찰하거나 아동에게 성적인 노출을 하는 행위
- 아동을 성적으로 추행하는 행위
- 아동에게 유사 성행위를 하는 행위
- 성매매를 시키거나 성매매를 매개하는 행위

(4) 방임

방임은 아동의 보호자가 아동을 유기하거나 방임하는 것으로, 보호자가 아동에게 위험한 환경에 처하게 하거나 아동에게 필요한 의식주, 의무교육, 의료적 조치 등을 제공하지 않는 행위를 말하며, 유기란 보호자가 아동을 보호하지 않고 버리는 행위를 말한다.

구체적인 방임행위의 예는 아래와 같다.

- 물리적 방임
  - 기본적인 의식주를 제공하지 않는 행위
  - 불결한 환경이나 위험한 상태에 아동을 방치하는 행위
  - 아동의 출생신고를 하지 않는 행위, 보호자가 아동들을 가정 내에 두고 가출한 경우
  - 보호자가 아동을 시설 근처에 두고 사라진 경우
  - 보호자가 친족에게 연락하지 않고 무작정 아동을 친족 집 근처에 두고 사라진 경우 등
- 교육적 방임
  - 보호자가 아동을 특별한 사유 없이 학교(의무교육)에 보내지 않거나 아동의 무단결석을 방치하는 행위(「교육기본법」 제8조 제1항에서 의무교육은 6년의 초등교육 및 3년의 중학교를 의미함)
- 의료적 방임
  - 아동에게 필요한 의료적 처치 및 개입을 하지 않는 행위
- 유기
  - 아동을 보호하지 않고 버리는 행위
  - 아동을 병원에 입원시키고 사라진 경우
  - 시설 근처에 버리고 가는 행위

(5) 그 외 금지행위

「아동복지법」 제17조(금지행위)는 「아동복지법」 제3조(정의)에 드러난 학대 외에도 아동을 이익취득의 도구로 이용하거나 착취하는 행위도 금지행위로 포함하고 있음을 알 수 있다.

아동복지법

제17조(금지행위) 누구든지 다음 각 호의 어느 하나에 해당하는 행위를 하여서는 아니된다.
1. 아동을 매매하는 행위
2. 아동에게 음란한 행위를 시키거나 이를 매개하는 행위 또는 아동에게 성적 수치심을 주는 성희롱 등의 성적 학대행위
3. 아동의 신체에 손상을 주거나 신체의 건강 및 발달을 해치는 신체적 학대행위
5. 아동의 정신건강 및 발달에 해를 끼치는 정서적 학대행위
6. 자신의 보호·감독을 받는 아동을 유기하거나 의식주를 포함한 기본적 보호·양육·치료 및 교육을 소홀히 하는 방임행위
7. 장애를 가진 아동을 공중에 관람시키는 행위
8. 아동에게 구걸을 시키거나 아동을 이용하여 구걸하는 행위
9. 공중의 오락 또는 흥행을 목적으로 아동의 건강 또는 안전에 유해한 곡예를 시키는 행위 또는 이를 위하여 아동을 제3자에게 인도하는 행위
10. 정당한 권한을 가진 알선기관 외의 자가 아동의 양육을 알선하고 금품을 취득하거나 금품을 요구 또는 약속하는 행위
11. 아동을 위하여 증여 또는 급여된 금품을 그 목적 외의 용도로 사용하는 행위

*2017년 7월 26일 공포된 내용으로 4번은 삭제임.

3) 아동학대 유형별 징후

중앙아동보호기관은 아동학대의 유형별로 그 징후를 신체적 징후와 행동적 징후로 나누어 소개하고 있는데 그 내용은 다음과 같다(중앙아동보호전문기관).

(1) 신체학대 징후

아동에게 나타나는 신체학대의 신체적 징후는 설명하기 어려운 신체적 상흔, 발생 및 회복에 시간차가 있는 상처, 비슷한 크기의 반복적으로 긁힌 상처, 사용

된 도구의 모양이 그대로 나타나는 상처, 담뱃불 자국, 뜨거운 물에 잠겨 생긴 화상자국, 회음부에 있는 화상자국, 알고 있는 물체모양(다리미 등)의 화상자국, 회복속도가 다양한 화상자국, 입, 입술, 치은, 눈, 외음부 상처, 긁히거나 물린 자국에 의한 상처, 손목이나 발목에 긁힌 상처, 영유아에게 발견된 붉게 긁힌 상처, 성인에 의해 물린 상처, 겨드랑이, 팔뚝 안쪽, 허벅지 안쪽 등 다치기 어려운 부위의 상처, 대뇌 출혈, 망막출혈, 양쪽 안구 손상, 머리카락이 뜯겨나간 두피 혈종 등을 동반한 복잡한 두부 손상, 고막 천공이나 귓불이 찢겨진 상처와 같은 귀 손상, 골격계 손상, 시간차가 있는 골절, 치유 단계가 다른 여러 부위의 골절, 복합 및 나선형 골절, 척추 손상(특히, 여러 군데의 골절), 영 · 유아의 긴 뼈에서 나타나는 간단 골절, 회전상 골절, 걷지 못하는 아이에게서 나타나는 대퇴골절, 골막하 출혈의 방사선 사진, 골단 분리, 골막 변형, 골막 석회화, 간혈종, 간열상, 십이지장 천공, 궤양 등과 같은 복부손상, 폐 좌상, 기흉, 흉막삼출과 같은 흉부손상 등이다.

아동에게 나타나는 신체학대의 행동적 징후는 어른과의 접촉회피, 다른 아동이 울 때 공포를 나타냄, 공격적이거나 위축된 극단적 행동, 부모에 대한 두려움, 집에 가는 것을 두려워함, 위험에 대한 지속적인 경계 등이다.

(2) 정서학대의 징후

아동에게 나타나는 정서학대의 신체적 징후는 발달지연 및 성장장애, 신체발달저하 등이다.

아동에게 나타나는 정서학대의 행동적 징후는 특정물건을 계속 빨고 있거나 물어뜯음, 행동장애(반사회적, 파괴적 행동장애), 신경성 기질 장애(놀이장애), 정신신경성 반응(히스테리, 강박, 공포), 언어장애, 극단행동, 과잉행동, 자살시도, 실수에 대한 과잉 반응, 부모와의 접촉에 대한 두려움 등이다.

(3) 성학대의 징후

아동에게 나타나는 성학대의 신체적 징후는 우선 신체적 지표로 학령 전 아동의 성병감염, 임신 등이며, 생식기의 증거로는 아동의 질에 있는 정액, 찢기거나 손실된 처녀막, 질에 생긴 상처나 긁힌 자국, 질의 홍진(紅疹), 배뇨곤란, 요도염 등이 있고 항문 증후로 생식기의 대상포진, 항문 괄약근의 손상, 항문주변의 멍이나 찰과상, 항문 내장이 짧아지거나 뒤집힘, 항문 입구에 생긴 열창, 항문이 좁아짐, 회음부의 동통과 가려움, 변비, 대변에 혈액이 나옴 등이며, 구강 증후로는 입천장의 손상, 인두(咽頭)임질(pharyngeal gonorrhea) 등이 있다.

아동에게 나타나는 성학대의 행동적 징후는 성적 행동지표로 나이에 맞지 않는 성적행동, 해박하고 조숙한 성지식, 명백하게 성적인 묘사를 한 그림들, 타인과의 성적인 상호관계, 동물이나 장난감을 대상으로 하는 성적인 상호관계 등이 있다. 비(非)성적인 행동지표로는 위축, 환상, 유아적 행동(퇴행행동), 자기 파괴적 또는 위험을 무릅쓴 모험적인 행동, 충동성, 산만함 및 주의집중장애, 혼자 남아 있기를 거부 또는 외톨이, 특정 유형의 사람들 또는 성에 대한 두려움, 방화/동물에게 잔혹함(주로 남아의 특징), 비행, 가출, 약물 및 알코올 남용, 자기 파괴적 행동(자살시도), 범죄행위, 우울, 불안, 사회관계의 단절, 수면장애, 유뇨증/유분증, 섭식장애(폭식증/거식증), 야뇨증, 외상 후 스트레스 장애, 저조한 학업수행 등이 있다.

(4) 방임의 징후

아동에게 나타나는 방임의 신체적 징후는 발달지연 및 성장장애, 비위생적인 신체상태, 예방접종과 의학적 치료 불이행으로 인한 건강상태 불량, 아동에게 악취가 지속적으로 나는 경우 등이 있다.

아동에게 나타나는 방임의 행동적 징후는 계절에 맞지 않는 부적절한 옷차림, 음식을 구걸하거나 훔침, 비행 또는 도벽, 학교에 일찍 등교하고 집에 늦게 귀가함, 지속적인 피로 또는 불안정감 호소, 수업 중 조는 태도, 잦은 결석 등이 있다.

4) 아동학대의 휴유증

신체적 학대나 방임의 즉각적 결과는 살짝 긁히거나 베이는 정도의 간단한 수준인 경우도 있고 골설, 졸도, 사망 등에 이르는 심각한 경우도 있다. 또한, 그 결과가 일시적일 수도 있으나 그 상처나 고통은 적지 않다. 아동학대는 즉각적인 신체적 상처를 남길 뿐 아니라 발달 문제와 긴밀하게 연결되며(Cohn, 2011), 건강악화, 만성 질환 증가, 건강 위협 행동, 수명단축과 같은 만성적 신체적 정신적 영향을 주는(Dolezal et al, 2009) 등 그 후유증이 평생에 걸쳐 나타날 수 있어 아동의 건강한 성장과 행복에 심각한 영향을 준다. 또한, 나중에 학대하는 성인이 되는(Thornberry & Henry, 2013) 등 세대 간의 악순환 및 사회문제를 초래할 수 있어 더욱 사회적으로 금지되어야 한다. 그러므로 아동학대를 예방하고 치료하는 것은 아동의 현재와 미래의 행복, 그리고 국가의 인적 자원으로의 유능성과 건강을 고려할 때 매우 중요한 과제가 아닐 수 없다.

American Humane Association은 Garbarino & Garbarino(1994)와 Glaser(2002) 등 학대관련 연구들을 검토하여 학대받은 아동은 불안감을 경험하며, 낮은 자아존중감, 그리고 발달지체를 나타낼 수 있다고 정리하였다. 또한, 많은 학대받은 아동이 신뢰감이나 사회적 위축, 학교에서의 트러블, 관계맺기 등에서 어려움을 경험한다고 보았다. 그동안 정서적 학대의 장기적 영향에 대해서는 널리 연구되지 못하였으나 최근 점차 이에 대해 언급하는 연구가 많아졌다. 아동학대나 방임은 청소년이나 성인의 범죄와 연결되기 쉽다. 또한, 가정에서의 학대나 폭력도 비록 아동이 직접 학대를 받지 않았다 해도 가정 폭력을 목격한 것만으로도 큰 상처를 남겨 우울, 불안, 학업문제 등의 행동적, 정서적 문제를 높이는 영향을 준다.

5) 아동학대의 원인

아동학대는 전형적인 가정폭력의 하나이다. 그러나 아동과 관련된 폭력의 경우에는 이제 가정이 사적 영역이 될 수 없음은 1989년 11월 20일 유엔 총회에서 아동권리협약이 채택된 이후 세계적인 추세이다. 사랑의 매라는 말은 더 이상 통하지 않는다. 아동학대는 보호자의 심리적, 성격적 특성 뿐 아니라 사회 문화적 요인을 비롯한 다양한 요인을 종합적으로 검토하여 이해하여야 한다. 중앙아동보호기관은 아동학대의 원인을 부모 요인, 아동 요인, 가정적·사회적 요인으로 나누어 소개하고 있다(http://korea1391.go.kr). 이 내용을 중심으로 학대의 원인을 소개하면 다음과 같다.

(1) 부모 요인

가정 내에서 일어나는 아동학대의 발생 원인으로 부모 요인과 가정·환경 요인을 들 수 있다. 부모 요인으로 미성숙, 양육에 대한 지식 부족, 그릇된 양육관, 지나친 기대, 잦은 가정의 위기, 정서적 욕구불만, 사회적 고립, 어릴 적 학대받은 경험, 알코올 중동, 약물 중독, 부모의 낮은 자아존중감, 낮은 감성, 의기소침, 분노, 좌절 혹은 성적 욕구 같은 충동과 감정조절의 무능력, 원치 않는 아동, 불안, 우울증, 기타 정신질환 등이다. 그 외에도 생활고, 병치레 등이 가정 내 어려움으로 작용하고 있다. 가정·환경 요인으로는 가족 구조의 문제, 사회적 지지의 결여 등이 있는데 이 두 요인은 복합적으로 서로 상호작용하여 발생한다.

아동학대행위자의 특성별 비율을 보면 [그림 8-1]에서 보는 것처럼 양육태도와 방법 부족(33.7%), 사회경제적 스트레스와 고립(19%), 부부갈등(10.9%)의 순으로 높게 나타나는 것을 알 수 있다.

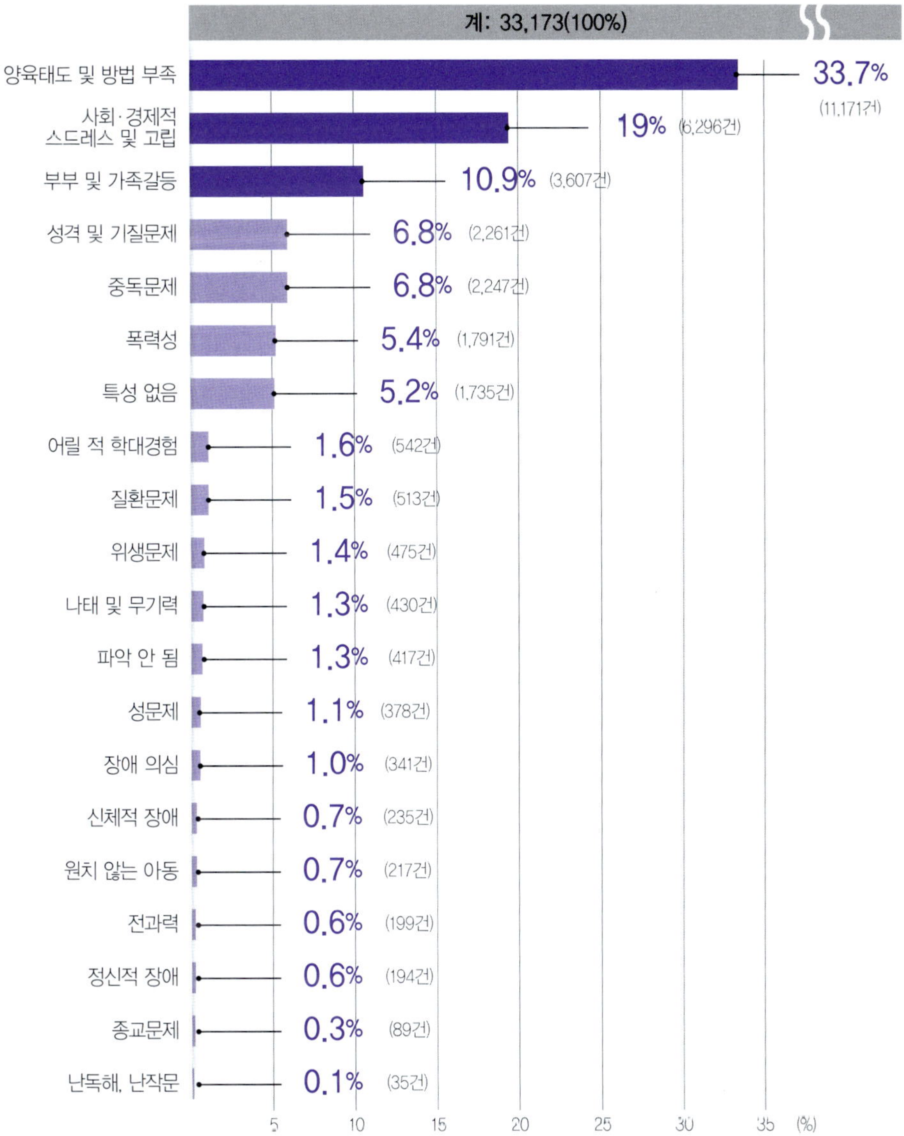

[그림 8-1] 2015년 아동학대행위자 특성별 비율

출처: 중앙아동보호기관 홈페이지(http://korea1391.go.kr).

아동폭력에 대한 유엔보고서(2006)는 전 세계 모든 지역에서 아동들이 학대받고 있고, 이는 많은 경우 오랫동안 지속된 관습이나 아동인권에 대한 인식부족으로 발생했다는 사실을 밝히고 있다. 그리하여 가정에서 아동에 대한 폭력을 줄이기 위한 권고사항으로 다음의 사항에 초점을 맞출 것을 권고하고 있다(세이브더칠드런, 2007: 7).

- 체벌 금지 등 아동에게 부정적인 영향을 미치는 잘못된 문화적 관습을 변화시킨다.
- 폭력을 사용하지 않고 아동과 소통하고 자녀를 훈육하고, 관계를 형성하도록 한다.
- 부모들이 폭력을 사용하지 않고 자녀를 훈육하고 문제와 갈등을 해결할 수 있는 기술을 발달시킬 수 있도록 한다.
- 전인으로서의 아동과 아동이 속한 가정, 인간적 존엄성 및 발달 요구를 존중한다.
- 아동발달에 대한 이해를 증진시킨다.
- 아동권리에 대한 인식을 증진시킨다.

(2) 아동 요인

중앙아동보호소의 설명에 의하면 아동 요인이 학대의 유발 요인인지, 학대로 인한 결과인지는 확실하지 않다. 다만 어떤 특성을 보이는 아동들은 부모나 양육자의 신체적, 심리적 부담감을 가중시키고 부모들이 쉽게 지치게 된다. 또한, 부모와의 애착형성이 어려운 경우가 많아 신체적, 심리적으로 지친 상태에서 아동에게 지속적인 관심과 애정을 주는 것이 어려울 뿐만 아니라 장애아나 기형아에 대한 사회적 편견은 부모에게 큰 스트레스로 작용하여 아동을 학대할 가능성이 높아지게 된다.

양육자의 부담을 가중시키게 되는 아동의 특성은 다음과 같다(http://korea1391.go.kr).

- 미숙아, 기형아
- 만성 혹은 급성질환아
- 신체적·정신적·기질적으로 특이하거나 장애를 가진 아동
- 운동 및 언어 등 발달이 늦은 아동
- 심하게 보채거나 밤에 잘 자지 않는 아동
- 문제 행동을 보이는 아동
- 음식을 먹거나 잠을 자는 데 어려움을 나타내는 아동
- 사회적 반응의 결핍, 고집스런 울음과 외모
- 수유가 어려운 아동
- 분리 불안의 결함
- 자신감 결여, 지나친 경계, 무반응, 겁이 많음
- 적대적 행위, 충동적 특성, 폭력적 행동, 고집이 셈
- 대인 관계에 둔감하고 매력이 없음, 운동 조절 결함

(3) 가정적 · 사회적 요인

가정적 · 사회적 요인은 가족관계 및 구조의 문제, 사회적 고립 및 사회적 지지체계의 결여, 신체적 체벌에 대한 허용적인 문화, 아동을 존중하지 않는 문화, 자녀에 대한 소유 의식, 체벌이나 훈육의 의미가 포함된 폭력은 필요하고 정당하다는 폭력에 대한 가치와 규범 등이 포함된다. 이 밖에도 인간행동에 영향을 주는 사회 · 문화적 요인에는 불평등한 사회구조, 협력에 대한 경쟁의 가치, 빈곤계층을 착취하거나 소외시키는 경제제도, 아동이나 요보호자에 대한 비하, 미디어에 있어서의 폭력 내용 등이 있는데 이런 요인들이 아동학대 발생에도 영향을 미칠 수 있다.

아동기관의 근무여건이나 직원의 개인적 요인도 아동학대와 관련이 있다. 가령 아동기관의 물리적 환경이 아동이나 직원에게 적절하지 않은 경우, 직원의 직무스트레스가 과도할 경우를 들 수 있다. 보건복지부(2012)는 어린이집에서 일어나는 아동학대의 발생 요인으로 물리적으로 부적합한 환경, 인성과 자질을 갖춘 교사채용의 어려움, 교사교육의 미비, 전문기관과의 연계부족, 과중한 업무로 인한 직무스트레스, 부정적 정서, 전문성의 결여 등을 들고 있다.

2. 아동학대 현황과 피해 아동 지원체계

1) 현황

보건복지부와 중앙아동보호전문기관에서 발표한 「2015 전국아동학대현황 보고서(2016년)」와 이를 토대로 한 중앙아동보호전문기관 홈페이지(http://korea1391.go.kr)에 소개된 아동학대 현황을 살펴보면 다음과 같다.

(1) 신고 건수와 신고자 유형

2015년 한 해 동안 전국 56개 중앙아동보호전문기관에 접수된 전국 아동학대 발생 신고 건수는 〈표 8-1〉에서 보면 총 19,214건으로 전년 대비 8.0%증가하였다. 신고된 19,214건 중에서 아동학대가 의심되어 지역아동보호전문기관 직원 또는 경찰이 현장 출동한 아동학대 의심사례는 16,651건이었으며, 이 중 11,715건(70.4%)이 아동학대로 나타났다.

〈표 8-1〉 **년도별 아동학대 신고 건수**

연도	2009	2011	2013	2014	2015
전국 아동학대 신고 건수	5,685	6,058	6,796	17,791	19,214

출처: 보건복지부 · 중앙아동보호전문기관(2016). 2015 전국아동학대현황보고서.

아동학대 신고접수 건수를 연도별로 보면 [그림 8-2]에서 보면 점차 증가하고 있으며 특히 2004년과 2014년에는 전년도 대비 증가비율이 높았음을 알 수 있다. 연도별 학대 신고접수 건수의 증가 추세에 대해 2015 전국아동학대현황보고서(2016)는 2004년의 경우 아동보호전문기관이 18개소가 증설되면서 전년 대비 40.4%가 증가하였으며, 2014년에 전년 대비 36.0%로 대폭 증가한 것은 2013년 10월 울산 초등생 구타 사망사건을 계기로 2014년 「아동학대범죄의 처벌 등에 관한 특례법」 제정안 및 「아동복지법」 개정안이 국회에 의결, 관계부처 합동

아동학대 종합대책 수립 등 아동학대 대응체계가 구축되면서 신고의무가 강화되고, 아동학대에 대한 전반적인 사회적 관심이 높아지면서 신고건수가 증가한 것으로 볼 수 있다고 설명한다. 아동학대 신고 중 아동학대 의심사례가 차지하는 비중 또한 지속적으로 증가하였으며, 2015년의 경우 전체 아동학대 신고건수 중 86.7%가 아동학대 의심사례였다. 보고서에 따르면 이는 기존에 '가정 내 훈육'으로 치부되던 아동학대를 '중대한 범죄'로 인식하게 되면서 신고·발견 건수가 크게 증가하였고 이에 따라 실제로 아동학대 의심사례를 신고하는 비율이 높아졌다고 해석하였다(보건복지부, 2016b: 229).

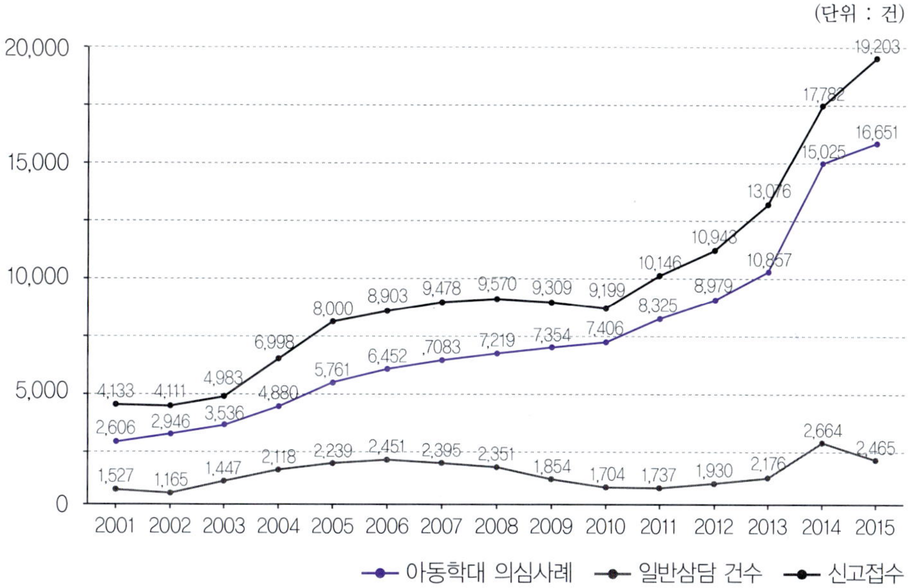

[그림 8-2] **연도별 아동학대 신고접수 건수**

출처: 중앙아동보호기관 홈페이지(http://korea1391.go.kr).

2015년에 전국 아동보호전문기관을 통하여 신고 접수된 사례 건수를 월별로 보면, 6월에 총 1,841건(9.6%), 3월에 총 1,731건(9.0%), 7월에 총 1,716건(8.9%) 순으로 월별 중 가장 많은 사례가 신고접수 되었다. 이에 대해 보고서는 2015년

1월 인천 어린이집 아동학대 사건 이후 아동학대에 대한 대국민 사회적 인식 및 민감성이 높아졌으며, 정부가 어린이집 내 아동학대 실태 전수조사를 실시하고 영유아보육법 개정을 통해 어린이집 CCTV 설치를 의무화함에 따라 신고접수 건수가 많아진 것으로 유추해 볼 수 있다고 하였다. 또 상대적으로 신고접수가 적게 들어온 시기는 2월 총 1,360건(7.1%), 12월 총 1,385건(7.2%), 1월 총 1,413건(7.4%) 순이다. 이에 대해서는 12월·1월·2월은 추운 날씨에 옷차림이 두터워져서 외관상 학대 흔적이 잘 드러나지 않고, 방학 시기와 추운 날씨로 아동이 집에 머무는 시간이 증가하면서 외부인에게 학대피해 사실이 노출되는 일이 적기 때문으로 보인다고 설명했다(보건복지부, 2016b: 55).

아동학대 신고자 유형을 응급아동학대 의심사례와 아동학대 의심사례로 신고접수된 신고자를 중심으로 알아보면 [그림 8-3]에서 나타난 것처럼 신고의무자에 의한 신고는 4,900건(29.4%)이고, 초 · 중 · 고교 직원이 2,172건(13.0%)으로 가장 높은 분포를 보였으며 다음으로 사회복지전담공무원 602건(3.6%), 보육교직원 309건(1.9%), 취약 계층아동 통합서비스 지원인력 298건(1.8%) 순으로 다른 직군에 비해 높은 아동학대 의심사례 신고율을 보였다. 비신고의무자에 의한 신고접수 건수는 11,751건(70.6%)으로 사회복지관련 종사자가 3,590건(21.6%)으로 가장 높은 아동학대 신고율을 보였으며 다음으로 부모 3,048건(18.3%), 아동 본인 1,500건(9.0%) 순으로 아동학대 의심사례를 신고하는 것으로 나타났다. 보고서는 특히 아동신고 건수는 2014년 628건(4.2%)에서 2015년 1,500건(9.0%)으로 2배 이상이 증가한 것에 대해 이는 아동권리 및 아동학대 예방교육, 착한신고 캠페인, 아이지킴콜 112 앱 등을 통하여 아동이 스스로 학대를 인식하고, 신고 등 적극적인 보호조치를 하는 것으로 보인다고 해석했다(보건복지부, 2016b: 65).

신고의무자

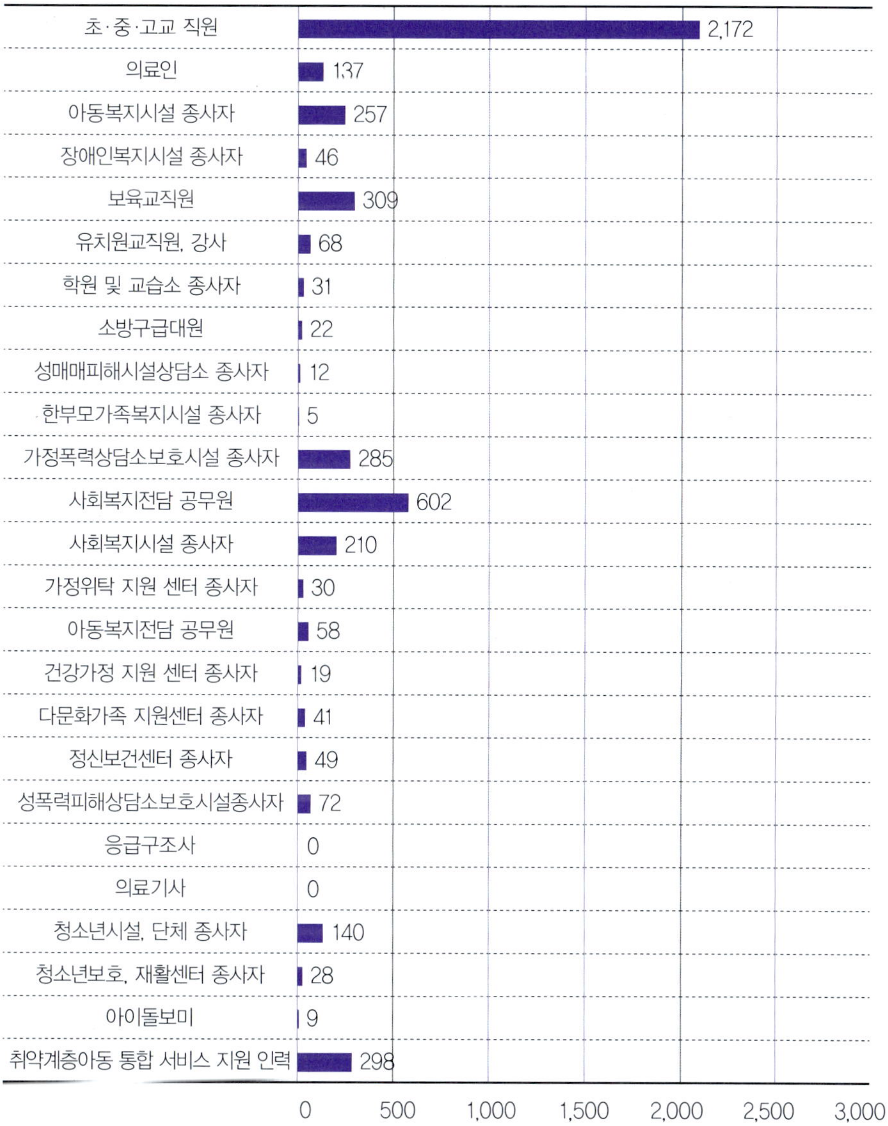
초·중·고교 직원 2,172
의료인 137
아동복지시설 종사자 257
장애인복지시설 종사자 46
보육교직원 309
유치원교직원, 강사 68
학원 및 교습소 종사자 31
소방구급대원 22
성매매피해시설상담소 종사자 12
한부모가족복지시설 종사자 5
가정폭력상담소보호시설 종사자 285
사회복지전담 공무원 602
사회복지시설 종사자 210
가정위탁 지원 센터 종사자 30
아동복지전담 공무원 58
건강가정 지원 센터 종사자 19
다문화가족 지원센터 종사자 41
정신보건센터 종사자 49
성폭력피해상담소보호시설종사자 72
응급구조사 0
의료기사 0
청소년시설, 단체 종사자 140
청소년보호, 재활센터 종사자 28
아이돌보미 9
취약계층아동 통합 서비스 지원 인력 298
0
500
1,000
1,500
2,000
2,500
3,000

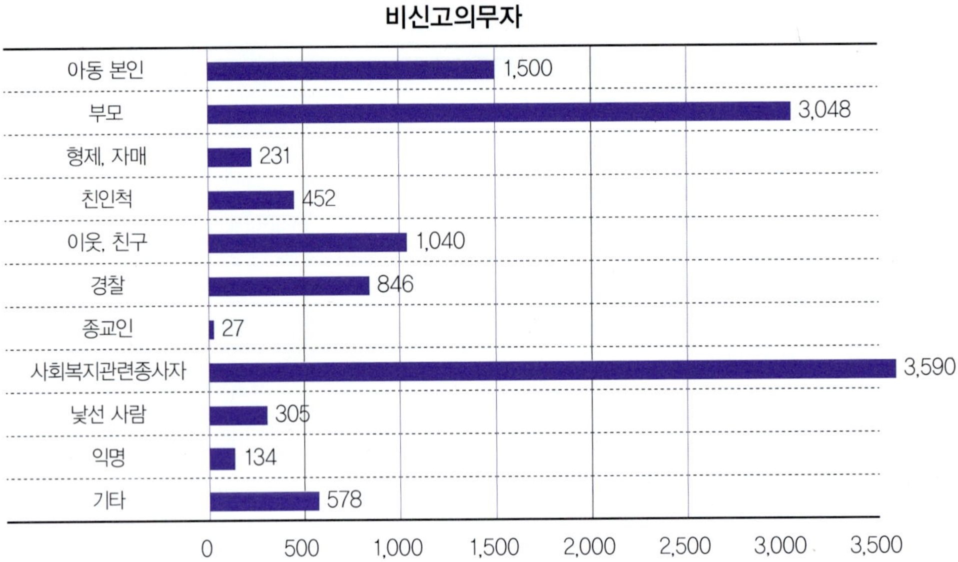

[그림 8-3] **2015년 아동학대 신고자 유형**

출처: 중앙아동보호기관 홈페이지(http://korea1391.go.kr).

(2) 학대 유형

2015년 아동학대로 판명된 건수 중 유형별로 [그림 8-4]에서 보면 중복학대가 5,347건(45.6%)으로 가장 두드러졌으며, 정서학대 2,046건(17.5%), 방임 2,010건(17.2%), 신체학대 1,884건(16.1%), 성학대 428건(3.7%) 순으로 나타났다. 2001년부터 2015년까지의 아동학대 사례유형을 보면 특히 중복학대 사례유형이 급증한 것을 알 수 있다.

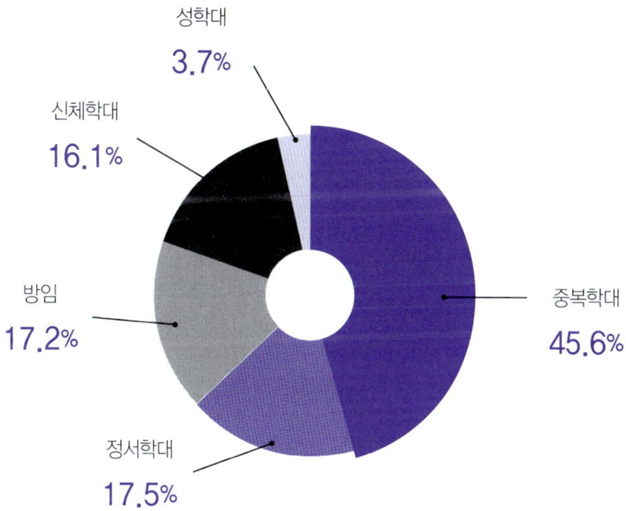

[그림 8-4] **2015년 아동학대 사례유형(중복학대 별도 분류)**

출처: 중앙아동보호기관 홈페이지(http://korea1391.go.kr).

아동의 학대 경험 빈도는 [그림 8-5]에서 보는 것처럼 거의 매일인 경우가 2,845건(24.3%)으로 가장 높게 나타났으며, 다음으로 2~3일에 한 번인 경우가 1,546건(13.2%), 일주일에 한 번인 경우가 1,361건(11.6%)이었다. 즉, 일주일에 한 번 이상 빈번하게 학대를 경험한 아동은 49.1%로 전체 사례의 절반 정도를 차지한다고 볼 수 있다.

이에 대해 보고서는 아동학대가 장기화될 경우 일회성의 학대보다 아동의 생애 전반에 심각하고 부정적 영향을 끼칠 수 있다고 설명했다. 아동은 학대로 인해 지속적인 정신적 · 신체적 손상을 입게 될 뿐만 아니라 사회적으로 심각한 문제를 겪게 되고 성인이 된 후에도 학대의 후유증에 시달리게 되어 이를 후대에 전승하게 되는 문제까지 발생할 수 있다(강은영 · 김희균, 2015). 따라서 동 보고서는 반복적이고 만성적으로 발생하는 학대를 방지하기 위해서는 학대의 근본적인 원인을 파악하여 아동의 학대 후유증 최소화를 위한 전문적인 의료 · 심리치료 지원이 필요함을 지적하였다. 또한, 사례개입 종결 이후에도 재학대

방지를 위해 지역사회 내 아동보호 서비스 연계를 통해 사후관리가 지속적으로 이루어지도록 관리·감독해야 할 것이다고 설명한다(보건복지부, 2016b: 120).

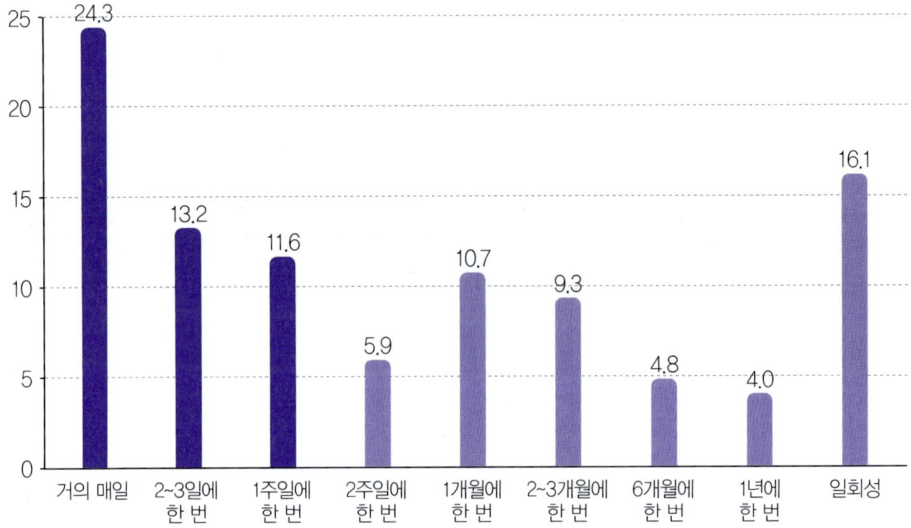

[그림 8-5] **학대 경험 빈도**

출처: 보건복지부, 2016: 120, 전국아동학대현황보고서.

(3) 피해 아동

피해아동을 성별로 보면 2015년도의 경우 여아 51%, 남아 49%로 남녀의 차이는 없는 것으로 나타났다. 학대피해 아동의 연령을 [그림 8-6]에서 보면 0~3세 14.1%, 4~6세 14.4%, 7~9세 18.1%, 10~12세 19.5%, 13~15세 22.2%, 16~17세 11.6%로 나타났다.

단위: 사례건수

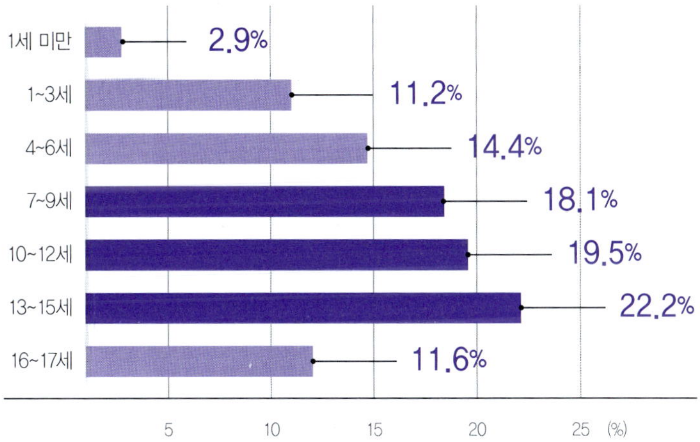

[그림 8-6] 2015년도 학대피해 아동 연령

출처: 중앙아동보호기관 홈페이지(http://korea1391.go.kr).

중학생, 초등 고학년, 그리고 초등학교 저학년의 순으로 피해가 높은 것을 알 수 있다. 이들은 모두 학령기에 해당하며 전체 피해아동의 59.8%를 차지하고 있다. 이에 대해 보고서에서는 학령기 아동이 학교 및 학원 등 외부 환경에 상대적으로 많은 시간 노출되어 학대 사실이 발견될 가능성이 높기 때문인 것으로 설명하고 있다(보건복지부, 2016b: 105).

(4) 학대 행위자

학대행위자와 피해아동과의 관계를 [그림 8-7]과 같이 부모, 친인척, 대리양육자, 타인, 기타, 파악 안됨의 항목으로 나누어 살펴보았다. 2015년에 아동학대로 판단된 11,715건을 대상으로 부모에 의해 발생한 경우는 79.8%에 해당하는 9,348건으로 나타났다. 아동학대 사례 10건 중 약 8건 정도가 부모에 의해 발생되었음을 알 수 있다. 부모에 의해 발생한 사례 중 친부에 의해 발생한 사례가 5,368건(45.8%), 친모는 3,475건(29.7%), 계모와 계부는 각각 237건(2.0%), 236건(2.0%) 순으로 높게 나타났다. 계부·계모에 의한 학대(473건)가 다양한 매체를 통해 심각성이 부각되고 있지만 실제로 대부분이 친부모에 의한 학대(8,843건)로 약 18배 이상 더 많이 일어나고 있다. 이외에 친인척은 562건(4.8%), 타인은 187건(1.6%), 기타 166건(1.4%), 파악 안 됨 21건(0.2%)으로 나타났다.

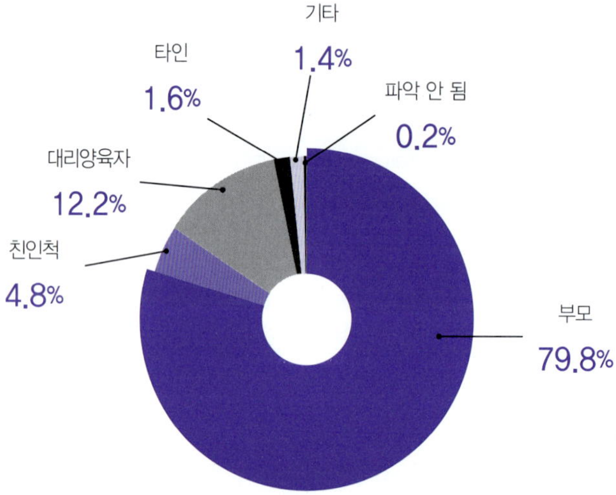

[그림 8-7] **2015년도 학대행위자와 피해 아동과의 관계**

출처: 중앙아동보호기관 홈페이지(http://korea1391.go.kr).

대리양육자의 경우 1,431건으로 12.2%에 해당하였다. 대리양육자 중에서도 보육교직원은 427건(3.6%), 아동복지시설 종사자는 296건(2.5%)으로 높은 비중을 나타냈다. 언론보도를 통해 어린이집 교직원에 의한 아동학대가 많이 보고되고 있으나 실제 어린이집 교직원의 수가 유치원 교사에 4배 이상 많은 것을 고려하면 유치원 교사에 의한 학대도 경각심을 가져야 할 것이다.

아동복지시설과 어린이집 등과 같은 돌봄시설은 아동과 많은 시간을 보내며 아동의 일상생활을 지원해 주는 등 아동을 보호·교육하는 매우 중요한 역할을 하고 있기 때문에 돌봄시설 내 아동학대 예방 및 조기발견을 위한 노력들이 요구된다. 정기적인 종사자 교육을 통해 아동학대에 대한 민감성과 인식 수준을 향상시켜야 할 것이다. 또한, 아동학대를 예방하기 위해서는 아동복지시설 종사자 및 영유아기관 교직원의 근무환경 및 처우개선 등 근본적인 해결책이 필요하다.

학대행위자의 직업유형을 살펴본 결과, 무직인 학대행위자가 3,530건(30.1%)으로 가장 많았으며, 다음은 단순노무직이 1,783건(15.2%)이었다. 이에 대해 보고서는 고용 상태가 불안정하기 때문에 경제적으로 어려운 상황에 처할 수 있으며, 이러한 환경적 요인이 학대에 영향을 미치는 요인으로 작용될 수 있다고 보았다. 반면 상대적으로 고용상태가 안정되어 있다고 볼 수 있는 관리직, 전문직, 기술공 및 준 전문직, 사무직의 학대행위자인 경우는 전체의 약 25.9%를 차지하였다. 이러한 경과는 아동학대가 단순한 경제적인 요인뿐만 아니라 다양한 개별적인 특성과 환경적인 요인들로 발생한다고 볼 수 있음을 말해 주고 있다(보건복지부, 2016b: 115).

(5) 발생 장소

아동학대 발생장소를 살펴보면 가정 내에서 발생한 사례가 전체 아동학대 사례의 82.3%인 총 9,641건으로 가장 높게 나타났다. 이 중 아동의 가정 내에서 발생한 사례는 9,381건(80.1%)으로 10명 중 8명이 아동의 가정 내에서 학대가 발생하는 것으로 볼 수 있다. 어린이집, 학교, 유치원과 같이 아동을 돌보고 교육하는 기관에서는 각각 432건(3.7%), 258건(2.2%), 207건(1.8%)으로 나타나, 전체 사례 중 7.7%에 해당하였다. 또한, 복지시설의 경우, 아동복지시설이 331건(2.8%), 기타복지시설 31건(0.3%)로 전체 사례 중 3.1%에 해당한다. 보고서는 위와 같은 기관들은 아동학대 신고의무자 직군으로 아동학대를 예방하고 조기에 학대 징후를 발견, 대처할 수 있으므로 자격 취득 과정 시 또는 교원연수과정, 보수교육과정 시 신고의무자 교육 등을 실시하는 등 보다 실효성 있는 방안이 제도적으로 도입되어야 할 것이라고 주장한다(보건복지부, 2016b: 119).

2) 피해 아동 지원체계

(1) 아동복지법과 아동학대범죄의 처벌 등에 관한 특례법

「유엔아동권리협약」 전문은 '아동은 완전하고 조화로운 인격발달을 위해 가족적 환경과 행복, 사랑 및 이해의 분위기 속에서 성장하여야 한다.'고 규정하고 있다. 협약을 비준한 당사국들은 아동에 대한 폭력, 학대, 착취 및 방임을 예방하기 위해 노력할 의무를 가지고 있다. 또한, 발견된 아동학대에 개입(조사), 판정, 서비스를 지원 및 연계하는 아동보호체계를 설치하여야 한다.

「아동복지법」은 제1조(목적)에서 '아동이 건강하게 출생하여 행복하고 안전하게 자랄 수 있도록 아동의 복지를 보장하는 것을 목적으로 한다.'고 밝히고 있다. 이를 위해 제2조(기본 이념)는 아동의 차별받지 않을 것, 안정된 가정환경에서 행복하게 자랄 것, 아동 이익 최우선 고려, 법적 보호와 지원받을 권리의 네 가지 이념을 규정하고 있다. 2000년 「아동복지법」 개정으로 아동학대 개념의 정의, 신고의무제도와 아동보호 서비스 체계인 아동보호전문기관의 설치가 법률로 규정되었다. 그동안 아동학대가 가정 내 개인적인 문제로 간주되던 것이 사회적 문제로 대응하게 된 것이다.

그 후 가정 내에서 발생하는 아동학대에 대한 사법부의 강력한 개입이 가능하도록 하고, 그 이전에 아동학대를 적극 발견하기 위하여 '아동학대 피해아동의 보호절차와 아동학대행위자에 대한 보호처분을 규정함으로써 아동을 보호하여 아동이 건강한 사회 구성원으로 성장하도록 함'을 목적으로 하는 「아동학대범죄의 처벌 등에 관한 특례법(약칭 아동학대처벌법)」이 2014년 1월 공포되고 같은 해 9월부터 시행되었다. 이에 따라 「아동복지법」에서 규정하던 신고제도와 신고의무자 조항이 「아동학대처벌법」으로 이전되었다.

(2) 아동보호 서비스 전달체계

아동학대 예방과 보호 서비스는 아동이 겪는 해로운 경험이나 현재 부딪히고 있는 상황에서 지켜주고 감독하며 안전이나 복지에 관련된 위험을 감소시켜 주고, 가능한 한 적절한 부모의 기능을 회복시켜 주며, 필요하다면 아동을 가정에서부터 격리시켜서 보다 더 적절한 양육을 받을 수 있도록 위탁보호를 받을 수 있도록 해주는 의무보호 서비스이다(조흥식, 2016). 조흥식(2016)은 이러한 의무보호 서비스는 가족 외의 제3자가 서비스를 요청함으로써 서비스가 시작되며, 부모의 의사에 관계없이 서비스가 주어진다는 점, 일단 서비스가 개입되면 의무보호 서비스 기관은 아동이 더 이상 위험하지 않다는 것이 명백해질 때까지 서비스를 제공하며, 필요하면 법적인 조치를 취할 수 있으며, 학대에 대한 신고가 접수된 후 단기간에 조사가 이루어져야 하므로 시간적 요소가 고려되어야 하는 특성을 가지고 있다고 설명한다. 따라서 학대아동보호 서비스는 피해자나 가해자에게 서비스를 제공하는 여러 다양한 기관 간에 상당히 밀접하게 연계된 서비스 제공할 수 있도록 서비스 전달체계가 통합적으로 갖추어져야 한다고 주장한다.

이런 점들을 종합적으로 감안하여 조흥식(2016)은 현실적으로 가장 유리한 대안은 아동보호전문기관을 중심으로 하는 사례관리 모델을 제안했다. 그리고 아동학대 예방과 치료 사업을 위한 사례관리를 제대로 수행하기 위해서는 기본적으로 첫째, 사례관리에 대해 훈련받은 인력, 둘째, 연계기관들의 확보, 셋째, 사례관리를 수용하는 피해아동과 가족, 넷째, 사례관리를 위한 제도적 보장 등이 확보되어야 한다고 보았다.

학대 피해 아동을 포함한 아동보호 서비스는 권리침해를 당하는 아동이 발견되면 개입하여 조사하고 학대를 판정하여 필요한 서비스를 지원하고 연계하여 아동을 보호하는 일련의 체계를 말한다. 여기에는 학대의심 아동발견→아동보호진문기관/아동학대 예방센터(1391번), 경찰서 및 파출소(112번)에 신고→사례접수→현장 조사 및 위기 사정→아동학대 판별→사례 평가→종결 및 사후관리의 단계로 이루어진다. 이를 아동보호전문기관 업무처리 진행도 [그림 8-8]을 통해 살펴보면 이해하기 쉽다.

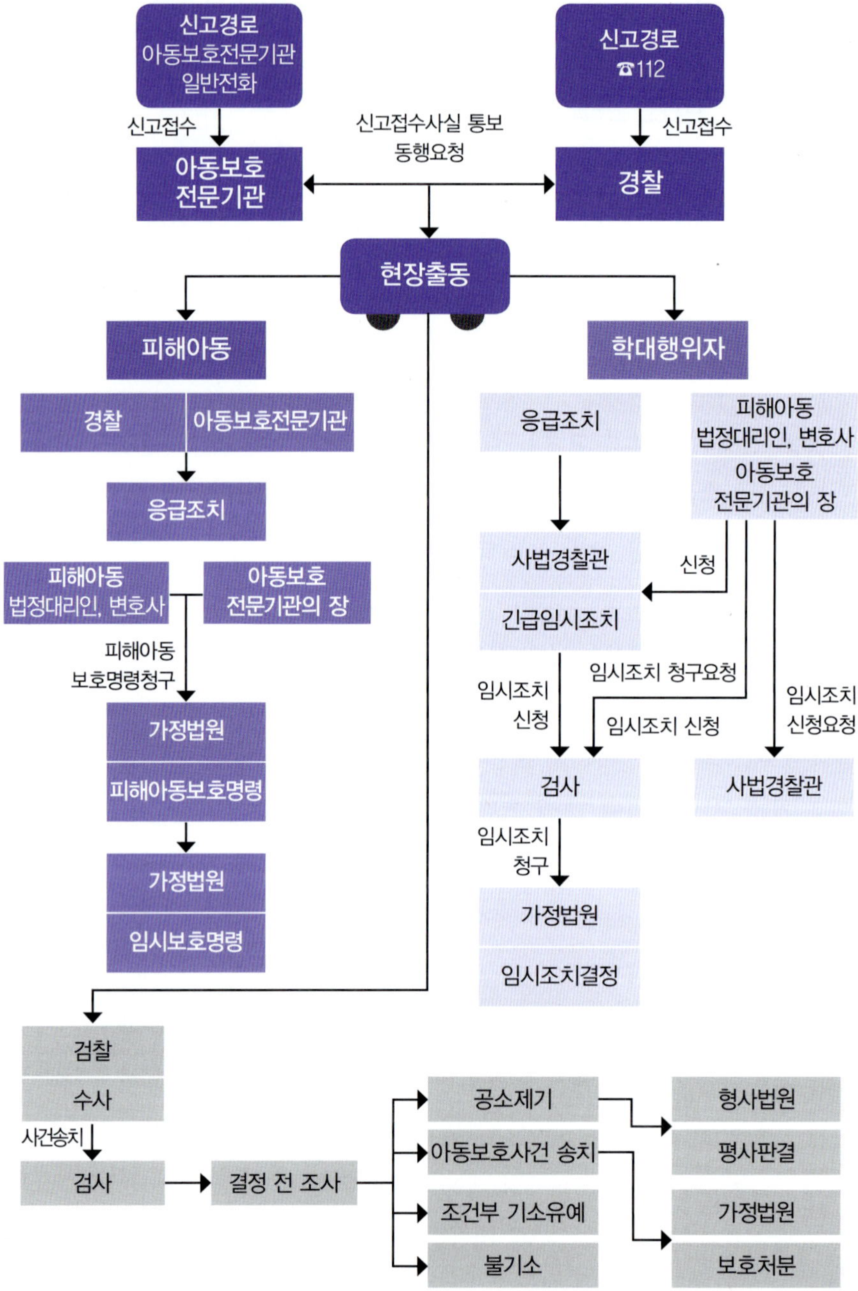

[그림 8-8] 아동보호전문기관 업무처리 진행도

출처: 중앙아동보호기관 홈페이지.

3. 학대피해 아동보호 서비스 내용

아동보호 서비스는 학대로 고통을 받는 아동이 발견되면 필요한 서비스를 제공하는 아동보호체계를 제대로 갖추고 있어야 할 뿐 아니라 무엇보다 학대가 발생하지 않도록 예방하는 것이 필요하다. 「아동복지법」에서는 국가와 지방자치단체가 ① 아동학대의 예방과 방지를 위한 각종 정책의 수립 및 시행, ②아동학대의 예방과 방지를 위한 연구·교육·홍보 및 아동학대 실태조사, ③ 아동학대에 관한 신고체제의 구축·운영, ④ 피해아동의 보호와 치료 및 피해아동의 가정에 대한 지원, ⑤ 그 밖에 대통령령령으로 정하는 아동학대의 예방과 방지를 위한 사항을 의무사항으로 규정하고 있다. 또한, 지방자치단체는 아동학대를 예방하고 수시로 신고를 받을 수 있도록 긴급전화를 설치하여야 한다(제22조).

1) 아동학대 신고 체제 구축과 운영

「아동학대범죄의 처벌 등에 관한 특례법」 제10조(아동학대 신고 의무와 절차) 1항에서는 '누구든지 아동학대를 알게 된 경우에는 아동보호전문기관 또는 조사기관에 신고할 수 있다'라고 명시하고 있으며, 제2항에서는 '직무상 아동학대를 알게 된 경우에는 즉시 아동보호전문기관 또는 수사기관에 신고하여야 한다.'고 하여 신고의무자로 규정하고 있다. 아동학대 신고의무자는 다음과 같다.

「아동학대범죄의 처벌 등에 관한 특례법」 제10조 ② 아동학대 신고의무자

제10조(아동학대범죄 신고의무와 절차) ② 다음 각 호의 어느 하나에 해당하는 사람이 직무를 수행하면서 아동학대범죄를 알게 된 경우나 그 의심이 있는 경우에는 아동보호전문기관 또는 수사기관에 즉시 신고하여야 한다. 〈개정 2016. 5. 29.〉

1. 가정위탁 지원 센터의 장과 그 종사자
2. 아동복지시설의 장과 그 종사자(아동보호전문기관의 장과 그 종사자는 제외한다)
3. 「아동복지법」 제13조에 따른 아동복지전담공무원
4. 「가정폭력방지 및 피해자보호 등에 관한 법률」 제5조에 따른 가정폭력 관련 상담소 및 같은 법 제7조의 2에 따른 가정폭력피해자 보호시설의 장과 그 종사자
5. 「건강가정기본법」 제35조에 따른 건강가정 지원 센터의 장과 그 종사자

6. 「다문화가족 지원법」 제12조에 따른 다문화가족 지원센터의 장과 그 종사자
7. 「사회복지사업법」 제14조에 따른 사회복지 전담공무원 및 같은 법 제34조에 따른 사회복지시설의 장과 그 종사자
8. 「성매매방지 및 피해자보호 등에 관한 법률」 제5조에 따른 지원시설 및 같은 법 제10조에 따른 성매매피해상담소의 장과 그 종사자
9. 「성폭력방지 및 피해자보호 등에 관한 법률」 제10조에 따른 성폭력피해상담소, 같은 법 제12조에 따른 성폭력피해자보호시설의 장과 그 종사자 및 같은 법 제18조에 따른 성폭력피해자통합지원센터의 장과 그 종사자
10. 「소방기본법」 제34조에 따른 구급대의 대원
11. 「응급의료에 관한 법률」 제2조 제7호에 따른 응급의료기관 등에 종사하는 응급구조사
12. **「영유아보육법」 제7조에 따른 육아종합 지원 센터의 장과 그 종사자 및 제10조에 따른 어린이집의 원장 등 보육교직원**
13. **「유아교육법」 제20조에 따른 교직원 및 같은 법 제23조에 따른 강사 등**
14. 삭제 〈2016. 5. 29.〉
15. 「의료법」 제3조 제1항에 따른 의료기관의 장과 그 의료기관에 종사하는 의료인 및 의료기사
16. 「장애인복지법」 제58조에 따른 장애인복지시설의 장과 그 종사자로서 시설에서 장애아동에 대한 상담·치료·훈련 또는 요양 업무를 수행하는 사람
17. 「정신건강증진 및 정신질환자 복지 서비스 지원에 관한 법률」 제3조 제3호에 따른 정신건강복지센터, 같은 조 제5호에 따른 정신의료기관, 같은 조 제6호에 따른 정신요양시설 및 같은 조 제7호에 따른 정신재활시설의 장과 그 종사자
18. 「청소년기본법」 제3조 제6호에 따른 청소년시설 및 같은 조 제8호에 따른 청소년단체의 장과 그 종사자
19. 「청소년 보호법」 제35조에 따른 청소년 보호·재활센터의 장과 그 종사자
20. 「초·중등교육법」 제19조에 따른 교직원, 같은 법 제19조의 2에 따른 전문상담교사 및 같은 법 제22조에 따른 산학겸임교사 등
21. 「한부모가족 지원법」 제19조에 따른 한부모가족복지시설의 장과 그 종사자
22. 「학원의 설립·운영 및 과외교습에 관한 법률」 제6조에 따른 학원의 운영자·강사·직원 및 같은 법 제14조에 따른 교습소의 교습자·직원
23. 「아이돌봄 지원법」 제2조제4호에 따른 아이돌보미
24. 「아동복지법」 제37조에 따른 취약계층 아동에 대한 통합서비스지원 수행인력
25. 「입양특례법」 제20조에 따른 입양기관의 장과 그 종사자

이 신고의무자 중에는 각종 아동복지관 종사자는 물론, 육아종합 지원 센터의 장과 그 종사자, 어린이집과 유치원 교직원도 포함된다. 그리고 '신고자는 신분과 신고내용은 공개 또는 보도하여서는 아니된다.' 고 규정하고 있어 보호받도록 되어 있다.

아동학대 신고가 접수되면 아동보호전문기관 직원이나 사법경찰관리는 그 후의 조치에 대해서도 「아동복지법」 제27조(아동학대 현장 출동 및 조치 등)의 규정대로 24시간 신고전화를 운영하며, 아동학대 의심사례로 접수 후 현장조사를 실시하고 사례판정, 조치결정, 서비스 제공의 개입을 한다. 특히 36개월 이하 아동에 대한 사건접수 시, 아동의 나이가 어려 사망에 이르기 쉽기 때문에 응급 아동학대 의심사례로 간주하여 12시간 이내에 현장조사를 실시한다. 만약 아동학대 현장에서 아동을 긴급하게 보호해야 할 경우 격리보호를 실시하기도 하며, 아동학대로 판정된 사례에 대한 개입계획을 수립하여 개입하고 사례 평가를 통해 종결 및 사후관리를 하도록 한다.

중앙아동보호기관은 홈페이지(http://korea1391.go.kr)를 통해 아동학대 의심 신고를 해야 하는 상황에 대해 다음과 같이 설명하고 있다.

(1) 신고 시기

- 아동의 울음소리, 비명, 신음소리가 계속되는 경우
- 아동의 상처에 대한 보호자의 설명이 모순되는 경우
- 계절에 맞지 않거나 깨끗하지 않은 옷을 계속 입고 다니는 경우
- 뚜렷한 이유 없이 지각이나 결석이 잦은 경우
- 나이에 맞지 않는 성적 행동을 보이는 경우

(2) 신고 내용

아동이나 학대행위자의 정보를 파악하지 못해도 신고는 가능하며, 가능한 많은 정보를 제공하도록 한다.

- 신고자의 이름, 연락처
- 아동의 이름, 성별, 나이, 주소
- 학대행위자로 의심되는 사람의 이름, 성별, 나이, 주소
- 아동이 위험에 처해 있거나 학대를 받고 있다고 믿는 이유

(3) 신고 방법

- 전화: 국번없이 112
- 방문: 관할 지역아동보호전문기관
- 신고자의 신분은 아동학대범죄의 처벌 등에 관한 특례법 제10조, 제 62조에 의해 보장됩니다.

2) 피해아동 및 그 가족에 대한 상담, 교육, 및 치료 등의 지원

「아동복지법」 제29조(피해아동 및 그 가족 등에 대한 지원) 1항은 '아동보호전문기관의 장은 아동의 안전 확보와 재학대 방지, 건전한 가정기능의 유지 등을 위하여 피해아동 및 보호자를 포함한 피해아동의 가족에게 상담, 교육 및 의료적 · 심리적 치료 등의 필요한 지원을 제공하여야 한다.' 고 규정하고 있다.

보호자를 포함한 피해아동의 가족은 아동보호전문기관이 제공하는 지원에 성실하게 참여하여야 하며, 아동보호전문기관의 장은 지원 여부의 결정 및 지원의 제공 등 모든 과정에서 피해아동의 이익을 최우선으로 고려하여야 한다. 학대 피해아동은 또한 부모나 보호자의 사회경제적 환경의 열악하여 양육의 어려움을 가지는 경우 학대가 이루어질 가능성이 크기 때문에 이런 가정에 대한 사회적 지원과 개입이 체계적으로 이루어져야 아동학대 예방에도 도움이 된다. 세이브더칠드런에서는 아동에게 가해지는 어떤 폭력도 정당화되지 않고 사전에 예방할 수 있는 방안을 강구하기 위한 노력의 하나로 저술된 조안 듀란의 긍정적인 훈육(2007)을 부모와 아동양육의 일선에서 활동하는 교사, 대리양육자, 사회사업가들이 폭력을 사전에 예방하고 긍정적으로 아동을 양육하는 데 필요한 교육/훈련 교재로 손쉽게 활용할 수 있도록 긍정적 훈육 가이드북을 제작하여 보급하고 있다.

3) 아동학대 예방교육과 신고의무자 교육

「아동복지법」 제26조(아동학대 신고의무자에 대한 교육)는 아동학대처벌법 제10조 2항에서 규정하는 아동학대신고의무자의 자격취득과정이나 보수교육과정에 아동학대 예방 및 신고의무와 관련된 교육 내용을 포함하도록 하고 있다. 또한, 어린이집이나 유치원, 학교 등의 기관장은 아동학대 신고의무자에게 신고의무교육을 실시하고 그 결과를 중앙행정기관의 장에게 제출하도록 하고 있다.

우리나라는 아동권리협약에 가입한 나라로 아동기관 직원을 대상으로 권리교육을 실시하고 있는데 이 아동권리교육이 아동학대 예방교육의 주요 내용이 되기도 한다. 보건복지부는 아동기관 종사자를 위한 아동청소년권리교육 교재를 2009년에 처음 개발한 바 있다. 이 중 「보육교사용 아동권리협약과 함께 하는 아동 · 청소년의 권리」에 관한 연구보고서(서영숙 외, 2009)는 보육교사의 권리감수성 향상 활동을 비롯하여 아동의 견해를 반영한 어린이집 환경구성, 일과운영, 아동대상 권리교육과 부모대상 권리교육 프로그램 등을 개발하여 소개하고 있다. 본 교재의 4장에 기술된 바와 같이 서영숙 등(2009)은 이 보고서를 통해 보육분야에서 처음으로 아동권리를 존중하는 보육을 할 것을 주장하며 '아동(영유아)의 권리를 존중하는 보육', 또는 '아동(영유아)권리존중 보육'으로 명명하였는데 이후 아동학대 예방교육이나 인성교육에서 '아동권리존중' 또는 '영유아권리존중', '보육, 또는 유아교육'이란 용어가 자주 사용되고 있다.

이후 보육교직원의 아동학대 예방교육용 자료로 나온 「어린이집 아동학대 예방교육자료(2012)」의 내용을 살펴보면 보육교직원 영유아권리 선서를 시작으로 아동권리 및 아동학대 이해, 아동학대 신고의무자로서의 보육교직원의 역할, 어린이집 내에서의 아동학대 신고사례, 아동의 권리를 존중하기 위한 구체적 실천활동으로 구성되어 있다. 특히 영유아의 특성파악과 지도하기, 보육현장에서 아동권리 존중을 위해 교사가 삼가야 할 대화의 유형, 어린이집 하루일과에서 살펴본 아동권리 감수성 향상을 위한 교사의 역할 등이 상세히 소개되어 있다. 서울시육아종합 지원 센터는 보육교사들이 영유아와 어떤 관계를 맺고 어떻게 영유아와 일상생활과 행동을 지도하는지에 대해 안내하는 「선생님, 아이, 엄마아빠 함께 배워요: 영유아를 존중하는 훈육 이해하기와 실천하기(2015)」라는 두 권의 소형 책자를 발간하고 이를 바탕으로 한 교사교육을 통해 보육교사들이 영유아를 잘 이해하고 공감적인 배려와 존중을 바탕으로 보육을 실천하여 학대를 예방하는 길잡이가 되도록 하고 있다.

4) 국민 인식 개선 사업과 제도 보완

「아동복지법」 제23조는 아동학대의 예방과 방지에 대한 관심을 높이기 위해 매년 11월 19일을 아동학대 예방의 날로 정하고 그날로부터 일주일을 아동학대 예방주간으로 하고 있다. 이런 일시적인 행사 외에도 아동학대 예방을 위한 국민 인식 개선을 위해 지속적으로 아동 대상 아동학대 예방 교육, 찾아가는 가정폭력·아동학대 예방교육, 생애주기 별 부모교육 등을 하고 있으며, 공익 광고 공중파 송출 등 다양한 매체를 활용하여 홍보하고 있다.

이런 활동 외에도 피해아동정보시스템 구축 및 운영, 아동학대행위자 상담 및 교육, 아동학대관련범죄 전력자의 아동기관 취업 제한, 아동후견인제도, 신고를 위한 긴급전화 설치 등 다양한 아동학대 관련 내용이 「아동복지법」과 「아동학대처벌법」에 규정되어 있다.

4. 학대피해 아동보호 서비스 정책 방향

현재 우리나라의 아동학대 예방과 치료 사업이 안고 있는 문제들을 조흥식(2016)은 첫째, 아동학대 예방 및 조기발견에 대한 대책 미흡, 둘째, 아동학대 예방과 치료 시설의 부족과 전문 인력의 부족, 셋째, 학대 예방을 위한 가족 지원 프로그램 부재, 넷째, 학대아동보호와 가해자 치료 프로그램과 의뢰체계 미비, 다섯째, 아동학대 가해자에 대한 처벌 수준 미약 등을 들고 있다. 이중 프로그램 미비와 가해자에 대한 처벌의 빈약 등을 제외하고는 대다수 문제들이 공통적으로는 서비스 전달체계의 문제라 할 수 있으며, 궁극적으로는 국가 예산과 관련된다고 보았다. 그러므로 학대피해 아동보소 서비스 정책은 이런 문제점을 해결하는 방향으로 이루어져야 할 것이다.

1) 아동보호 서비스 전달체계 구축과 전문 시설 및 인력 강화

「아동복지법」에서 아동학대 신고자 의무규정이나 신고과정에 대한 법적 조항의 모호함, 임시조치와 처벌규정 미비 등의 문제가 지적되어 「아동학대처벌법」이 제정 · 시행되고 있으나 여전히 학대 피해아동을 비롯한 아동보호 서비스 전달체계가 제대로 구축되어 있지 않다는 지적이 있다. 즉 현행 「아동복지법」은 제3장 '아동에 대한 보호 서비스 및 아동학대의 예방 및 방지'를, 제4장 '아동에 대한 지원 서비스'를, 제5장 '아동복지시설'에 대해 각각 규정하고 있는데 기초나 광역자치단체에서 아동보호 서비스 전달체계를 구축하기 위해서는 이렇게 별도 규정되어 있는 「아동복지법」상에 '아동보호 서비스 전달체계 구축의 근거 규정이 포함되도록 「아동복지법」 개정이 필요하다는 주장(신혜령 외, 2015)이다.

그러므로 아동보호 서비스 전달체계를 구축하여 아동학대 예방 및 조기 발견 대책을 정교하게 세우는 방향으로 이루어져야 한다. 또한, 이에 맞추어 아동보호 서비스가 제대로 작동할 수 있도록 중앙정부 차원에서뿐 아니라 지방정부에서 지역사회까지 연결되는 학대 예방 시설과 전문 인력을 강화하여 피해아동이 발생하였을 경우 아동에 대한 보호와 치료를 위한 서비스를 제공할 수 있도록 해야 할 것이다. 아동보호 서비스는 기초 – 광역 – 중앙에 이르는 아동보호 통합 전달체계를 구축하고 있는데 근래에는 지역사회 아동보호 전달체계의 구축을 포함하여 아동보호체계에 관한 논의가 활발하게 이루어지고 있다(신혜령 외, 2015; 이봉주 외, 2015; 황옥경 외, 2013). 즉 지역사회를 중심으로 서비스 전달체계간의 연계가 촘촘히 이루어지도록 우리 실정에 맞는 지역사회 기반모델을 개발해야 하며 정책적 지원이 뒷받침되도록 해야 하는 방향으로 발전되어야 한다.

2) 피해 아동보호 서비스 과정에서의 아동참여

아동학대 가해자에 대한 처벌 수준은 아동이 자신을 방어하기 어려운 단계에 있으며 여전히 성인의 보호를 필요로 한다는 점에서 일반 성인의 폭력 처벌 수준과는 근본적으로 다르게 접근하여야 한다. 특히 아동은 자신의 의사를 표현하는 데 있어서도 충분한 기회가 주어지지 않기 쉽다. 그러나 「협약」 12조(아동의 견해존중)는 아동이 자신의 의견을 자유롭게 표현할 권리가 있으며, 아동에게 영향을 주는 어떠한 사건이나 절차에서도 아동의 의견이 고려되어야 한다고 규정하고 있다. 우리나라도 협약의 정신에 따라 「아동복지법」이나 「아동 · 청소년의 성보호에 관한 법률」, 「입양특례법」, 「아동학대범죄의 처벌 등에 관한 특례법」 등에서 아동과 관계된 문제를 결정할 때 아동의 의견을 존중하도록 법조항이 도입되어 있다.

아동의 감정이나 생각을 존중하는 것은 어느 연령이나 어떤 경우에도 이루어져야 한다. 아동을 학대하는 부모와 분리하여 보호를 결정하거나 친권상실 선고 청구나 아동의 후견인 선임청구 등과 같이 아동의 거취를 결정할 때, 혹은 아동에 대한 서비스 계획을 세울 때 등에도 아동에게 자신의 생각과 감정을 자유롭게 말하도록 허용하고 격려하며 아동의 견해는 존중되어야 한다. 자기 자신의 감정이나 생각을 표현하는 데 미숙한 연령의 아동이라 할지라도 이 절차가 생략되어서는 안 된다. 다만 아동의 성숙정도에 따라 다양한 방법으로 자신을 표현할 수 있도록 기회를 주고 지원할 수 있도록 아동전문가들은 잘 숙달되어 있어야 할 것이다.

3) 아동학대 예방교육 강화

아동학대 예방교육은 아동과 아동의 양육 및 보호와 교육을 담당하는 성인 대상 교육으로 나누어 볼 수 있다. 아동학대 예방을 위해서는 아동으로 하여금 자기에게 불리한 행위를 당했을 때 이를 인지하고 자신을 보호하는 방법을 알려주고 주변 성인에게 알려 도움을 받도록 아동을 교육하는 것이 필요하다. 아동학대 예방교육은 단순히 학대에 관한 것뿐 아니라 어떤 주제에 대해서도 자신의 감정이나 의견을 인지하고 적절히 표현하는 방법, 다른 사람에 대한 권리 감수성에 대해서도 연습할 수 있이야 한다.

아동학대 발생현황을 보면 아동학대 행위자는 부모나 양육자 및 아동기관 직원인 경우가 대부분이다. 특히 가정에서 이루어지는 아동학대 행위는 관찰되기도 어렵고, 아동학대에 대해 잘 알지 못하고 습관적으로 학대행위를 하는 경우도 많다. 그러므로 이들이 아동학대에 대해 제대로 인식하도록 하고, 늘 아동이익 최우선의 관점에서 자신과 기관의 행위를 점검해 보아야 한다. 특히 부모들이 자녀의 발달단계를 제대로 이해하지 못해 자녀의 연령에 맞지 않는 행동이나 태도를 가질 것을 기대하고 가르치려고 하는 과정에서 자녀를 훈육한다고 하는 행위가 사실은 학대행위가 되지 않도록 부모교육이 필요하다.

또한, 아동기관 종사자는 아동학대 신고의무자로서의 역할과 아동대변인으로서의 역할도 해야 한다. 이들이 그 역할을 제대로 감당할 수 있도록 역량을 강화하는 다양한 프로그램 개발과 전문성 강화가 이루어져야 한다. 더불어 아동기관 직원이 학대자가 되지 않도록 근무환경이나 근무여건의 개선도 이루어져야 한다.

4) 아동친화 지역사회 구축

아동학대를 예방하는 것은 아동이나 부모, 보호자나 아동기관 직원들만의 노력으로 이루어지는 것은 아니다. 아동이 살고 있는 지역사회가 아동학대를 심각한 범죄행위로 받아들여 학대사건의 발생을 감소시키는 적극적 역할을 해야 한다. 특히 영유아기부터 권리 기반 아동보호를 위해서는 가정 밖에서 방치되는 영유아가 없도록 지역사회 차원에서도 가정양육을 지원하는 정책을 적극 실시하며, 부모들이 자기집 가까이에서 이용할 수 있도록 질적으로 우수한 어린이집이나 유치원을 제공하도록 해야 할 것이다. 또한, 영유아기관을 포함한 각종 아동대상 기관에서 아동권리를 존중하고 학대를 예방하는 것이 당연하도록 직원 및 아동, 부모를 대상으로 지속적인 인식향상 교육에 대한 지원도 제공해야 할 것이다.

아동의 건강한 성장발달을 위해 잘 놀고 쉬고 문화를 즐길 권리를 향유할 수 있도록 지역사회에 아동이 이용할 수 있는 어린이공원이나 놀이터, 어린이박물관이나 어린이도서관, 장난감도서관 등 다양한 아동시설과 서비스를 갖추어야 한다(서영숙, 2016). 지역주민이 지역의 아동에게 따뜻하게 대하고 그들의 안전에 대해 관심을 가지는 시민정신을 가지는 것이 아동학대 예방의 기본이 될 것이다.

이제 아동학대에 대한 예방과 치료사업의 문제는 한 가정만이 해결할 수 있는 것이 아니라, 가정 – 학교 – 지역사회 – 정부가 함께 나서야만 해결할 수 있는 과제이다. 그러므로 중앙정부와 지방정부의 아동보호 서비스에 대한 과감한 제도적, 정책적 지원과 더불어 아동을 둘러싼 지역사회 구성원과 부모와 보호자, 아동기관 종사자, 학대 전문가가 함께하는 적극적 노력이 더해져야 할 것이다.

활동하기 <Activity>

- 영유아가 가정에서 학대를 당하고 있다는 것을 보육교직원은 어떻게 알아볼 수 있을지 생각해 봅시다.

- 아동학대가 의심될 때 아동기관 직원이 취해야 하는 행동은 무엇일지 생각해 봅시다.

- 같이 근무하는 동료 직원이 아동학대 행위를 하는 것으로 여겨질 때 취해야 할 조치는 무엇이 있는지 생각해 봅시다.

- 아동학대범죄의 처벌 등에 관한 특례법(약칭 아동학대처벌법)의 주요 내용은 무엇인지 찾아봅시다.

09

CHAPTER

아동권리와 다양한 가족 지원

사회경제적 환경의 변화와 가족구조의 다양화에 따라 한부모가족과 조손가족이 점차 증가하고 있으며, 이로 인해 이들 아동에 대한 사회적 관심이 높아지고 있다. 다양한 가정의 발생과정에서부터 가족기능이 약화되거나 취약한 경우에는 가족 안에서 아동이 적절한 보살핌과 보호를 받고 건강한 사회구성원으로 성장할 수 있도록 아동과 그 가족을 돕는 서비스가 더욱 필요하다. 본 장에서는 한부모가족 아동과 조손가족 아동의 현황과 이들을 위한 지원정책과 개선방안에 대해 살펴보고자 한다.

1. 한부모가정 아동의 개념과 지원원칙

1) 한부모가정 개념과 유형

(1) 한부모가정 개념

한부모가정은 불완전한 가족 형태라는 인식에서 점차 벗어나 하나의 완성된 가족의 형태로 인식되고 있다. 그러나 경제적 어려움, 자녀 양육, 부모 역할 등에서 여러 문제를 안고 있어 아동과 가족의 통합적 접근이 필요한 아동복지의 중요한 분야 중 하나이다.

한부모가족 형성 요인별 현황을 살펴보면, 이혼이 한부모가족에 이르는 가장 주된 경로이며 그 비율 또한 증가하고 있다. 한부모가족 증가의 근본적인 원인은 가족기능의 약화, 가족해체의 증가 등 여러 가지 사회 변화와 관련 있으며, 가족, 결혼, 자녀 등에 대한 가치관의 변화와도 연결되어 있다(정이윤, 2016). 유엔아동권리위원회는 일반논평 제7호를 통해서 아동에 대한 처우의 '다양성'을 인정하며 가족을 정의함에 있어서 핵가족, 확대가족 및 기타의 전통과 현대를 아우르는 공동체 기반의 제도를 포함하는 것으로 설명하고 있다. 한부모가정은 일반적으로 이혼이나 사별 또는 미혼출산 등의 사유로 배우자가 없거나 있더라도 여러 가지 사정으로 인해 실제적으로 양육에 참여하지 못하여 자녀양육(18세 미만 자녀)이나 부모역할을 아버지나 어머니 중 한 사람이 담당하고 있는 가정을 의미한다.

한부모가정 중에서도 아버지나 어머니가 24세 미만인 경우를 청소년 한부모로 정의하고 있으며, 「한부모가족 지원법」은 특례조항을 적용하여 어머니나 아버지로부터 양육 받지 못하는 아동을 돌보는 조부모, 우리나라 국적의 아동을 양육하는 국내 체류 외국인까지 포함하여 지원 대상으로 하고 있다.

(2) 한부모가정 지원 대상 유형

한부모가족으로 지원을 받는 대상에는 크게 이혼이나 사별에 따른 한부모가정, 미혼모·부 한부모가정, 청소년 한부모가정, 조손가정 등으로 나눌 수 있다.

- 이혼이나 사별에 따른 한부모가정
- 미혼모·부 한부모가정: 사실혼 관계가 아닌 미혼으로 부모가 되어 자녀를 양육하는 경우와 출산 후 자녀를 양육하지는 않으나 미혼모공동생활가정을 이용하는 미혼모의 경우가 그 대상이 된다.
- 청소년 한부모가정: 만 24세 이하의 청소년이면서 부모가 되어 자녀를 키우는 경우로 가족정책의 우선적인 대상이며 한부모 지원정책의 범주 내에서 지원되고 있다.
- 조손가정: 조부모와 그의 손자녀만으로 이루어진 가족으로 손자녀의 양육자인 조부모가 생계를 꾸려 나가거나 가구를 대표하고, 손자녀에 대한 부양과 양육의 책임을 지고 있는 가정을 의미한다. 즉 18세 미만의 3세대와 1세대만으로 구성되어 있는 가족을 조손가정으로 정의하고 있다.

- 「한부모가족 지원법」은 한부모가족이 건강하고 문화적인 생활을 영위할 수 있도록 함으로써 한부모가족의 생활 안정과 복지 증진에 이바지함을 목적으로 한다.
- 제4조에 의하면, 한부모가족의 범위는 다음과 같다.

1. '모' 또는 '부'란 다음 각 목의 어느 하나에 해당하는 자로서 아동인 자녀를 양육하는 자를 말한다.
   가. 배우자와 사별 또는 이혼하거나 배우자로부터 유기(遺棄)된 자
   나. 정신이나 신체의 장애로 장기간 노동능력을 상실한 배우자를 가진 자
   다. 교정시설·치료감호시설에 입소한 배우자 또는 병역복무 중인 배우자를 가진 사람
   라. 미혼자(사실혼(事實婚) 관계에 있는 자는 제외한다)
   마. 가목부터 라목까지에 규정된 자에 준하는 자로서 여성가족부령으로 정하는 자

1의 2. '청소년 한부모'란 24세 이하의 모 또는 부를 말한다.

2. '한부모가족'이란 모자가족 또는 부자가족을 말한다.
3. '모자가족'이란 모가 세대주(세대주가 아니더라도 세대원(世代員)을 사실상 부양하는 자를 포함한다)인 가족을 말한다.
4. '부자가족'이란 부가 세대주(세대주가 아니더라도 세대원을 사실상 부양하는 자를 포함한다)인 가족을 말한다.
5. '아동'이란 18세 미만(취학 중인 경우에는 22세 미만을 말하되, 「병역법」에 따른 병역의무를 이행하고 취학 중인 경우에는 병역의무를 이행한 기간을 가산한 연령 미만을 말한다)의 자를 말한다.

〈표 9-1〉 연도별 「한부모가족 지원법」 지원 대상 가구 현황 (단위: 가구)

구분	2011	2012	2013	2014	2015
합계	115,402	130,509	140,015	142,069	131,218
모자 가정	86,830	98,209	104,915	106,598	98,579
부자 가정	28,173	31,781	34,518	34,884	32,150
조손가정	399	519	582	587	489

위드맘(http://withmom.mogef.go.kr). 주요 통계.

연도별 「한부모가족 지원법」 지원 대상 가구 현황을 살펴보면 2011~2014년까지 증가세를 보이다가 2015년 다소 감소한 것으로 나타났으며, 모자 가정이 절대 다수가구를 차지하고 있음을 알 수 있다.

Key points : 한부모가정의 지원 대상 유형과 증가 요인

- 「한부모가족 지원법」의 지원 대상 유형으로는, 이혼이나 사별에 따른 한부모가정 외에도, 미혼모·부 한부모가정, 정소년 한부모가정, 조손가정 등이 있다.
- 한부모가정의 주된 증가 요인으로는 이혼에 따른 가족해체이며 모자 가정이 주를 이루고 있다.

2) 권리에 기반한 한부모가정 아동복지의 원칙

한부모가정 아동은 아동권리협약의 모든 조항에 해당하는 권리를 보호받아야 한다. 한부모가정의 아동이 증가하면서 아동권리에 관한 국제법과 국내법은 아동이 처한 상황에 관계없이 한부모가정 아동의 차별방지와 인권보장을 위한 법적 대책을 마련하고 있다.

국제법의 가장 핵심이념인 무차별 평등의 원칙과 아동 최상의 이익 원칙은 부모가 어떠한 상황에 놓여있더라도 이로 인한 불이익을 받지 않도록 보호해준다. 다양한 유형의 한부모가정의 인권을 보장하기 위한 관련 국제법과 국내법에 관한 내용은 〈표 9-2〉, 〈표 9-3〉에서 소개하고 있다. 한부모가정 아동의 기본 권리와 관련된 「유엔아동권리협약」으로는 제2조 무차별의 원칙, 제3조 부모의 돌봄과 보호를 받을 권리, 제6조 모든 아동의 고유한 생명권, 제7조와 제9조 부모로부터 직접 양육될 권리와 부모와의 분리 방지에 관한 내용 그리고 제26조 사회보장에 관한 내용을 명시하고 있다. 유엔아동권리위원회(2011)는 청소년 미혼모를 포함한 미혼모에 대한 충분한 지원을 제공할 것을 권고한 바 있다.

「한부모가족 지원법」은 한부모가족의 권리와 책임을 명시하고 있으며 법률에 따라 국가와 지방자치단체에 한부모가족 복지증진을 위한 책임이 있음을 규정하고 있다. 65세 이상의 조부모와 만 18세 미만의 손자녀로 구성된 조손가정을 지원하는 근거가 마련되었으며, 최저 생계비 180% 이하의 저소득 취약가족 중 한부모 및 조손가족을 지원하고 있다. 생계비, 아동양육비 지원 외에도 한부모가구의 가족기능을 회복하기 위한 상담과 교육 프로그램, 가사도우미 지원 등의 서비스를 제공하고 있다. 그러나 그 대상이 제한적이며 생활비나 서비스 지원 규모도 미미하므로 실행이나 효과성 부분을 보여 줄 수 있도록 지원방안을 강화할 필요가 있다.

청소년 한부모는 국가와 지방자치단체가 책임을 규정하고 있는 「한부모가족지원법」에 근거하여 지원을 받고 있으며, 청소년 한부모 가구 아동 1인당 월 17만 원의 양육비를 지원받고 있다.

활동하기 <Activity>

- 최근 경제적 어려움에 처한 미취학 자녀를 둔 저소득 한부모가정이 있다고 가정하고, 이 가정에 도움을 줄 수 있는 한부모가정 지원 사업에는 어떤 것들이 있는지 찾아봅시다.

〈표 9-2〉 **「유엔아동권리협약」에 명시된 한부모가정 아동의 권리 관련 내용**

[제2조] 차별방지
당사국은 자국의 관할권 내에서 아동 또는 부모나 법정 후견인의 인종, 피부색, 성별, 언어, 종교, 정치적 또는 기타의 의견, 민족적, 인종적 또는 사회적 출신, 재산, 무능력, 출생 또는 기타의 신분에 관계없이 그리고 어떠한 종류의 차별 없이 이 조약에 규정된 권리를 존중하고, 각 아동에게 보장하여야 한다.

[제3조] 부모의 보호와 돌봄
당사국은 아동의 부모, 후견인 및 기타 아동에 대해 법적 책임이 있는 자의 권리와 의무를 고려해 아동복지에 필요한 보호와 배려를 보장하고, 이를 위해 법입법적, 행정적으로 모든 적절한 조치를 취해야 한다.

[제6조] 고유한 생명권
당사국은 모든 아동이 생명에 관한 고유의 권리를 가지고 있음을 인정한다.

[제7조] 부모로부터의 양육
아동은 출생 후 즉시 등록되어야 하며, 이름과 국적을 가져야 하며, 가능한 한 부모가 누구인지 알고 부모에 의해 양육 받아야 한다.

[제9조] 부모와의 분리 방지
당사국은 법률 및 절차에 따라서 사법당국이 부모와의 분리가 아동에게 최상의 이익이 된다고 결정한 경우 외에는 아동이 자신의 의사에 반해 부모와 떨어지지 않도록 보장해야 한다.

[제26조] 사회보장
당사국은 모든 아동이 사회 보험을 포함한 사회 보장 제도의 혜택 받을 권리를 가짐을 인정하며, 자국 국내법에 따라 이 권리의 완전한 실현을 달성하기 위하여 필요한 조치를 취하여야 한다.

〈표 9-3〉 국내법에 명시된 한부모가정의 권리

법	내용
「사회보장기본법」	**제3조(정의)** 시회보장이란 출산, 양육, 실업, 노령, 장애, 질병, 빈곤 및 사망 등의 사회적 위험으로부터 모든 국민을 보호하고 국민 삶의 질을 향상시키는 데 필요한 소득·서비스를 보장하는 사회보험, 공공부조, 사회서비스를 말한다.
「아동복지법」	**제22조(자녀양육 지원의 강화)** ① 국가 및 지방자치단체는 자녀를 양육하는 가정에 대하여 자녀양육으로 인한 부담을 완화하고 아동의 행복추구권을 보장하기 위하여 보육, 방과 후 서비스, 양성이 평등한 육아휴직제 등의 정책을 적극적으로 확대 시행하여야 한다.
「모자보건법」	**제2조(모자보건사업)** 모성과 영유아에게 전문적인 보건의료서비스 및 그와 관련된 정보를 제공하고, 모성의 생식건강(生殖健康) 관리와 임신·출산·양육 지원을 통하여 이들이 신체적·정신적·사회적으로 건강을 유지하게 하는 사업을 말한다.
「한부모가족 지원법」	**제2조(국가 등의 책임)** ① 국가와 지방자치단체는 한부모가족의 복지를 증진할 책임을 진다. **제3조(권리와 책임)** ② 한부모가족의 모 또는 부와 아동은 그가 가지고 있는 자산과 노동능력 등을 최대한으로 활용하여 자립과 생활 향상을 위하여 노력하여야 한다.

2. 한부모가정 아동의 권리를 위한 서비스 전달체계

1) 한부모가정 아동 현황

(1) 한부모가정 아동

2015 한부모가족 실태조사에 따르면, 모(母)와 자녀로 구성된 모자가구가 43.7%로 가장 많으며, 혼인상태는 이혼이 77.1%로 다수를 차지하고 있었고, 자녀의 돌봄 상태로는 미취학아동의 87.6%가 어린이집이나 유치원 등을 이용하고 있는 것으로 나타났다. 한부모 열 명 중 한 명은 양육하는 아동에 대한 친권이 없고, 양육비를 받기로 한 한부모 중 약 27%는 양육비를 지급받지 못하고 있으며, 한부모가족 10명 중 4명이 정부 지원을 받고 있는 것으로 나타났다(여성가족부, 2015). 한부모가정 자녀는 방과 후 혼자 보내는 시간도 길어, 21.5%가 하

루 평균 4시간 이상 혼자 있는 것으로 나타났다. 한부모가정은 낮은 인적 자원과 불안정한 고용으로 상대적 빈곤에 처할 확률이 높으며, 경제적 불안정이 자녀양육의 불안정으로 이어지게 된다.

(2) 미혼모 · 부가정 아동

우리나라에서 미혼모에 대한 포괄적 통계가 부재한 이유는 미혼모에 대한 사회적 차별과 편견에서 기인한다. 미혼모에 대한 사회적 차별은 경제적 불이익을 초래하고 결과적으로 미혼모 아동의 양육환경을 불안정하게 만드는 요인이 되고 있다. 자녀를 양육하는 미혼 한부모의 경우 불안정한 경제상황과 자녀양육 스트레스, 사회의 부정적 인식으로 인한 고립과 부담으로 어려움을 겪기도 한다.

최근 들어 나타나는 미혼모의 특징 중 하나는 양육을 원하는 미혼모의 비중이 높아지고 있다는 것이다. 정부도 최근 미혼모의 양육 지원의 중요성을 인식하고 이들을 적극적으로 지원하려는 노력을 하고 있다. 그러나 미혼모 아동의 권리보호에 대한 사회안전망은 거의 마련되어 있지 않다. 미혼모 아동의 증가추세를 고려해 볼 때 사회적 보호를 더욱 강화해 나가야 할 때이다.

사회적 편견과 차별 속에서 자녀 양육과 동시에 생계부양자의 역할을 수행하는 양육미혼모가 직면하는 다양한 문제는 미혼모 스스로의 노력만으로 해결하기에는 역부족이며, 이에 국가의 체계적인 정책적 개입이 필요하다(이용우, 2017).

(3) 청소년 한부모가정

미혼모의 연령이 점차 저연령화되어 10대 미혼모의 비중이 커지고 있다. 청소년 한부모는 다른 한부모가정과 비교해 학업중단으로 인한 적응 및 자립의 문제가 크게 작용한다. 학업이 중단되면 미혼모 시설 퇴소 후에도 복학이 어렵고, 복학하더라도 주위의 시선으로 인해 학교생활 적응이 어려워져 학업을 지속하기 어렵게 되기도 한다. 청소년기에 부모가 되었다는 위기 상황과 주변의 부정적인 시선을 극복하고 청소년 한부모 자신의 발달과 사회적응을 위한 지원이 필요하다.

청소년 한부모가족 종합대책연구(김지연 외, 2013)에서 관련 법령 분석을 통해 청소년 한부모는 임신, 출산, 양육에 관한 자기 결정권, 임신, 출산, 양육을 이유로 차별받지 않을 권리, 임신, 출산, 양육과 관련된 사회적 기본권의 주체임을 강조한바 있다. 그러나 현실적으로 청소년 한부모 자립 실태는 미흡한 수준이고 임신 사실이 주변에 알려지는 것을 두려워하여 학업이나 취업에 어려움을 겪고 있다. 그러므로 성공적인 자립을 위해서는 심리·정서적 안정이 선행되어야 함을 강조하고 있다. 청소년 한부모 정책 전달체계의 경우 시설 중심 정책 전달, 공공복지 전달체계의 낮은 친화력, 재가 한부모서비스 전달체계 부족, 청소년 정책 전달체계화의 괴리 등의 문제를 내포하고 있었다. 즉 진로나 직업교육 참여의 애로사항으로는 경제적 문제와 육아에 대한 부담이 대표적으로 직업교육 이전에 진로탐색, 적성파악 등 진로교육과 진로상담이 충실히 이루어지기를 바랐고 청소년 한부모의 자립성과 준비수준에는 정서적 안정이나 심리적 건강 같은 심리·정서적 요인이 밀접한 관련이 있는 것으로 나타났다.

더 알아보기

광명에 미혼모자가족 복지시설…전국 최대 규모

전국 최대 규모의 미혼모자가족 복지시설인 '광명아우름'이 광명시에 문을 열었다.
정원은 29명으로, 입소 대상자는 미혼의 임신부와 출산 후 6개월이 지나지 않은 여성이다. 광명시는 관내에 있는 산부인과·소아과·제약회사·작명소와 협약을 통해 미혼모들의 출산과 양육, 나아가 교육·취업·주거 문제까지 해결할 수 있도록 체계적으로 지원할 계획이다. 시는 또 사회 적응 프로그램과 직업교육 등을 통해 미혼모의 안정적 자립을 돕고, 기형아 검사 등 산전 조기검진 서비스도 제공할 예정이다.

연합뉴스 2017. 1. 18.

미혼모들에게는 자립이 가장 중요한 과제인데, 아이와 함께 미혼모자가족 시설에서 머물며 상담, 심리 등 각 분야 전문가의 도움을 받으면서, 지역사회 네트워크를 통해 통합적 지원을 받을 수 있어 미혼모시설에 좋은 사례가 될 것이다.

2) 한부모가정 아동 지원을 위한 전달체계

한부모가정 아동을 지원하기 위한 중앙부처의 전달체계로 여성가족부 가족지원과에서는 한부모가정 지원 관련 계획의 수립 및 법령의 관리운영과 한부모가족 아동양육과 교육 지원 그리고 한부모가족 실태조사 계획 수립 · 시행, 양육비이행 관련 법령의 관리 등의 업무를 담당하고 있다. 그 외 한부모가정을 지원하는 프로그램 및 서비스는 건강가정 지원 센터, 지역사회복지관, 민간단체 등을 중심으로 시행되고 있다.

〈표 9-4〉 **한부모가족 지원 혜택**

사업명 및 개요	사업대상	수행기관
〈한부모가족자녀 양육비 등 지원〉 · 아동양육비: 만 13세 미만 자녀, 월 12만 원 · 아동양육비: 조손 및 만 25세 이상 미혼한부모가족 5세 이하 자녀, 월 5만 원 · 학용품비: 중학생 고등학생 자녀 연 5만 원 · 생활보조금: 시설 입소가구, 월 5만 원	소득인정액 기준 중위소득 52% 이하 한부모 및 조손가족	자치단체
〈청소년 한부모 자립지원〉 · 아동양육비, 검정고시학습비, 고등학생교육비, 자립촉진수당 등 지원	소득인정액 기준 중위소득 60% 이하 만 24세 이하 한부모가족	자치단체
〈권역별 미혼모·부자 지원기관 운영〉 · 미혼모·부의 임신출산 자녀양육을 위한 초기 양육 지원, 상담 및 정보제공 등	미혼모·부자 가족	지방자치단체 17개 지원기관
〈한부모가족복지시설 지원〉 · 시설기능 보강: 시설 신축, 증개축, 개보수, 장비 보강 지원 · 한부모가족복지단체 지원: 시설종사자 역량 강화·한부모가족복지시설 입소자 상담치료 지원 · 시설배치 사회복무요원 인력경비 지원 · 공동생활가정형(매입임대) 주거 지원	각 시설 시설종사자 시설입소자 사회복무요원 등	자치단체 민간단체 한부모시설/단체

출처: 여성가족부 홈페이지 내용을 중심으로 재구성.

3. 조손가정 아동의 개념과 지원 원칙

1) 조손가정 개념과 현황

조손가정은 부모의 이혼, 가출, 경제난, 실직, 사망 등 다양한 이유로 부모가 자녀를 양육하지 못하고 조부모가 손자녀를 양육하는 가족의 형태로 조부모와 만 18세 미만의 손자녀가 한 가정에서 생활하면서 조부모가 손자녀의 양육자로서 일차적 책임을 지고 있는 가정을 의미한다. 조손가족은 조부모의 연령상 고정적 수입이 있는 일을 하기 힘든 노인과 아동으로 구성되어 있으므로 대부분 최저생계비 이하인 저소득 가정으로 빈곤가정에 속하는 국민기초생활보장 제도의 수급 대상이 일반적이다.

조부모가 자녀양육을 책임지게 되면서, 조부모는 노년에 심리적 · 경제적으로 어려움을 겪게 되기도 한다. 그러나 조손가정은 양친부모가정이나 한부모가정에 비해 상대적으로 어려운 여건에 처해 있긴 하지만 양육시설이나 일반위탁가정과 비교해볼 때 아동이 부모와 떨어져 지낸다는 분리감을 다소 덜 느낄 수 있다는 장점도 있다. 〈표 9-5〉에서 보는 바와 같이 조손가구 수가 지속적으로 증가하고 있는 것을 알 수 있다.

〈표 9-5〉 조손가족 현황

연도	조손가구 수	조손가구원 수
2000	45,225	153,117
2005	58,101	196,076
2015	113,111	297,880

출처: 통계청(2016). 인구 및 주택 총 조사 자료 재구성.

2) 권리에 기반한 조손가정 아동복지의 원칙

조손가정 아동이 증가하면서 아동권리에 관한 국제법과 국내법은 아동이 처한 상황에 관계없이 조손가정 아동의 차별방지와 인권보장을 위한 법적 대책을 마련하고 있지만 아직까지 우리사회에서 조손가정을 대상으로 하는 별도의 지원체계나 정책은 존재하지 않으며, 「한부모가족 지원법」의 특례 조항에 포함되어 조손가정에 해당하는 정책과 제도가 부분적으로 시행되고 있는 상황이다.

〈표 9-6〉 **제도적으로 보장된 조손가정아동의 권리 내용**

제도	내용
기초생활 보장 제도	「국민기초생활 보장법」에 근거한 것으로 기초생활보장 제도에 따라 수급자격을 갖춘 조손가족은 최저생계비의 부족분을 현금으로 지급받을 수 있으며 의료보험료 면제도 가능하다.
한부모가족 지원 제도	「한부모가족 지원법」에는 조손가족에 대한 조항이 특례로 포함되어 있어 조손가족은 한부모가족에게 제공되는 아동양육비, 교육비, 건강보험료 지원 등 공적 지원을 받을 수 있다.
가정위탁 제도	「아동복지법」에 따라 보호가 필요한 아동을 일정 기간 가정에 위탁하는 제도로 조부모에 의한 손자녀 양육은 대리양육 가정위탁에 해당된다. 매월 일정 금액의 양육보조금을 지원하고 있다.

이외에도 취약계층 아동을 위한 아이돌보미 지원 사업, 드림스타트, 방과 후 돌봄서비스, 디딤씨앗통장 지원 사업 등을 통해서도 조손가족 아동을 지원하고 있다.

4. 조손가정 아동의 권리를 위한 서비스 전달체계

조손가족을 지원하는 중앙부처 복지 서비스는 여성가족부 가족 지원과에서 담당하고 있으며 지역 건강가정 지원 센터, 지역 사회복지관, 민간단체 등을 중심으로 시행되고 있다. 건강가정 지원 센터에서는 다양한 가족 지원 프로그램의 일환으로 조손가족을 대상으로 학습정서지원, 생활가사 지원, 교육 및 자조모임 운영, 문화프로그램 지원, 주거환경개선 지원 등을 실시해 오고 있다. 조손가족에 대한 지원은 「국민기초생활 보장법」에 의한 저소득층 지원정책이나 「한부모가족 지원법」을 근거로 하고 있고 조손가족을 주 대상으로 하고 있는 것은 아니므로 단편적이라고 볼 수 있다.

> • 조손가족 청소년의 사회적응력 향상 및 가족기능강화를 위한 멘토링프로그램 「동고동락(同苦同樂)」 멘토와 함께하는 가족 캠프 '트라이앵글', 멘토와 함께하는 가족 캠프로 조부모-손자녀 관계 증진뿐 아니라 가족의 사회적 지지를 강화하고자 하는 프로그램
>
> (경상남도건강가정 지원 센터, 2014. 11.)
>
> • 조손가족 조부모 자조모임 『한마음』 실시: 조손가족 조부모 자조모임은 손자녀를 양육하고 있는 유사한 경험을 가진 조부모간 비공식적이고 정서적인 지지체계 형성을 도모하여, 조부모의 사회관계망을 확대하고자 실시되고 있다.
>
> (경상남도건강가정 지원 센터, 2016. 6.)

고령화와 가정해체로 인해 조손가정은 점차 증가추세이며, 2015년 기준 11만 3100여 가구에 이른다. 우리사회에서 조손가정을 대상으로 하는 별도의 지원체계나 정책은 존재하지 않으며, 다만 조손가정에 해당하는 정책과 제도가 부분적으로 시행되고 있는 상황이다. 많은 수의 조부모가 손자녀양육에서 오는 기쁨과 보람에도 불구하고 만성질환과 가사로 인한 신체적 부담과 경제적 어려움 속에서 양육 부담, 손자녀 교육에 대한 심리적 부담 등 여러 가지 어려움을 동시에 겪고 있다. 이러한 조부모의 양육부담은 조손가정에서 성장하고 있는 손자녀의 발달에도 영향을 미치기도 한다.

조손가족의 경우 미취학 손자녀 돌봄은 주로 조부모에 의해 전담되는 비율이 높게 나타나고 있고, 초등학생 손자녀의 방과 후 보육 역시 조부모에 절대적으로 의존하고 있는 것으로 나타났다(김혜영 외, 2011). 또한, 조손가족 아동의 경우, 양부모가족에 비해 상위학교 진학비율이 낮으며, 학업지도 등 교육지원에 있어 조부모의 지도가 제한적일 수 있다. 다음 사례는 경제적 어려움과 고령화로 인해 많은 어려움을 겪고 있는 조손가정의 현실을 그대로 보여 주고 있는 사례이다.

한 달 생계비 75만 원… '조손가정'의 쓸쓸한 설

고령화·가정해체로 급격히 늘어, 평균 근로소득 56만 원, 2010년 이후 실태조사 안 해

- 강원도에 사는 81세 할머니 ㄱ씨는 세 살 된 손녀를 돌보며 사는 조손가정의 가구주다. 기초생활수급자인 ㄱ씨는 매달 생계급여 40여만 원과 기초연금 20만 4010원, 가정위탁아동 양육 보조금 15만 원 등 75만여 원을 지원받고 있다. 고령인데다 잦은 병치레로 노동력을 상실해 스스로 돈을 벌기 힘든 형편이다.
- 인천 남구의 75세 할머니 ㄴ씨는 2005년부터 손녀(14)와 단둘이 월세 20만 원의 다세대주택에서 살고 있다. 월 4만 원 장애수당과 20만 4010원의 노인기초연금으로 손녀와 겨우 입에 풀칠만 하고 있다. 중학생인 손녀는 할머니를 위해 밥을 짓고, 빨래를 하는 등 소녀가장이 된 지 오래다.

경향신문. 2017. 1. 24.

활동하기 <Activity>

- 자신이 조손가정의 사례관리자라고 가정했을 때 현실적으로 겪게 되는 어려움과 이를 지원하는 방안에 대해 공유해 봅시다.

5. 한부모가정 및 조손가정 아동을 위한 복지 정책의 내용

한부모가정 아동을 위한 정부의 경제지원은 양육, 법률, 주거, 기타 등 다양하게 제공되고 있다. 저소득 한부모가족 아동양육비를 지원함으로써 아동의 건강한 성장을 도모하고 아동 양육환경 조성에 기여하고 있으며, 「국민기초생활 보장법」에 의해 생계지원과 자활 및 고용지원이 해당된다. 복지급여 지원이 결정된 가구에 대해 아동양육비, 아동교육 지원비, 생활보조금, 자립촉진수당 등이 지급되며, 지원 대상자는 한부모가족, 조손가족, 청소년 한부모가족으로서 가구 선정 기준 및 소득인정액 기준을 충족한 경우 지원 결정이 가능하다.

1) 한부모가정

- 저소득 한부모가정 아동의 양육비 인상과 지원연령 상향(만 13세 미만 연 144만 원)으로 양육여건을 개선하였다.
- 한부모가족을 위한 유관기관 간 네트워크 구축 및 상담기법 등 종사자교육을 통해 서비스의 질을 제고하였다.
- 한부모(미혼모 · 부) 상담전화는 1644－6621번이며, 상담운영시간은 평일 8시~22시, 토요일 9~18시이다.
- 대한법률구조공단은 법률보호 취약계층인 한부모가족을 무료법률 구조대상자로 정하고 무료법률 지원을 실시함으로써 한부모가족의 기본적 인권보호와 법률복지 증진을 위해 노력하고 있다.
- 아이돌보미: 만 3개월~만 12세 이하 아동의 가정에 아이돌보미가 직접 방문하여 1:1로 아동을 안전하게 돌보는 서비스를 제공하고 있다.
- 한부모가족 매입임대주택 주거 지원 사업: 공동생활 지원형 매입임대주택에 한부모가족이 입주할 수 있도록 여성가족부가 임차보증금을 지원하고 입주 후 자립준비를 돕는 사업이다.

2) 미혼모 · 부 가정

미혼모 · 부에게 자녀출산과 양육 시 응급지원을 하며, 상담과 자조모임의 방법으로 아동양육과 자립에 이르도록 지원하고 있다.

- 미혼모 시설 입소: 미혼의 임산부 및 출산 후(6개월 미만) 양육 및 숙식 지원을 필요로 하는 미혼모를 대상으로 숙식 무료제공과 분민 혜택 제공, 사립 지원 등을 지원하고 있다.
  - 문의: 지방자치단체 및 한부모가족상담전화(1644－6621)
- 산모건강관리: 보건소에 등록한 임산부를 대상으로 산전혈액검사, 철분제, 영양플러스 사업 등을 지원하고 있다.

- 문의 및 신청: 보건소에서 신청(보건복지부 콜센터 129)

• 임신출산 진료비 지원: 임신이 확인된 건강보험 가입자 또는 피부양자를 대상으로 최대 50만 원 내에서 임신출산과 관련된 진료비를 결제할 수 있는 국민행복카드를 지급하고 있다.

- 문의: 보건복지부 콜센터(129), 국민건강보험공단(1577 - 1000)

• 출산비용 지원: 출산한 기초생활수급자, 긴급복지 지원 대상자, 1~6급 여성장애인을 대상으로 출산비용지급.

- 문의: 주민센터 또는 보건복지부 콜센터(129)

• 이혼, 사별, 임신 한부모도 미혼모시설을 이용할 수 있도록 입소 기준을 개선 하였다.

• 미혼모 · 부 시설 입소 시 기본생활지원으로 무료숙식과 분만의료혜택을 제공하고 있으며, 공동생활 지원으로 직업교육 프로그램, 지방자치단체가 정하는 경비 지원, 직업 프로그램을 실시하고 있다.

• 양육비 이행 관리원: 만 19세 미만의 자녀를 양육하고 있는 한부모 · 조손가족을 대상으로 미성년 자녀의 양육비 청구와 이행확보 지원 등에 관한 원스톱 종합 서비스를 제공한다.

- 문의: 한부모상담전화(1644 - 6621) 및 양육비 이행 관리원 홈페이지 www.childsupport.or.kr

• 한부모가족 무료법률구조: 「한부모가족 지원법」 제5조에 의해 한부모가족을 대상으로 자녀양육비 청구소송, 미혼부(모) 상대 자녀 인지청구소송 지원 등 한부모가족의 법률 서비스 제공 및 소송비를 지원하고 있다.

- 문의: 대한법률구조공단(132)

〈표 9-5〉 **미혼모자 가족복지 시설 입소대상**

시설유형		시설 수	입소대상 및 기능	보호기간	입소 정원
미혼모자 가족복지 시설	기본생활지원	20	미혼의 임신여성 및 출산 후 (6개월 미만) 보호를 요하는 여성	1년(6개월)	515명
	공동생활지원	38	2세 미만의 영유아를 양육하는 미혼모	2년(1년)	328세대
		1	출산 후 해당아동을 양육하지 아니하는 미혼모	2년(6개월)	10명

출처: 여성가족부 홈페이지(2017).

3) 청소년 한부모

- 청소년 한부모 자립지원 사업: 소득인정액이 기준 중위소득 60% 이하이면서 모 또는 부의 나이가 만 24세 이하인 청소년 한부모가구를 대상으로 아동양육비, 검정고시학습비, 자립촉진수당 등을 지원하여 조기 자립할 수 있도록 지원한다.
  - 문의 및 신청: 읍·면·동 주민센터 및 복지로 홈페이지(www.bokjiro.go.kr)
- 전국 15개 대안교육 위탁기관을 통해 청소년 한부모가족의 학업중단 위기를 예방하고자 각 시도 교육청에서 지정한 단기 위탁교육기관에서 청소년 한부모가족이 학업을 지속할 수 있는 교육을 제공하여 학습권을 보호하고 있다.
- 청소년 전화 헬프콜: 1388, 보건복지콜센터: 129
- 2014년부터 학업중단숙려제도를 실시하고 있으며, 2주간의 학업중단 숙려기간 동안 심리 진단 및 진로상담, 외부와의 다양한 연계 프로그램을 제공하고 있다.
- 청소년 산모 임신 출산 의료비 지원: 산전관리를 받지 못하고 있는 청소년 산모가 건강하고 안전하게 출산할 수 있도록 임신 및 출산과 관련된 진료비를 전자바우처로 지원하는 제도이다.

- 대상: 임신이 확인된 만 18세 이하 산모로서 청소년 임신출산 의료비 지원을 신청한 자

• 2013년부터 학생 미혼모의 학습권 보호를 위한 점검을 실시하여, 임신과 출산을 이유로 퇴학, 전학, 자퇴 권고 등 부당한 징계나 학습권을 침해당하는 일이 발생하지 않도록 하였고, 학생 미혼모에 대한 교원의 이해도를 높이기 위한 교재 개발을 추진 중에 있다(보건복지부 · 한국청소년정책연구원, 2017).

4) 조손가정

조손가정 지원정책은 공공부조 측면인 국민기초생활보장 제도, 「한부모가족 지원법」에 따른 한부모 지원 서비스, 시 · 군 · 구에서 지원하고 있는 조손가정 지원조례 등이 있다.

• 국민기초생활보장 제도에 따른 지원은 생활수준에 따라 제1계층, 제2계층, 제3계층으로 구분하여 차등 지원하고 있다. 제1계층은 조부모와 손자녀 모두 기초생활수급자인 세대로서 아동학습 수당과 사회복지 서비스를 제공받으며, 제2계층은 손자녀만 기초생활수급지로인 세대로서 조손가정수당과 사회복지 서비스를 제공받는다. 제3계층은 차상위계층에 해당하는 세대로서 사회복지 서비스를 제공받을 수 있다.
• 「한부모가족 지원법」에 따른 조손가정 지원의 경우, 조부모가 손자녀를 양육하는 최저생계비 130% 이하인 가정으로, 손자녀의 양육과 자립지원을 하고 있다.
• 「아동복지법」상 가정위탁 유형 중 대리양육에 해당하는 것으로, 조부모가 손자녀를 양육할 시 지원기준에 따라 조손가정에 양육비, 생계비, 상해의료비, 보험료, 심리치료 등을 지원하고 있으며 그 외 지역 건강가정 지원 센터에서 가족역량강화를 위해 자녀학습, 생활도움 등을 지원하고 있다.

더 알아보기

☞ **양육비 이행 관리원을 설치하여 양육비 관련 상담**

- 미성년 자녀를 양육하는 부 또는 모의 원활한 양육비 확보를 위하여 2014년 3월 「양육비 이행확보 및 지원에 관한 법률」을 제정하고, 한국건강가정진흥원 산하에 '양육비 이행 관리원'을 설치하여 양육비 관련 상담, 양육비 청구 및 이행확보 등을 위한 소송 지원, 양육비 채권의 추심 지원 등의 업무를 담당하고 있다.
- 한시적 양육비 긴급 지원 제도를 신설하여 양육비 미확보로 자녀의 복리가 위태롭게 될 우려가 있을 경우 양육비 이행 관리원장에게 한시적으로 양육비 긴급 지원을 최대 9개월까지 신청할 수 있도록 하였으며, 긴급 지원에 소요된 비용은 향후 양육비 채무자에게 구상할 수 있도록 하였다.
- 지원 대상: 「양육비 이행확보 및 지원에 관한 법률」에 따른 만 19세 미만 자녀양육 한부모가족, 조손가족, 「한부모가족 지원법」에 따른 자녀 양육 한부모 조손가족, 미혼모, 미혼부

출처: 보건복지부·한국청소년정책연구원(2017).

6. 권리에 기반한 다양한 가정의 아동정책 방향

한부모가정, 미혼모·부 한부모가정, 청소년 한부모가정, 조손가정이 모두 공통적으로 안고 있는 문제는 경제적 문제, 자녀양육 문제, 심리·정서적 문제이다. 그동안 한부모가족 지원 사업은 꾸준히 대상과 내용에 있어 확대·강화되어왔으며, 관련 부처나 기관별로 다양한 지원 사업을 통해 한부모가정의 문제 해결을 위해 노력해 왔다. 그러나 일회성의 단편적 수혜나 중복 제공을 피하고 한부모가정 유형과 욕구에 따른 차별화된 서비스를 제공할 수 있도록 개선할 필요가 있다.

1) 한부모가정의 취약성을 감소하기 위한 통합적 접근 확대

한부모가정 지원체계는 지방자치단체의 복지급여, 건강가정 지원 센터의 상담 및 서비스 프로그램 제공, 한부모가족 복지시설의 주거 지원 등으로 이루어지고 있다. 일부 지역에서는 건강가정 지원 센터를 통한 사례관리가 진행되고 있으나, 급여와 서비스의 효과 평가, 시설 및 서비스의 효율성 제고 등 한부모가정과 아동을 통합적으로 지원하며 사례관리를 담당할 지원체계가 모색되어야 할 것이다. 건강가정 지원 센터 차원에서 내부자원 제공을 활성화하거나 한부모

가족의 수요에 맞는 자원을 보유한 지역사회 기관들과의 네트워크를 통해 제공할 필요가 있다(황정임, 2015). 특히 서울시에만 설치되어 있는 한부모가족 지원 센터와 같은 전담기관의 확대를 고려할 필요가 있다. 무엇보다 한부모가정을 보다 적극적으로 이해하려는 노력과 관련 정책을 위한 연구가 보다 더 활발히 이루어질 필요가 있다.

2) 한부모가정 어려움을 적극적으로 해결하는 것이 중요함

최근 들어 우리사회가 아동을 공공재로서 바라보고 아동양육 비용을 사회화할 방법에 대한 고민이 더욱 높아지고 있다. 아동의 인적자본을 향상시키고 건강한 시민으로 기르는 것의 사회적 가치에 대해 재조명하고 정부가 아동을 기르는 부모들의 노력을, 특히 취약계층 부모들의 노력을 더 적극적으로 지원할 필요가 있다(정이윤, 2016). 따라서 한부모가정 아동의 주된 지원 내용인 양육비 지원은 아동의 성장발달에 대한 고려를 통한 체계적인 욕구조사를 통해 지원액을 보다 현실화하고 다양화하는 방안이 필요하다.

3) 청소년 미혼모·부를 위한 대안교육기관 설치 및 확대운영

한부모 자신이 보호받아야 할 청소년기에 해당하는 청소년 한부모는 학업 지속의 어려움 등으로 자녀양육을 포기하거나 준비되지 않은 양육으로 인해 자녀를 방임하거나 자립 기회의 박탈 위험에 처할 수도 있다. 외국의 경우, 청소년 한부모가 자신을 보호, 지원할 환경에서 거주하며 학교를 계속 다니는 것이 의무화되어 있거나 학업을 계속하도록 의료 및 양육 등의 서비스를 학교에서 제공하여 낙태 예방과 출산 후 자립을 지원받고 있다.

현재 전국 15개 대안교육 위탁기관에서 이들을 위한 교육이 지원되고 있으나 보다 내실화를 기할 필요가 있다. 학업 지속을 통해 청소년들의 진로를 개발하고 성장 잠재력을 길러 빈곤계층으로의 유입을 차단하는 교육과 양육 지원을 통합적으로 수행하는 대안학교 지원체계를 마련할 필요가 있다. 교육부는 위기

학생의 학교 적응을 돕고 학업 지속을 지원하기 위해 학업중단 숙려제 공통운영기준을 마련해 학생들이 학업을 지속할 수 있도록 도움을 주고 있다.

무엇보다 청소년 미혼모에 대한 잘못된 편견이나 차별을 개선시키고 여러 가지 어려운 여건 속에서도 자녀를 잘 양육하고 성인기로 이행하고 있는 청소년 미혼모의 사례들을 발굴, 소개하고 이들에 대한 인권보호를 위해 다각적인 노력을 강구해야 한다(남미애, 2013).

4) 양육 미혼모·부와 영유아자녀를 위한 지원체계 강화

미혼모 · 부가 입양 등의 회피적 수단을 통해 자녀양육을 포기하지 않고, 영유아 자녀를 계속 양육할 수 있도록 지원이 강화되어야 한다. 미혼모의 연령이 높을수록 양육을 선택하는 경향이 높은 만큼, 미혼모들이 임신과 출산의 시기를 잘 보내고 자녀양육과 자립을 준비할 수 있도록 미혼모시설의 서비스 개선, 미혼모시설과 모자시설의 연계, 보육시설 등 지역의 양육 지원체계와의 연계를 통해 발달상 결정적 시기에 해당하는 영유아 자녀가 건강하게 성장 · 발달할 수 있도록 지원할 필요가 있다.

또한, 미혼모를 위한 서비스 프로그램 대부분이 청소년 미혼모나 5세 미만의 자녀를 둔 미혼모들에게 초점이 맞추어져 있는 경향이 있으므로 취학자녀를 둔 미혼모 집단 내부의 다양성에 부응하지 못한 점도 있다. 따라서 우리사회 미혼모 정책의 중요한 과제는 양육미혼모의 생애주기에 따른 다양한 상황과 욕구에 대응할 수 있는 맞춤형 정책의 설계와 서비스를 갖추는 것이다(이용우, 2017).

5) 조손가정의 손자녀 자립을 위한 지원체계 강화

조손가정에 대한 지원은 다른 한부모가정에 대한 지원이 한부모의 사회경제적 자립을 목표로 하는 것과 달리, 조부모의 대리 양육기능을 유지하게 하여 요보호아동 증가를 예방하는 것에 목표를 두어야 할 것이다. 노년기의 조부모에 대한 시급한 경제적 지원과 손자녀의 자립 지원 모두에 중점을 둔 장기적인 지원체계 마련이 필요하다. 조부모의 양육기술과 정보의 부재로 일반가정 자녀에 비해 양육환경이 열악한 조손가정 손자녀의 건강한 발달과 학교적응을 지원하는 다양한 학습 및 문화 프로그램을 확대하여 제공할 필요가 있다.

김미영(2013)의 연구에 의하면 학교환경은 아동에게 가정 다음에 가장 중요한 환경이며 부재한 부모를 대신하여 모델링할 수 있는 역할 모델을 제공하고, 학교생활에 보다 잘 적응할 수 있도록 조손가족 손자녀를 위한 체계적인 학교사회복지 서비스와 나아가 학교 – 가정 – 지역사회가 함께 하는 교육공동체 구축으로 조손가족의 손자녀에게 보호 요인을 제공해야 할 필요가 있다고 강조하였다.

6) 한부모가정에 대한 인식 개선

한부모가정은 우리 주변에서 흔히 볼 수 있는 다양한 가족의 한 형태로 자리잡고 있다. 한부모가정 정책은 모자 가정, 부자 가정을 한부모가정으로 통칭하며 사회적 인식 개선에도 노력하여 왔다. 그러나 우리 사회의 가족중심주의와 저소득 한부모가정 지원에 중점을 둔 정책으로 인해 한부모가정 전체가 도움이 필요한 사회계층으로 전락하고 적응적이고 긍정적인 한부모가정의 모습을 보여주지 못하고 있다. 따라서 한부모가정의 여러 어려운 부분을 이해함과 동시에 그들이 가지고 있는 나름의 강점을 부각시키고, 일반적인 가족 유형으로서의 긍정적인 특성과 건강한 자녀양육의 사례발굴을 위한 체계적이고 조직적인 노력이 필요하다.

7) 한부모가정을 위한 보편적 · 예방적 서비스의 확대

현재 한부모가정 지원 사업은 저소득 한부모가정을 보호 대상으로 하는 긴급하고 잔여적인 서비스에 중점을 두고 있다. 급여 서비스를 제외한 가족 서비스가 점차 확대되고 있으나, 세제혜택이나 양육수당과 같은 보편적 정책과 수급가구로의 진입을 차단하는 예방적 사업의 확대가 필요하다. 특히 한부모의 경제활동을 지원하는 아동 돌봄에 대한 체계적인 지원이 시급하다. 한부모가족 아동들은 부모와 함께하는 시간이 상대적으로 적은 한편, 한부모들은 부모역할을 더 잘하고 싶은 욕구가 크므로 부모자녀관계를 더 돈독히 할 수 있도록 특히 부모 교육을 통해 역할수행 및 스트레스 관리, 부모-자녀관계 형성 등 한부모를 대상으로 하는 효과적인 부모역할 교육 및 자녀교육 프로그램 실시가 필요하다. 또한, 특수한 욕구를 가진 한부모가족 구성원 전체를 대상으로 가족치료 프로그램 및 상담 프로그램 실시와 한부모가정 아동의 적응을 위한 다양한 프로그램의 지원이 필요하다.

8) 다양한 가족 상황에 대한 교사의 이해

교사 자신이 가족의 다양성을 이해하고 수용하는 태도가 필수적이다. 특정한 가족 배경을 지닌 아동만이 아니라 교실 내의 모든 아이들로 하여금 다양한 가족 유형이 존재하며 이러한 가족도 각 구성원에게는 소중한 가족임을 이해하고 수용할 수 있도록 지도해야 한다(염지숙·염지혜, 2015). 한부모가정 아동들의 강점을 존중해 주고 자존감을 잃지 않도록 끊임없이 이들의 어려운 부분을 정서적으로 지원해줄 필요가 있다.

교실 수업에서 한부모가족의 결핍요소에 초점이 맞추어지지 않도록 여러 상황을 고려하여 진행할 필요가 있으며, 한부모가족 지원 서비스에 대한 다양한 정보를 필요한 가족에게 바로 지원하고 공유할 수 있도록 숙지하고, 특히 한부모가족과 그 아동이 처한 상황에 대한 심리적 정서적 서비스에 대한 욕구가 필요하므로 교사는 이에 대해 원활한 상담과 협력과정이 필요하다.

활동하기 <Activity>

- 한부모가정 아동이 유아교육기관에 재원하게 되었을 때, 교사는 어떠한 태도로 아동을 대해야 하며 무엇을 어떤 식으로 지원해야 하는지에 대해 토의해 봅시다.

10
CHAPTER
아동 권리와 대안양육

대안양육제도(alternative care)는 국가에 따라, 혹은 학자에 따라 가정외 아동보호 서비스(out-of-home care services) 혹은 친 가정 밖 보호체계나 요보호아동 보호체계라고도 지칭된다. 이 대안양육제도는 다양한 이유로 자신의 친가정에서 성장하지 못하는 아동을 보호하고 양육하는 아동복지제도를 말한다. 우리나라에서는 한국전쟁 이후 고아가 갑자기 많이 발생하면서 과거 고아원, 최근에는 보육원이라고 불리는 아동양육시설이 오랫 동안 대안양육제도로서의 역할을 해 왔다. 우리나라에서도 유엔아동권리위원회의 권고와 국제적 정책 변화의 영향으로 아동을 가정과 가장 유사한 환경에서 양육하고 보호하자는 목표 아래 2000년대부터 가정위탁과 공동생활가정(그룹홈)이라는 새로운 보호형태가 시도되기 시작했다. 입양 또한 대안양육 보호제도에 들어간다. 2000년대 중반부터 역시 유엔아동권리위원회의 권고 등의 영향으로 우리 정부에서는 국내 입양 활성화 정책을 본격적으로 펴기 시작하였다. 본 장은 대안양육 보호체계에서 성장하는 아동들에 대해 설명하고 이 아동들의 권리 보장을 위한 서비스와 정책은 어떤 방향이어야 하는지를 논의하고자 한다.[1)]

1. 대안양육 아동의 개념과 지원 원칙

소개에서도 언급하였듯이 대안양육제도는 양육시설, 공동생활가정(그룹홈), 가정위탁, 입양제도를 포함한다. 따라서 대안양육 보호아동은 자신의 친가정이 아닌 이러한 제도 내에서 성장하는 아동을 의미한다. 「유엔아동권리협약」 제20조에서는 '가정환경을 박탈당한 아동'이라고 표현하고 있다. 즉, 아동은 자신의 친가정에서 자랄 권리가 있는데, 이러한 권리를 박탈당한 아동이므로 국가의 매우 특별한 보호와 지원이 필요한 아동임을 강조한다. 이는 아동에게 가정환경이 얼마나 중요한지를 강조하는 의미이기도 하다(황옥경 외, 2015). 이 아동들을

1) 본 장에는 강현아의 2015년 한국청소년복지학회 추계학술대회 발표원고('친가정 밖 청소년 보호체계 개선방안')를 수정보완한 내용을 일부 포함함.

이해하고 어떤 지원이 필요한지를 알기 위해서는 이 아동들이 성장하고 있는 대안양육환경이 무엇인지를 먼저 알아야 한다. 따라서 각 대안양육 유형에 대해 알아보도록 하겠다.

1) 대안양육제도의 보호 유형

(1) 아동양육시설

아동양육시설(child caring institution)은 부모가 사망하였거나 부모가 적절한 보호를 해 줄 수 없는 경우 아동과 혈연관계가 없는 타인이 부모 혹은 양육자 역할을 대신하여 시설 환경에서 아동을 양육하는 일시적 혹은 장기적 집단보호 시설을 의미한다(Kadushin, 1980). 아동양육시설은 우리나라의 경우 전쟁고아를 보호하고 양육하기 위해 생겨나 오랜 기간 동안 우리나라의 주요 사회복지시설로 인식되어 왔다(이재연 외, 2013). 우리나라 아동양육시설은 2015년 말 기준 243개 소이며, 약 1만 3,000명 정도의 아동이 여기서 보호되고 있다(보건복지부, 2016c). 최근에는 대규모 형태를 벗어나 작은 규모의 생활공간에서 아동을 양육하는 방식으로 변화해 가고 있다.

(2) 공동생활가정(그룹홈)

공동생활가정은 그룹홈(group home)이라도 불리며, 대규모 시설에서 아동을 보호하는 형태를 지양하고자 하는 정책 움직임 속에서 우리나라에서도 2005년부터 본격적으로 제도화되기 시작하였다. 공동생활가정은 양육시설의 소숙사 형태와 유사하며, 「아동복지법」에 의하면 양육시설과 함께 아동복지시설의 한 종류로 포함되지만, 양육시설과는 달리 일반 가정과 비슷한 환경에서 보통 2인의 종사자(정부 지원 종사자 2인 인건비)와 최대 7명까지의 아동들이 생활한다. 공동생활가정은 1997년 정부 시범사업으로 5개 소로 시작하였고 2004년 「아동복지법」 개정으로 공동생활가정이 허가제에서 신고제로 전환되면서 그 수가 증가되었다. 2011년 「아동복지법」 개정을 통해 공동생활가정의 설치 기준, 종사가 자격 기준 등이 강화되어 증가세가 다소 주춤하고 있다(정익중, 2015). 2015년 말 기준 전국적으로 공동생활가정의 수는 480개이며 약 2,600명의 아동이 보호되고 있다(보건복지부, 2016c).

(3) 가정위탁

가정위탁(foster care)은 시설 대신 가정이라는 환경에서 혈연관계가 없는 성인(일반가정위탁)이나 혈연관계에 있는 친인척(친인척가정위탁) 또는 조부모(대리가정위탁)가 아동을 양육하는 대안양육 형태이다. 이때 아동을 양육하는 사람을 위탁부모(foster parents)라고 부르며, 위탁부모가 되기 위해서는 국가마다 차이는 있으나 일정 시간의 교육과 선발 기준을 거쳐야 한다. 가정위탁 제도를 운영하기 위해서는 이러한 위탁부모를 모집하고 교육하며, 위탁아동을 적절한 위탁가정에 보내어('배치'라고 부름), 그 가정에서 적응하고 안전한 생활을 하는지 살펴 주어야 한다. 또한, 위탁부모 및 친부모 등을 상담하고 지원해 주어야 한다. 이러한 전반적 일들을 사례관리라고 하는데, 이런 역할을 할 수 있도록 우리나라에는 전국 16개 시도에 17개의 지역 가정위탁 지원 센터(경기도 2개 센터)를 두고 있다. 그리고 중앙 가정위탁 지원 센터는 직접적인 서비스나 사례관리를 제공하기보다는 지역 가정위탁 지원 센터의 인력인 상담원들을 교육하고, 매뉴얼을 개발하는 역할을 한다. 또한, 각 센터 간 의사소통 및 네트워킹 등을 원활하게 하도록 돕고 전체 정책을 입안하는 보건복지부와 지역 센터와의 가교 역할을 한다. 2015년 말 기준, 전국적으로 약 1만 5,000명의 아동이 약 1만 1,000여 개의 위탁가정에서 보호되고 있다(보건복지부, 2016c).

(4) 입양

입양이란 생물학적 방법이 아닌 법률을 통하여 새로운 부모-자녀 관계를 만드는 것을 의미하며, 아동에게는 새로운 부모와 가정을 영구적으로 마련해 주는 제도이다. 입양 형태를 분류하는 기준은 여러 가지가 있을 수 있는데 우선 아동을 자신이 태어난 국가 내에서 입양하는지, 혹은 다른 국가에 다른 국적을 가진 부모에게 입양시키는지에 따라 국내 입양과 해외(국외)입양으로 분류할 수 있다. 또한, 아동에세 입양 사실을 비밀로 하는 비밀입양과 아동이나 주위 사람들에게 입양사실을 공개하는 공개입양의 형태로도 분류할 수 있다. 또 다른 분류 방법으로 어느 근거법에 따라 입양절차를 밟는가에 따라서도 형태로 나눌 수 있는데, 이는 정책 부분에서 자세히 설명할 것이다.

2) 대안양육 아동 현황

대안양육 아동의 현황은 보호대상 아동 현황과 밀접한 관련이 있다. 「아동복지법」에 의하면 보호대상 아동이라 함은 '보호자가 없거나 보호자로부터 이탈된 아동 또는 보호자가 아동을 학대하는 경우 등 그 보호자가 아동을 양육하기에 적당하지 아니하거나 양육할 능력이 없는 경우의 아동(제3조의 4)'을 말한다. 이 아동들이 결과적으로 대안양육서비스를 필요로 하게 된다.

보호대상아동의 현황을 파악하기 위해 참고하는 정부 통계는 사실 매우 미비한 점이 많다. 통계 형태나 통계 수집 방법에 있어서 오랜 기간 변화나 발전이 거의 없었다. 즉, 구체적 통계는 각 보호유형 내에서 민간기관 중심으로 각각 수집하여 전체적 통계를 정부에 보고하는 방법을 유지해 왔다(강현아, 2015).

정부에서 공식적으로 공표하는 보호대상 아동 관련한 대표적 통계 중의 하나는 발생 유형별 현황과 이 아동들의 보호조치 결과 등이 포함된다. 즉, 아동이 보호대상아동이 된 이유와 어떤 종류의 보호유형(시설, 가정위탁, 공동생활가정, 혹은 입양 등)으로 배치되었는지 현황을 보여 준다. 매년 발생하는 보호대상 아동의 수는 2010년 9,000여 명에서 2015년 5,000명 정도로 지속적으로 감소하는 추세이다. 이것은 전체 아동의 수가 줄어드는 것과 관계가 있는 것으로 보인다. 연도별 차이는 있으나 주요 보호 사유는 2015년의 경우 학대(24.3%), 부모이혼(23.8%), 미혼모아동(20.7%), 부모사망(6.7%) 등의 순서로 나타났다(보건복지부, 2015).

또한, 보호조치 결과를 살펴보면, 연도별 다소 차이는 있으나 대체로 양육시설, 가정위탁, 공동생활가정(그룹홈), 입양 순으로 주로 배치되었다. 우리나라 정부의 통계자료로는 아동들이 평균 몇 세에 대안양육체계에 들어오고 몇 세에 친가정으로 돌아가는지 등에 대한 정보는 알기 어렵다(강현아, 2015). 최근 초등학교 고학년 대상으로 한 선행연구(Kang et al., 2014)에 따르면 평균 연령 6~7세 정도에 대안양육제도에 들어오며, 평균적으로 대안양육에서 지낸 기간은 7~8년 정도로 장기간 보호되는 것으로 나타났다. 또한, 한번 배치되면 거의 다른 보호유형으로 변경되는 경우가 많지 않은 것으로 조사되었다. 아동의 연령 혹은 상황이나 욕구에 따라 다른 보호유형이 필요하면 배치의 변경도 필요하므로 이것이 꼭 긍정적 결과라고 볼 수는 없다.

그나마 시설로 분류되는 양육시설이나 공동생활가정의 아동 정보는 최근 출범한 사회보장정보원의 사회복지시설 정보 시스템에 각 지방자치단체 공무원이 접근하여 파악할 수 있다. 사회보장정보원은 시설 정보 시스템 외에도 사회보장 정보 시스템(행복e음), 전자바우처, 보육정보 시스템, 취약계층정보 시스템 등 전반적인 사회복지 및 사회서비스 관련 데이터베이스를 통합관리한다. 그러나 사회보장정보원의 사회복지시설 관련 데이터에는 대안양육 보호체계를 실제로 시행하고 있는 민간기관에서는 접근하기 어려우며, 가정위탁아동에 대한 정보는 함께 통합적으로 파악하기 어렵다는 점에서 큰 제한점이 있다.

아동이 대안양육에서 보호되는 사유를 살펴보면 학대나 부모사망의 경우는 어쩔 수 없이 대안양육에서 보호해야 하는 상황으로 볼 수 있으나 미혼모아동이나 부모이혼과 같은 사유는 가정에 대한 개입과 서비스를 강화한다면 대안양육 보호를 충분히 예방할 수 있는 경우라 할 수 있다. 또한, 정부가 집계하는 보호대상 사유에는 빈곤과 이혼도 포함된다. 이것이 국제적 기준 등에 얼마나 미흡한 것인지 2009년 유엔 총회 결의안 '아동 대안양육에 관한 지침'에서 강조한 원칙을 고려해보면 알 수 있다. 이 결의안은 가정으로부터의 분리는 최후의 수단이어야 하며, 특히 아동이 빈곤하다는 이유로 가족과 분리되어 대안양육에서 성장해서는 안 된다는 점을 강조하고 있다(한국청소년정책연구원, 2014; 황옥경 외, 2015 재인용). 따라서 정부의 통계 자체가 대안양육체계에 대한 정부의 인식 부족, 즉 빈곤이나 가정해체의 사유로 아동이 가족에서 분리되어서는 안 된다는 점을 정부가 등한시하고 있다는 점을 드러낸다(강현아, 2015).

대안양육체계의 문제점을 심각하게 인식하고 있는 미국의 경우, 불필요한 대안양육서비스를 줄이자는 점을 하나의 정책목표로 삼기도 한다. 예를 들어, 미국의 가정 외 보호아동의 권리를 대변하는 대표적 아동복지 법인 중의 하나인 '케이시 패밀리 프로그램(Casey Family Programs)'은 현재의 가정위탁아동 수를 2020년까지 50% 줄이자는 것을 아동복지목표로 정할 정도이다(Sim, 2011). 우리의 대안양육 체계로 아동이 진입하는 것은 가족에 대한 지원노력이 먼저 충분히 이루어진 후 이 아동이 그래도 대안양육에서 자랄 수밖에 없는지를 신중히 고민한 후 보호 결정을 해야 할 것이다.

활동하기 **<Activity>**

- 우리나라 보호대상아동의 최근 3년 간의 통계자료를 보건복지부 인터넷 홈페이지에서 찾아봅시다.
- 우리나라 보호대상아동에 대한 정책을 담당하는 보건복지부의 부서를 홈페이지에서 찾아봅시다.

3) 대안양육아동 지원 원칙

대안양육제도의 원칙으로서 우선 「유엔아동권리협약」을 고려해 볼 수 있는데, 대안양육제도와 가장 관련이 깊은 조항은 20조라 할 수 있다. 20조는 '당사국은 가정환경을 박탈당한 아동에 대해서는 특별한 보호조치를 제공하고 그러한 경우에 적절한 대체 가족양육 및 기관 배정이 이루어지도록 할 의무가 있다. 이러한 의무를 수행할 경우에는 아동의 문화적 배경이 충분히 고려되어야 한다.'고 명시한다.

또한, 앞서 언급한 2009년 유엔 총회 결의안으로 채택된 '아동 대안양육에 관한 지침'도 대안양육제도의 중요한 원칙에 대해 알려 주고 있다. 이 결의안은 보호대상아동이 발생했을 때 국가에서 해야 할 역할에 대해 상세히 다루고 있다. 결의안에 따르면 아동성장을 위해 가장 기본적이고 중요한 성장환경은 가정이며, 가정에서 아동을 적절히 돌볼 수 없을 때에 아동을 돌볼 책임은 국가에 있다. 가정에서의 분리는 어쩔 수 없는 경우에만 한하여, 즉, 최후의 수단이어야 한다는 것을 특히 강조한다. 아동이 대안양육에 배치될 때는 아동이 가족과 연락할 수 있고, 재결합을 꾀할 수 있도록 해야 한다는 점도 원칙에 포함된다. 또 다른 중요한 원칙으로 아동이 경제적인 빈곤 때문에 가정에서 분리되어 대안양육을 받게 해서는 안된다는 점이다. 그러나 앞서 보호대상 아동의 통계 부분에서도 설명했듯이 우리나라에서는 많은 아동이 가정의 빈곤으로 인해 대안양육에서 보호받는 경우가 많다.

마지막으로 '아동 대안양육에 관한 지침'의 원칙 중 하나는 시설 보호는 특별히 아동에게 유익하지 않는 이상 지양해야 한다는 것이다. 이러한 원칙은 유엔아동권리위원회의 '가정과 가장 유사한 환경'을 제공할 수 있는 대안양육 형태를 권고하고 있는 입장과도 맥을 같이 한다고 볼 수 있다. 특히 이 지침에서는 3세 이하의 아동은 가족 기반의 양육이 제공되어야 함을 제시하고 있다(한국청소년정책연구원, 2014; 황옥경 외, 2015 재인용).

2. 대안양육 정책과 제도

시설이나 가정위탁뿐만 아니라 입양 관련 정책을 입안하고 주로 시행하는 중앙정부 행정부처는 보건복지부의 인구정책실 산하의 아동복지 정책과이다. 그러나 실제 정책을 시행하는 주체는 주로 각 지방자치단체이다. 이것은 2005년도 아동복지 정책을 지방 이양하여 정책 수행의 권한과 책임을 중앙정부에서 각 지방자치단체로 넘겼기 때문이다. 이것은 결과적으로 통합적 정책 입안과 시행을 저해하는 요소가 되고 있는데 이는 뒷 부분 대안양육제도의 개선방향 부분에서 자세히 설명할 것이다.

1) 아동양육시설, 공동생활가정 그리고 가정위탁 관련 정책

아동양육시설, 공동생활가정, 가정위탁 제도는 주로 「아동복지법」에 근거하여 운영된다. 우선 「아동복지법」에 근거하여 보호대상아동이 대안양육제도에 배치되는 것이 적절한지 결정하고 심의하며, 만약 적절하다면 어느 보호유형에 배치할 것인지를 결정하게 된다. 또한, 「아동복지법」은 아동복지시설 설치 근거 조항이나 가정위탁 지원 센터 설치 근거 조항도 포함한다.

특히 최근 2016년 「아동복지법」을 개정 내용을 살펴볼 필요가 있다. 이 개정에 의하면 보호대상아동을 대안양육제도를 통해 보호조치를 할 경우 공무원이 아동에 대한 개별 보호 · 관리 계획을 세우도록 규정하였다. 또한, 가정위탁을 희망하는 사람들의 범죄경력 등을 조회할 수 있게 한다거나, 보호대상아동에 대한 상담, 심리검사, 가정환경조사 등을 강화하여 아동권리 보호를 위한 국가의 역할을 강조하였다. 또한, 2016년 법 개정을 통해 대안양육 아동의 양육상황을 공무원이 매년 점검하게 하여 대안양육제도에 대한 국가 책임도 강조하였다.

2) 입양 정책

입양의 경우는 관련 법을 크게 두 가지로 나눌 수 있는데, 「민법」과 「입양특례법」이다. 먼저, 「민법」에 근거한 입양제도는 '친양자제도'와 '일반입양제도'가 있다. 친양자 제도는 2005년 「민법」 개정을 통해 도입된 제도이다. 일반입양제도는 2012년 「민법」 개정의 의해 시행되고 있다. 친양자 입양의 경우 아동은 친부의 성과 본이 아닌 입양부의 성과 본이 따르게 되는 반면, 일반입양의 경우는 과거 아동의 친부를 따른 성과 본이 모두 유지된다. 그러나 일반입양의 경우도 친양자제도와 동일하게 친생자(법적 친자녀)의 지위를 갖는다. 「민법」외에 관련 법으로 「입양특례법」이 있는데, 주로 대안양육의 아동이 이 법에 근거하여 입양된다(황옥경 외, 2015).

최근 우리나라 입양 정책의 큰 변화라 한다면, 어떤 법률에 따른 입양제도이건, 국내외 입양 모두 가정법원의 허가하에만 이루어질 수 있도록 한 점이다. 이것은 「협약」의 우리 정부에 대한 오랜 권고사항을 받아들인 정책 변화라 볼 수 있다. 또한, 친부모의 아동 출생신고를 의무화하였으며, 아동이 13세 이상인 경우에는 반드시 입양에 대한 아동의 의견을 청취하도록 「민법」을 개정하였다(황옥경 외, 2015).

또 다른 입양 정책의 중요한 변화는 2013년 우리 정부가 '국제입양에 관한 아동의 보호 및 협력에 관한 협약(The Hague Convention of 29 May 1993 on Protection of Children and Co-Operation in Respect of Intercountry Adoption, 일명 헤이그협약)'에 서명하였다는 점이다. 헤이그협약은 특히 국제입양 아동의 권리를 보호하기 위한 목적을 가지고 있다. 이 협약에서 제시하는 가장 중요한 입양 원칙 중 하나는 국가는 국내입양을 우선시하도록 노력해야 하며, 국제입양은 아동의 최선의 이익을 위한 최후의 선택이어야 한다는 점이다. 또한, 어쩔 수 없이 아동이 국제입양될 때에는 아동의 권리보호를 위해 정부가 기본적인 조치를 해야 한다는 점을 강조한다. 예를 들어, 협약 비준 이전에는 입양 후 사후관리는 국내입양 아동에만 적용되었으나 협약 비준 이후 국제입양 아동도 입양 후 사후관리에 포함될 수 있도록 국내법을 개정하였다(황옥경 외, 2015).

활동하기 <Activity>

- 가정위탁, 공동생활가정, 양육시설의 가장 큰 차이점과 공통점을 이야기해 봅시다.
- 우리나라 문화에서 가정위탁 제도가 정착하기 어려운 점이 예상된다면 무엇 때문일지 이야기해 봅시다.
- 가정위탁 서비스가 가정과 가장 유사한 환경을 아동에게 제공한다는 취지를 살리기 위해서는 어떻게 운영되는 것이 가장 중요할지 논의해 봅시다.
- 법원의 입양허가제가 아동권리에 왜 중요한 의미를 갖는지 논의해 봅시다.

3. 대안양육 제도의 서비스 단계

이 부분에서는 아동이 대안양육제도에 처음 배치되는 단계부터 친가정에 복귀되는 단계까지 살펴보고 각 단계에서 나타날 수 있는 문제점과 이에 대한 개선방안을 논하고자 한다.

1) 아동의 대안양육 보호체계 진입 단계

아동이 다양한 이유로 인해 자신의 친가정에서 자랄 수 없다고 판단되면 대안양육 보호를 고려하게 된다. 그러나 그 아동이 어떤 상황에 있을 때 친가정에서 자랄 수 없다고 판단해야 하는지, 혹은 그 판단은 누가 해야 하는지 등 구체적 법적, 혹은 정책적 기준이 부족하다. 보호대상 아동이 발생되었을 때 「아동복지법」에 의하면 아동복지전담공무원 또는 아동위원이 아동보호자 대상 상담을 거쳐 배치결정을 하게 되어 있다. 그러나 이때 상담내용이 무엇이 되어야 하는지, 보호결정은 무엇을 기준으로 해야 하는지에 대해서는 규정되어있지 않다. 더군다나 안타깝게도 아직까지 이런 일을 해야 할 공무원 인력이 매우 부족한 상황이다.

2) 대안양육 보호형태 결정 단계

대안양육 보호체계 진입 후 가장 중요한 결정 중의 하나는 바로 아동에게 적절한 보호유형을 고려하여 배치하는 것이다. 이렇게 중요한 배치 결정은 위에서 설명한 아동복지전담공무원이 아동 상담, 심리검사, 가정환경 조사를 실시하여 결정하도록 「아동복지법」에서 규정한다.

또한, 아동의 배치 결정은 아동복지심의위원회에서 심의를 통해서 결정할 수 있다. 이것은 2012년 「아동복지법」 전면개정 시 추가된 것으로 다행스러운 점이라 할 수 있다. 그러나 각 지방자치단체에 이 심의회가 얼마나 설치되어 운영되고 있는지는 잘 알려져 있지 않다. 설치되어 있다 하더라도 그 실제적인 역할 및 책임을 어디까지 담당하고 있는지도 파악하기 쉽지 않다. 위원회 조직 · 구성 및 운영 등에 필요한 사항은 역시 지방자치단체 법률인 조례에 의해 정한다. 따라서 아동의 대안양육 보호체계 진입과 보호유형 배치 결정에 있어서의 통일된 기준과 전문성을 확보하기 어려운 상황이라고 할 수 있다.

따라서 대안양육의 각 보호유형의 특성과 장점을 고려하여 아동이 가장 적절한 유형에 배치될 수 있도록 그 배치기준을 구체화하고 개편할 필요가 있다. 예를 들어, 공동생활가정은 가정위탁과 시설의 중간적 형태에서 그 정체성에 대해 고민하고 있다(정익중, 2015). 공동생활가정에도 보호아동에 대한 연령 기준을 두어 한 공동생활가정 가정에 영유아기부터 청소년기까지의 다양한 연령대의 아동을 한꺼번에 같이 보호하는 것은 지양해야 할 것이다. 영유아기 아동과 청소년기의 아동은 그 발달특성이나 욕구, 아동이 보호자에 대해 요구하는 민감성의 정도가 매우 다르므로 개별화된 보호와 양육을 위해서라도 비슷한 연령대의 아동을 함께 보호하는 것이 더 적절할 것이다.

3) 배치 이후 각 보호유형에서의 양육 단계

(1) 연령별 욕구에 맞춘 서비스의 필요성

앞서 언급한 것처럼 대안양육 보호체계는 그 배치기준부터 연령별 욕구에 맞는 서비스를 개발하여 아동을 양육하고 보호하는 단계에서 그러한 서비스를 제공해야 한다. 그러나 여러 현실적 여건을 고려하면 이것이 어려운 상황과 구조 속에 있다. 예를 들어, 앞서 언급한 것처럼 한 가정이나 공간에서 함께 양육되는 아동들의 연령의 범위가 너무 크면 종사자 혹은 양육자가 그들의 욕구별 돌봄 서비스를 제공하기 어렵다. 특히 영유아 아동의 경우에는 보호자 대 아동의 비율이 낮아야 좀 더 세심하게 아동을 돌볼 수 있을 것이다. 「아동복지법」에 의하면 시설이나 공동생활가정의 경우에는 아동의 연령에 따른 양육자 대 아동 비율에 대한 구체적 기준을 두고 있다. 그러나 가정위탁의 경우에는 특별한 기준이 없으며 아동을 위탁할 가정에 배치하는 가정위탁 지원 센터의 상담원이 판단하여 결정하게 된다.

「아동복지법」에 따르면 시설의 경우 0~2세까지는 아동 2명 당 1명 종사자(주양육자에 해당하는 생활복지사 등), 3~6세는 아동 5명당 1명, 7세 이상은 7명당 1명의 배치를 규정하고 있다. 연령별 배치 규정을 따로 마련한 것은 긍정적인 일이나 3~6세의 유아를 5명 돌보는 데에 1명의 종사자는 부족할 것으로 생각된다. 영유아의 특수한 욕구에 맞춘 서비스를 제공하기 위해서는 배치기준이 더 개선되어야 할 것이다.

(2) 치료상담 서비스의 필요성

대안양육의 보호아동은 보호체계에 들어오기 전 이미 친가정에서 다양한 트라우마 사건, 예를 들어 가족이나 가족관계의 상실의 경험, 폭력과 불안정의 경험을 한 경우가 많다(강현아 외, 2012; 김경민 · 정익중, 2009). 특히 영유아기 아동에게 이러한 트라우마 사건의 경험은 뇌발달 및 이후 심리정서발달 등에 커다란 부정적 영향을 미칠 수 있다(Silver, Amster, & Haecker, 1999). 또한, 대안양육 아동에 대한 수많은 선행연구에 의해 다양한 심리정서적, 행동, 적응 문제를 겪는다는 점은 잘 알려진 사실이다. 이러한 아동들은 보호체계에 진입할 때 전문적 평가를 통해 보호치료시설 등에 배치되어 전문화된 상담치료 서비스를 제공받아야 할 필요가 있다.

그러나 우리나라에 이러한 치료 서비스를 제공하는 기관이나 시설은 턱없이 부족하다. 2015년 말 기준, 전국적으로 아동보호치료시설이 11개소에 불과하며 수용인원도 500명이 채 되지 않는다(보건복지부, 2016c). 이러한 아동보호치료시설이 부족으로 인해 치료 서비스의 도움이 필요한 아동들도 치료시설로 가지 못하고 일반 양육시설에 배치되는 경우도 발생한다(강현아 외, 2012). 최근 정부도 치료 서비스의 부족을 인식하여 2015년 현재 시설의 경우에 '아동복지시설 아동치료 · 재활 지원 시범사업'을 운영하고 있다. 이 사업의 목적은 문제행동이나 정서장애를 가진 아동을 진단하고 치료하는 아동복지시설을 지원하고자 하는 것이다(전종설, 2015).

앞서도 설명했듯이 여러 선행연구(신혜령 외, 2008; Kang 외, 2014)를 살펴보면, 보호대상 아동들은 평균 초등 저학년에 보호체계에 들어와 18세 퇴소할 때까지 보호체계에서 성장하는 것으로 파악된다. 친가정에서의 트라우마 사건 경험과 긴 보호체계의 생활이 합쳐졌을 때 그 아동의 욕구는 매우 다양하고 복합적일 것으로 생각된다.

특히 어린 연령에 겪은 불안정한 가정 및 성인과의 관계, 학대나 방임 등의 트라우마 사건으로 인해 그 아동은 타인에게서 거부와 공격성을 '기대'하게 되며 이런 관계에서 자신을 보호하기 위해 항상 방어적인 상태에 있거나 심하면 먼저 공격성을 드러내기 쉽다. 또한, 가족관계의 상실로 인해 보호체계에 들어온 아동들은 아동기를 거치는 동안 종사자들의 이직이나 배치 변경 등으로 인해 반복적으로 상실을 경험한다. 보호유형이 변경되면 새로운 사람들과 친해져야 하며, 새로운 음식과 잠자리와 새로운 성인이 정하는 새로운 규칙에 적응해야 하는 어려움도 겪는다. 따라서 이런 성향을 가진 아동이 다른 성인과의 안정적 관계 형성이나 애착관계 형성 없이 청소년기에 이르면 그 청소년들은 혐오, 비관, 경멸, 고립적 태도가 형성되며 이미 성인이 다루기 매우 어려운 상황에 있을 가능성이 높고 성인이나 타인의 개입과 관계형성을 거부하는 상태에 놓일 위험이 크다(Webb, 2006).

따라서 대안양육 아동들에게는 안정되고 일관된 관계 속에서 정서적 지지와 신뢰관계 형성이 절실하게 필요하다. 그러나 우리나라 대안양육 보호체계의 현실에서 현재 아동들이 양육되고 있는 대안양육체계에는 서비스 인력이나 자원이 부족하다. 따라서 아동들의 정서적 지지를 위해 멘토프로그램 등을 포함하여 더 전문적인 상담 지원의 연계가 절실하다. 또한, 아동의 어린이집, 유치원, 학교 등 교육체계와 대안양육체계와의 긴밀한 연계를 통해 교사가 아동의 상황을 충분히 이해하고 정서적 지지를 제공할 수 있는 여건이 마련되어야 한다.

(3) 학교적응 및 학업성취 증진을 위한 서비스의 필요성

아동의 특성상, 학교적응과 학업성취도는 대안양육 아동의 주요 발달성과 중의 하나이다. 대안양육아동을 초등학교부터 중학교 시기까지 추적 조사한 데이터(「한국가정외보호아동패널」)를 분석한 결과, 학업성취도와 학교생활적응 정도가 학년이 높아질수록 점점 더 떨어지는 안타까운 결과를 확인하였다(노충래 외, 2015). 학업성취도는 특히 청소년의 18세 이후 자립 및 성인기 사회적응과도 밀접히 관련이 있다. 따라서 이는 보호체계에서 아동의 학업 및 학교생활 적응을 매우 중요하게 다뤄야 함을 나타내는 것이다. 그러나 여전히 교육체계의 대안양육에 대한 이해 정도는 낮으며, 대한양육체계 역시 교육체계와의 연계 노력이 부족하다. 따라서 서비스 전달체계상의 연계가 당장 어렵더라도 대안양육 아동을 담당하는 사회복지사는 아동의 특수한 상황과 욕구에 대해 어린이집, 유치원, 학교 등의 담임교사에게 알리고 협의해야 할 것이다. 또한, 교사 외에도 학교사회복지사, 학교상담교사 등과의 협력을 위한 노력을 해야 할 것이다(강현아, 2015).

(4) 아동의 신체건강에 대한 관심과 서비스의 필요성

앞서 언급한 「한국가정외보호아동패널」 분석 결과에서 발견된 또 다른 문제는 바로 아동들의 신체건강 문제이다. 분석 결과, 양육시설 아동 9.2%, 공동생활가정 15%, 가정위탁 11% 아동이 뇌병변, 기관지 질환과 같은 신체장애 및 만성질환을 앓고 있었다(노충래 외, 2015). 그동안 현장이나 학계에서 대안양육 아동의 신체건강문제를 등한시해 온 것이 사실이다. 이 결과는 이러한 관심부족을 일깨우는 다소 충격적인 결과로 아동 건강에 대한 관심이 시급함을 보여 준다. 따라서 아동을 양육하는 양육자들에게 아동 건강의 중요성을 알리고 건강관리에 대한 교육을 하는 방안을 고려해야 한다. 또한, 아동을 대안양육에 배치할 때 신체건강 문제에 대한 검진 및 조기진단 및 이후 주기적 신체검진을 해야 할 필요가 있다. 특히 영유아기 아동의 경우는 건강문제 이후 발달에 큰 영향을 미치므로 조기진단의 중요성이 더욱 강조된다(Silver 외, 1999).

4) 친가정 복귀 준비 단계

대안양육 아동이 친가정으로 돌아가는 것을 돕기 위해 보호체계에서는 다양한 가족만남 서비스를 마련하려는 노력을 하고 있다. 그러나 우리나라는 친부모의 권리에 국가가 개입하기에는 어려운 점이 많다. 우선 부모의 권리를 중요하게 생각하는 문화가 강하며, 개입을 위한 사법 및 복지 인력도 부족하다. 예를 들어, 한 조사(한국보건복지 인력개발원 아동자립 지원 사업단, 2014)에 의하면 시설아동의 부모와 연락 빈도를 조사한 결과 '매달 한 번' 연락한다는 비율이 가장 높게 나타났다(34.7%). 공동생활가정아동의 경우는 더욱 연락빈도가 낮아 '2~3달에 한 번' 연락한다는 비율(32.4%)이 가장 높았다. 아동의 가족과의 정서적 유대는 보호기간이 길어질수록 급속도로 약화되어 친가정 복귀는 점점 어려워지는 경향이 있다. 특히 영유아기 아동에게는 부모와의 애착 형성과 유지가 매우 중요하며, 이는 아동이 성공적으로 친부모에게 다시 돌아가는 데에도 중요하지만 이후 심리정서발달에도 중요한 영향을 미친다. 따라서 친부모와의 관계 유지를 위한 사례관리 중요성이 더욱 강조된다.

활동하기 <Activity>

- 어린이집이나 유치원에서 대안양육 아동을 만났을 때, 교사가 이 아동을 위해 어떤 점을 고려해야 할지 논의해 봅시다.

- 대안양육 아동에게 보장해 주어야 할 권리가 무엇일지 논의해 봅시다.

4. 아동권리에 기반한 대안양육제도 개선 방향

1) 대안양육제도의 통합성 강화

아동은 그들의 특성과 욕구를 중심으로 양육시설(혹은 치료보호시설), 공동생활가정, 가정위탁으로 배치되어야 하고 이 세 가지 주요 보호유형 체계는 아동을 중심으로 서로가 밀접하게 연계된 유기적 관계 속에 운영되어야 한다. 그러나 각 보호유형은 이론처럼 통합적으로 기능하는 것이 아니라 서로 협력하지 못하고 분리된 체계와 환경 속에서 운영되고 있다. 그렇다면 이렇게 각 보호유형 체계가 서로 긴밀히 연계되지 못하는 원인은 무엇일까. 여러 가지 다양한 원인이 있겠지만, 기본적으로는 이 세 개의 보호유형에 대한 전체적인 정책 방향을 설정하고 통일적 체계로 이끌 수 있는 주체의 부재를 들 수 있다(강현아, 2015). 앞에서 설명한 것처럼 지방이양으로 인해 중앙정부가 대안양육제도를 통합적으로 이끄는 중심적 역할을 하지 않기 때문이다(강현아 외, 2012). 따라서 대안양육제도의 통합성이 강화되기 위해서는 가장 이상적으로 지방이양되었던 대안양육 보호를 다시 국가사무로 전환하여 중앙정부가 중심적인 역할을 해야 한다.

2) 지방자치단체별, 보호유형별 예산 구조 통일의 필요성

앞서 설명한 대로 대안양육제도가 중앙정부가 중심적 권한을 갖는 국가사무로 다시 전환된다면 가장 이상적이겠으나 현재처럼 지방이양된 상태에서는 지방자치단체별, 보호유형별 예산구조를 통일하는 것부터라도 시급히 시행해야 한다. 2005년 지방이양이 된 이후, 대안양육 공공전달체계의 구조는 중앙 정부가 전체적 아동복지 정책 및 방향을 정하고 각 지방자치단체의 예산 항목 및 그 액수는 지방자치단체에서 결정하며 각 실제적인 서비스 전달은 시 · 군 · 구와 읍 · 면 · 동 중심으로 이루어지고 있다. 따라서 그 예산안이나 그 운용은 지방자치단체별로 다양하다. 그러나 이러한 지방분권화 정책 이후에도 아직까지 적지 않은 중앙정부의 예산이 대안양육 보호체계 운영을 위해 지방자치단체로 지원되고 있는데, 지방자치단체에 대한 중앙의 리더십이나 모니터링은 실로 미미한 수준이다(강현아 외, 2012).

대안양육 보호체계 유형별로도 그 예산이나 종사자 인건비 지원에 있어서 제각각이다. 양육시설과 가정위탁은 주로 중앙정부 지원과 지방자치단체 지원으로 운영되는 한편, 공동생활가정은 2014년부터 기획재정부의 복권기금을 통해 그 운영비와 인건비가 지원되고 있다. 또한, 인건비 지원 주체와 그 규모도 세 유형별로 다양하며, 시설과 타 유형을 비교해 볼 때 시설은 「사회복지사업법」에 근거한 인건비 규모와 호봉제를 적용하지만 다른 유형은 그렇지 않다. 따라서 대안양육 보호유형 간에도 그 인건비에 있어 현저한 차이를 보이기도 한다. 예를 들어, 공동생활가정에 대한 재정 지원은 그 규모와 상관없이 종사자 2인의 인건비와 월 24만 원의 지원에 불과하며, 종사자 1인당 인건비 지원이 최근 3년간(2013~2015년) 평균 1,600만 원 정도였다(정익중, 2015).

더욱 심각한 것은 아동에 대한 보호양육비 지원도 보호유형별로 차이가 발생하여 형평성 문제가 제기된다는 점이다. 이러한 문제를 근본적으로 해결하기 위해서는 대안양육 아동을 위한 최소한의 국가보호기준을 마련하고 이에 기초한 통합적이고 표준화된 양육비용을 산출하여 지원해야 할 필요가 있다(강현아 외, 2012; 강현아, 2015; 노충래 외, 2015; 이용교 외, 2014).

표준화된 양육비 산출의 필요성은 그동안 학계에서 꾸준히 제기되어왔으나 이 비용 산출에 어려움을 겪는 이유 중의 하나는 대안양육 서비스의 다양한 프로그램이나 서비스 단위별 투입되는 비용을 계산하는 데 있어서의 어려움을 들 수 있다. 즉, 각 보호유형별로 전체 비용을 계산한 후 보호아동 1인당 소요되는 비용을 계산하기는 비교적 쉽다. 그러나 각 서비스단위나 프로그램 별 비용은 그 서비스나 프로그램의 개념이나 범위에 대한 정의와 표준화 작업부터 필요하기 때문에 쉽지 않다는 것이다(노충래 외, 2015). 따라서 표준화 작업을 위한 기본적 산출 근거부터 마련해야 할 필요성이 있다.

이렇듯 아직까지 각 보호유형별 정확한 양육비용이 공식적으로 산출되지 않은 상황이지만, 한 연구(우석진, 2015)에 따르면, 공동생활가정과 양육시설을 정원 대비 아동 1인당 비용으로 계산하였을 때, 공동생활가정은 약 1,027만 원, 아동양육시설은 약 1,229만 원인 것으로 조사되었다. 또한, 최근 아동 수의 감소로 인해 실제 현원 기준으로 계산했을 때는 공동생활가정이 1,426만 원, 아동양육시설이 1,699만 원으로 상승하였다. 그러나 공동생활가정의 인건비가 너무 낮게 책정되어 있기 때문에 다른 비슷한 전문가 수준으로 상향조정하여 다시 계산하면 정원기준 공동생활가정이 아동 1인당 1,300만 원 정도로 상승하였다. 정리하면, 각기 다른 보호유형 내 아동에 대한 차별이 발생하지 않도록 최소한의 보호서비스 수준을 정하고 이를 기반으로 현실적이고 체계적인 표준화된 양육비용 산정이 시급하다(황옥경 외, 2015).

3) 국가의 친부모 권리에 대한 개입 강화 필요성

대안양육제도는 일시적으로 아동을 양육하는 데에 그 목적이 있으며 궁극적으로 아동이 돌아갈 곳은 자신의 친부모, 친가정이다. 아동이 자신의 친가정에서 성장하는 것은 가장 기본적인 아동권리이다. 이러한 기본적 아동권리 보장을 위해서 국가가 부모의 친부모 권리에 개입하여 부모의 협조를 최대한 이끌어 내야 한다. 친부모의 권리(친권)는 「민법」에서 그 개념을 규정하고 있다. 친권 규정에 의하면 가족해체의 경우에도 부모는 자녀양육권을 통해 양육에 대한 책임을 동일하게 지며, 「아동복지법」은 보호자와 국가공동체의 아동에 대한 책무를 규정하고 있다.

최근 「민법」 개정을 통하여 2015년부터 시행된 친권 상실, 정지 및 제한과 관련한 조항은 친권의 남용을 막아 아동이 잘 성장할 수 있도록 보호하고 양육하려는 취지를 담고 있다. 또한, 친권의 상실 및 정지뿐만 아니라 친권의 일부 내용의 제한도 선고할 수 있도록 하는 조항도 2014년에 신설되었다. 예를 들어, 부모가 자녀의 재산을 위태롭게 하는 경우 친권의 내용 중의 하나인 자녀 재산 관리권의 상실을 선고할 수도 있게 하였다. 이러한 조항들은 특히 아동학대 등의 사례에서 아동의 권리보호를 좀 더 용이하게 하였다고 평가할 수 있으나 아직 시행된 지 얼마 되지 않아 보호대상 아동 부모의 친권 남용을 얼마나 방지할 수 있을지 의문스럽다.

보호대상 아동의 경우에는 보호체계에 진입한 순간부터 국가가 부모 대신 아동의 보호자 역할을 수행해야 한다. 따라서 아동의 보호체계 진입과 친가정 복귀와 같은 중대한 결정은 최소한 전문가와 실무자의 신중한 평가와 심의를 거쳐야 하며 아동이 보호체계에 머무는 동안은 친권에 대한 모니터링과 제한이 적절히 이루어져야 아동을 제대로 보호할 수 있다. 그러나 우리나라 보호체계의 현실은 부모의 친권에 대한 개입이 거의 이루어지지 않을 뿐만 아니라 친권자와 연락이 닿지 않는 경우에 친권을 행사할 수 있는 주체가 없어 아동보호와 복지에 심각한 부정적 영향을 미칠 수 있다. 그나마 시설아동이나 공동생활가정 아동의 경우는 친권자가 사망하면 보호시설(아동의 시설이나 공동생활가정이 국가나 지방자치단체가 설치 · 운하는 곳에 한함)의 장이 자동적으로 후견인으로 지정되지만, 가정위탁아동의 경우에는 위탁부모나 후견인이 되고자 하는 사람이 직접 가정법원에 복잡한 신청절차를 거쳐야만 한다. 한 통계(중앙가정위탁 지원 센터, 2012)에 의하면 위탁아동 중 친권자가 그 역할을 할 수 없는 사례가 2,000여 건으로 추산된다. 이렇듯 아동에게 친권역할을 할 주체가 없는 경우 아동은 통장개설, 전학, 수술 등에서 절차상의 어려움을 겪을 수 있으므로 큰 어려움에 직면하게 된다(강현이, 2015). 친권의 책임을 제대로 이행하지 않으면서 포기도 하지 않아 적절한 입양부모 후보가 있어도 보호대상 아동이 입양되지 못하는 불행을 겪기도 한다. 또한, 아동 부모에 대한 친권 개입이 제대로 되지 않으면 이는 부모를 아동 친가정 복귀를 위한 서비스와 준비에 참여시키는 데에도 보호현장에서 큰 어려움을 겪는다.

4) 실무자, 양육자 그리고 아동에 대한 아동권리 교육 및 인식 개선

아동권리에 기반한 대안양육제도가 되기 위해서는 시설종사자 및 가정위탁부모와 같은 양육자들이 아동권리 원칙에 대한 이해할 수 있도록 교육이 필요하다. 또한, 아동발달 단계와 아동의 특성 및 욕구에 따라 아동권리 보장이 어떻게 달라져야 하는지 구체적인 교육과 인식개선이 필요하고, 다양한 아동권리 침해 상황에 대한 민감성을 강화할 필요가 있다.

대안양육 아동에 대해서도 그들 자신의 권리를 이해하게 하며, 스스로 권리를 옹호할 수 있도록 교육시켜 주어야 할 것이다. 호주의 경우 이러한 아동과 청소년에게 아동권리를 쉽게 이해할 수 있도록 책자를 발간하여 그들에게 보급하고 있다(NSW Department of Family and Community Services, 2014; 강현아, 2015 재인용). 또한, 아동의 대안양육제도나 양육자에 대한 의견을 듣고 이를 서비스와 정책 개선에 반영할 수 있도록 일종의 모임이나 협회(association)같은 조직을 구성하는 방안도 다양하게 시도되고 있다(Curran & Pecora, 1999; 강현아, 2015 재인용). 우리나라에서도 대안양육제도에서 성장했던 청소년을 중심으로 한 모임 등을 구성하여 정책에 대한 그들의 의견을 피력할 수 있는 기회를 제공하거나 아동자립지원단 등에서는 '바람개비서포터즈'라는 명칭으로 대안양육아동을 위한 멘토 역할을 하기도 한다. 그러나 이는 자립을 앞두고 있거나 이미 자립한 청소년을 위주로 하는 모임이므로 현재 대안양육에서 성장하는 아동을 위한 아동권리 교육과 이들의 참여권을 증진할 수 있는 여러 방안이 더 모색되어야 할 것이다.

활동하기 <Activity>

- 대안양육 아동의 발달 단계(영아기, 유아기, 학령기, 청소년기)에 따라 겪을 수 있는 어려움이 무엇일지 논의해 봅시다.
- 어린이집이나 유치원 교사가 대안양육체계의 사회복지사와 아동에 대해 논의하고 협력할 수 있는 구체적 업무가 무엇일지 논의해 봅시다.

5) 요약 및 결론

지금까지 논의된 대안양육 보호체계의 문제점과 개선방안을 중심으로 다음과 같은 결론을 내리며 이 장을 마무리짓고자 한다.

첫째, 아동을 대안양육 보호체계에서 보호양육하는 것은 최후의 수단이어야 함을 기억하여 아동의 진입을 최소화할 수 있는 친가정 지원 방안이 마련되어야 한다. 즉, 부모의 이혼이나 가출, 가정의 빈곤과 같은 이유로 대안양육 체계에서 보호받게 되지 않도록 가정에 대한 개입을 강화해야 한다.

둘째, 대안양육 보호체계를 통합관리해야 한다. 대안양육 체계가 통합적으로 운영되지 못하고 서로 파편화된 서비스를 제공하면 서비스의 효율성 측면에서도 문제가 되지만 무엇보다 아동의 권리가 침해될 위험이 높다. 제공자 중심의 분리된 구조에서는 사회적으로 가장 취약한 대상인 대안양육 아동은 보호 서비스에서도 소외된 존재가 될 수밖에 없다. 따라서 장기적으로 볼 때 대안양육 보호체계는 국가사업으로 환수되는 것이 적절할 것이다. 즉, 중앙정부의 일반예산으로 대안양육 예산을 부담해야 할 것이다. 통합된 예산 지원 구조와 보호양육

비용의 틀 안에서 아동이 보호되어야 한다. 또한, 이러한 통합된 틀 속에서 통합적 양육 및 보호 서비스 및 데이터베이스도 구축해야 할 것이다.

셋째, 국가는 대안양육 아동의 보호자임을 인식하고 그 책임을 이행해야 한다. 그 이행에는 친부모와 대안양육 체계의 책임을 강화할 수 있는 모니터링이 포함되어야 한다.

마지막으로 대안양육 종사자는 아동중심의 관점에서 그들의 욕구에 초점을 둔 서비스 제공을 해야 한다는 것을 기억해야 한다. 이를 위해서는 아동권리에 대한 민감성을 더욱 증진시킬 수 있는 종사자 교육이 필요하다. 또한, 아동들에게도 자신의 의견을 피력하고 자신을 위한 서비스에 대해서도 피드백을 할 수 있도록 아동 스스로의 권리 의식도 증진할 수 있는 기회를 마련해 주어야 한다.

11 CHAPTER

아동권리와 복지 전달체계

우리나라 아동의 권리와 복지 증진 정책은 「유엔아동권리협약」 당사국이 되기 전과 그 이후로 대별될 수 있을 것이다.

우리나라 아동권리와 복지 증진 정책은 협약 당사국이 되면서 그 위상이 달라지게 되었다. 우리나라는 1991년 「협약」에 인준하고 비준서를 제출함으로써 1991년 12월 20일부터 협약 당사국이 되었다. 협약 당사국은 「협약」의 이행에 관하여 유엔아동권리위원회에 5년마다 보고서를 제출하여야 한다. 우리나라 역시 「협약」을 이행하기 위하여 아동정책을 수립하고 이를 실현하기 위한 전달체계를 갖추기 위하여 노력하게 되었다. 그 결과 아동권리 실현을 위한 법과 정책을 마련하기 위하여 법이 제 · 개정되었으며, 정책이 시행되고 있다.

본 장에서는 아동권리와 복지 전달체계를 이해하기 위하여 첫째, 아동권리와 복지 관련 법, 둘째, 아동권리의 복지 전달체계의 법적 근거, 셋째, 아동정책 수립과 전달의 기초가 되는 「아동정책 기본계획(2015~2019)」의 현황, 넷째, 아동정책 행정 전달체계를 살펴보고자 한다. 마지막으로 우리나라 「협약」의 이행 상황을 간략하게 살펴보고자 한다.

1. 아동권리와 복지 관련 법

법령은 정책을 담는 그릇으로서 정책과 불가분의 관계에 있다고 할 수 있다. 일반적으로 법령은 강제력 동원의 유일한 근거이면서 경제적 비용이 수반되지 않으므로 정책의 수단으로 선호되는 경향이 있다.

실제로 정책을 수립하면, 이를 예산의 형태로 담아 둘 수도 있고,[1] 법령의 형태로 담아 둘 수도 있다. 어떤 정책 목표의 달성을 위하여 국민의 자유나 권리를 제한하거나 의무를 부과할 수밖에 없는 경우, 그 정책은 반드시 법령 가운데 법률이라는 그릇에 담아 두어야 한다.

1) 예산만으로 수행 가능한 정책은 법령에 의존할 필요가 없으나, 예산 집행의 공정성과 투명성을 확보하기 위하여 최근에는 법령에 집행 근거를 마련하는 경향이 높아지고 있다.

「아동복지법」은 1961년 「아동복리법」이 그 전신으로, 1981년 「아동복지법」으로 제정되면서 내용이 대폭 개정되었다. 아동권리와 복지의 근간이 되는 법인 「아동복지법」은 총 7장 전문 75조와 부칙으로 구성되어 있으며 내용을 개관하면 다음과 같다.

제1장은 총칙으로 제1조에서 제6조까지이며 목적, 이념, 정의, 국가와 지방자치단체 의무, 보호자 책무, 어린이날 어린이주간 조항이 포함되어 있다(〈표 11-1〉 참조). 제2장은 아동복지 정책의 수립 및 시행 항목으로서 제7조에서 제14조까지로 구성되어 있고 아동정책 기본계획의 수립, 아동정책조정위원회, 아동종합실태조사, 아동복지 심의위원회, 아동복지전담공무원, 아동위원 조항이 있다. 제3장은 아동보호 서비스, 아동학대의 예방 및 방지에 대한 조항이 있다. 제4장은 아동에 대한 지원 서비스 항으로서 아동안전 및 건강지원, 취약계층 아동 통합서비스 지원 및 자립지원 조항이 있다. 제5장은 아동복지시설 조항이다. 제6장은 보칙으로서 비용, 보조금 등에 관한 조항이 있고, 제7장은 벌칙으로서 과태료 등에 대한 조항으로 구성되어 있다.

또한, 「아동복지법」에는 「아동복지법 시행령」과 「아동복지법 시행규칙」이 있으며 시행규칙에는 행정규칙과 자치법규가 있다.

〈표 11-1〉 **「아동복지법」**

제1장 총칙

제1조(목적) 이 법은 아동이 건강하게 출생하여 행복하고 안전하게 자랄 수 있도록 아동의 복지를 보장하는 것을 목적으로 한다.

제2조(기본 이념) ① 아동은 자신 또는 부모의 성별, 연령, 종교, 사회적 신분, 재산, 장애유무, 출생지역, 인종 등에 따른 어떠한 종류의 차별도 받지 아니하고 자라나야 한다.

② 아동은 완전하고 조화로운 인격발달을 위하여 안정된 가정환경에서 행복하게 자라나야 한다.

③ 아동에 관한 모든 활동에 있어서 아동의 이익이 최우선적으로 고려되어야 한다.

④ 아동은 아동의 권리보장과 복지증진을 위하여 이 법에 따른 보호와 지원을 받을 권리를 가진다.

제3조(정의) 이 법에서 사용하는 용어의 뜻은 다음과 같다. 〈개정 2014. 1. 28.〉

1. '아동'이란 18세 미만인 사람을 말한다.

2. '아동복지'란 아동이 행복한 삶을 누릴 수 있는 기본적인 여건을 조성하고 조화롭게 성장·발달할 수 있도록 하기 위한 경제적·사회적·정서적 지원을 말한다.
3. '보호자'란 친권자, 후견인, 아동을 보호·양육·교육하거나 그러한 의무가 있는 자 또는 업무·고용 등의 관계로 사실상 아동을 보호·감독하는 자를 말한다.
4. '보호대상아동'이란 보호자가 없거나 보호자로부터 이탈된 아동 또는 보호자가 아동을 학대하는 경우 등 그 보호자가 아동을 양육하기에 적당하지 아니하거나 양육할 능력이 없는 경우의 아동을 말한다.
5. '지원 대상아동'이란 아동이 조화롭고 건강하게 성장하는 데에 필요한 기초적인 조건이 갖추어지지 아니하여 사회적·경제적·정서적 지원이 필요한 아동을 말한다.
6. '가정위탁'이란 보호대상아동의 보호를 위하여 성범죄, 가정폭력, 아동학대, 정신질환 등의 전력이 없는 보건복지부령으로 정하는 기준에 적합한 가정에 보호대상아동을 일정 기간 위탁하는 것을 말한다.
7. '아동학대'란 보호자를 포함한 성인이 아동의 건강 또는 복지를 해치거나 정상적 발달을 저해할 수 있는 신체적·정신적·성적 폭력이나 가혹행위를 하는 것과 아동의 보호자가 아동을 유기하거나 방임하는 것을 말한다.

7의 2. '아동학대관련범죄'란 다음 각 목의 어느 하나에 해당하는 죄를 말한다.
  가. 「아동학대범죄의 처벌 등에 관한 특례법」 제2조 제4호에 따른 아동학대범죄
  나. 아동에 대한 「형법」 제2편 제24장 살인의 죄 중 제250조부터 제255조까지의 죄

8. '피해아동'이란 아동학대로 인하여 피해를 입은 아동을 말한다.
9. 삭제 〈2016. 3. 22.〉
10. '아동복지시설'이란 제50조에 따라 설치된 시설을 말한다.
11. '아동복지시설 종사자'란 아동복지시설에서 아동의 상담·지도·치료·양육, 그 밖에 아동의 복지에 관한 업무를 담당하는 사람을 말한다.

제4조(국가와 지방자치단체의 책무) ① 국가와 지방자치단체는 아동의 안전·건강 및 복지 증진을 위하여 아동과 그 보호자 및 가정을 지원하기 위한 정책을 수립·시행하여야 한다.

② 국가와 지방자치단체는 보호대상아동 및 지원 대상아동의 권익을 증진하기 위한 정책을 수립·시행하여야 한다.

③ 국가와 지방자치단체는 아동이 태어난 가정에서 성장할 수 있도록 지원하고, 아동이 태어난 가정에서 성장할 수 없을 때에는 가정과 유사한 환경에서 성장할 수 있도록 조치하며, 아동을 가정에서 분리하여 보호할 경우에는 신속히 가정으로 복귀할 수 있도록 지원하여야 한다. 〈신설 2016. 3. 22.〉

④ 국가와 지방자치단체는 장애아동의 권익을 보호하기 위하여 필요한 시책을 강구하여야 한다. 〈개정 2016. 3. 22.〉

⑤ 국가와 지방자치단체는 아동이 자신 또는 부모의 성별, 연령, 종교, 사회적 신분, 재산, 장애유무, 출생지역 또는 인종 등에 따른 어떠한 종류의 차별도 받지 아니하도록 필요한 시책을 강구하여야 한다. 〈개정 2016. 3. 22.〉

⑥ 국가와 지방자치단체는 「아동의 권리에 관한 협약」에서 규정한 아동의 권리 및 복지 증진 등을 위하여 필요한 시책을 수립·시행하고, 이에 필요한 교육과 홍보를 하여야 한다. 〈개정 2016. 3. 22.〉

⑦ 국가와 지방자치단체는 아동의 보호자가 아동을 행복하고 안전하게 양육하기 위하여 필요한 교육을 지원하여야 한다. 〈신설 2014. 1. 28., 2016. 3. 22.〉
[시행일 : 2018. 3. 23.] 제4조

제5조(보호자 등의 책무) ① 아동의 보호자는 아동을 가정에서 그의 성장시기에 맞추어 건강하고 안전하게 양육하여야 한다.

② 아동의 보호자는 아동에게 신체적 고통이나 폭언 등의 정신적 고통을 가하여서는 아니 된다. 〈신설 2015. 3. 27.〉

③ 모든 국민은 아동의 권익과 안전을 존중하여야 하며, 아동을 건강하게 양육하여야 한다. 〈개정 2015. 3. 27.〉

제6조(어린이날 및 어린이주간) 어린이에 대한 사랑과 보호의 정신을 높임으로써 이들을 옳고 아름답고 슬기로우며 씩씩하게 자라나도록 하기 위하여 매년 5월 5일을 어린이날로 하며, 5월 1일부터 5월 7일까지를 어린이주간으로 한다.

출처: 국가법령정보센터.

활동하기 **<Activity>**

• 「아동복지법」 총칙의 각 조(1~6조)를 읽고, 새롭게 알게 된 법의 내용을 이야기해 봅시다.

「협약」의 핵심이라 할 수 있는 '아동의 이익을 최우선으로'하는 권리를 담는 「아동복지법」 조항은 제15조, 제18조, 제29조이다. 내용을 개괄하면 다음과 같다.

• 제15조(보호조치) 보호대상아동과 관련하여 상담지도, 대리양육, 가정위탁, 시설보호, 특수치료와 요양 등의 보호조치를 취할 때 아동의 최상의 이익을 위하도록 하고 있다.
• 제18조(친권상실 선고의 청구 등)와 제19조(아동의 후견인의 선임 청구 등)에서는 법원이 친권행상의 제한 또는 상실의 선고를 청구할 때와 후견인의 선임을 청구할 때, 아동의 의견을 존중하여야 한다고 밝혀 두었다.
• 제29조(피해아동 및 그 가족 등에 대한 지원)는 학대 피해아동 및 가족에게 필요한 지원을 제공할 때 아동의 이익을 최우선으로 고려하여야 함을 규정하였다.

활동하기 <Activity>

- 「아동복지법」 제15조, 제18조, 제29조에서 적시하고 있는 '아동의 이익을 최선'으로 하기 위하여 어떻게 해야 할지를 이야기 나누어 봅시다.

또한, 「아동복지법」은 2000년 이후 아동보호전문기관의 설치, 아동학대 신고 의무, 현장조사 후의 보호처분, 학대가해자 친권 제한 및 상실 등과 같은 아동인권보호를 강화한 규정이 포함되었다. 그러나 최근 아동학대가 다시 사회적 문제가 되자 「아동학대범죄의 처벌 등에 관한 특례법(약칭: 아동학대처벌법)」을 따로 제정하여 아동학대를 방지하고 아동권리를 보장하고자 하였다. 「아동학대처벌법」은 2014년 9월 말 시행되었다. 이 법의 목적은 '아동학대범죄의 처벌 및 그 절차에 관한 특례와 피해아동에 대한 보호절차 및 아동학대행위자에 대한 보호처분을 규정함으로써 아동을 보호하여 아동이 건강한 사회 구성원으로 성장하도록 함을 목적으로 한다'라고 제1조에 규정하고 있다.

그럼에도 불구하고 「아동복지법」은 「협약」의 아동권리에 관한 모든 조항을 담고 있지 않다. 탈북아동, 난민아동, 재해를 당한 아동, 이혼한 부부의 자녀, 아동의 이름, 소수 민족 및 외국인 아동, 법률에 저촉된 아동, 약물에 노출된 아동, 노동으로부터 착취당하는 아동 등에 대한 규정이 없다. 이와 관련된 법의 제정이 필요하다(박창남 외, 2002).

활동하기 <Activity>

- 「아동복지법」으로 보호받지 못하고 있는 아동의 어려움이 무엇이 있을지 이야기해 봅시다.

아동복지 관련 법은 사회복지의 하위법과 「아동복지법」 외에 아동권리와 관련된 법 20여 가지는 다음의 〈표 11-2〉와 같다(배화옥 외, 2015; 보건복지부, 2015).

〈표 11-2〉 **아동권리와 복지 관련 법**

법 일반	헌법, 민법
가족 관련 법	「가정폭력방지 및 피해자보호 등에 관한 법률」, 「건강가정 기본법」, 「한부모가족 지원법」, 「다문화가족 지원법」
청소년 관련 법	「청소년 기본법」, 「청소년 보호법」, 「청소년활동 진흥법」, 「청소년복지 지원법」, 「아동·청소년의 성보호에 관한 법률」, 「학교 밖 청소년 지원에 관한 법률」
교육 및 보육 관련 법	「영유아보육법」, 「유아교육법」, 「초·중등교육법」, 「인성교육진흥법」, 「학교체육 진흥법」, 「학교폭력예방 및 대책에 관한 법률」
건강 및 식품 관련 법	「어린이 식생활안전관리 특별법」, 「학교보건법」, 「학교급식법」
안전 관련 법	「재난 및 안전관리 기본법」, 「환경보건법」, 「어린이제품 안전 특별법」, 「학교안전사고예방 및 보상에 관한 법률」, 「재난 및 안전관리 기본법」
장애아동 관련 법	「장애인복지법」, 「장애인차별금지 및 권리구제 등에 관한 법률」, 「장애인 등에 대한 특수교육법」, 「장애아동복지 지원법」
성 관련 법	「성매매방지 및 피해자보호 등에 관한 법률」, 「성폭력방지 및 피해자보호 등에 관한 법률」
학대 관련 법	「아동학대범죄의 처벌 등에 관한 특례법」
입양 관련 법	「입양특례법」

활동하기 <Activity>

- 아동권리와 복지 관련 법 가운데 한 가지를 찾아 그 내용을 알아봅시다.

2. 아동권리와 복지 전달체계의 법적 근거

아동권리와 복지의 옹호와 증진 관련 행정 체계는 「아동복지법」 제4조(〈표11-3〉)에서 명시하고 있는 아동권리와 복지 옹호와 증진을 위한 국가와 지방자치단체의 책무에 따라 구성된다. 이를 근거로 국가와 지방자치단체는 행정체계를 갖추어 정책 전달체계를 수립하게 된다.

〈표 11-3〉 **「아동복지법」 제4조**

제4조(국가와 지방자치단체의 책무) ① 국가와 지방자치단체는 아동의 안전·건강 및 복지 증진을 위하여 아동과 그 보호자 및 가정을 지원하기 위한 정책을 수립·시행하여야 한다.

② 국가와 지방자치단체는 보호대상아동 및 지원 대상아동의 권익을 증진하기 위한 정책을 수립·시행하여야 한다.

③ 국가와 지방자치단체는 아동이 태어난 가정에서 성장할 수 있도록 지원하고, 아동이 태어난 가정에서 성장할 수 없을 때에는 가정과 유사한 환경에서 성장할 수 있도록 조치하며, 아동을 가정에서 분리하여 보호할 경우에는 신속히 가정으로 복귀할 수 있도록 지원하여야 한다. 〈신설 2016. 3. 22.〉

④ 국가와 지방자치단체는 장애아동의 권익을 보호하기 위하여 필요한 시책을 강구하여야 한다. 〈개정 2016. 3. 22.〉

⑤ 국가와 지방자치단체는 아동이 자신 또는 부모의 성별, 연령, 종교, 사회적 신분, 재산, 장애유무, 출생지역 또는 인종 등에 따른 어떠한 종류의 차별도 받지 아니하도록 필요한 시책을 강구하여야 한다. 〈개정 2016. 3. 22.〉

⑥ 국가와 지방자치단체는 「아동의 권리에 관한 협약」에서 규정한 아동의 권리 및 복지 증진 등을 위하여 필요한 시책을 수립·시행하고, 이에 필요한 교육과 홍보를 하여야 한다. 〈개정 2016. 3. 22.〉

⑦ 국가와 지방자치단체는 아동의 보호자가 아동을 행복하고 안전하게 양육하기 위하여 필요한 교육을 지원하여야 한다. 〈신설 2014. 1. 28., 2016. 3. 22.〉

출처: 국가법령정보센터.

아동복지법 제4조에 의하면 아동복지의 실천주체는 국가, 지방자치단체, 민간기관 · 단체 · 시설 또는 지역주민이다. 국가는 아동을 건전하게 육성할 수 있는 정책개발과 추진의 책임을 지며, 지방자치단체는 국가의 정책에 따라 아동의 권리를 보호할 수 있도록 문제 해결을 하고, 민간기관 · 단체 · 시설이나 지역주민은 아동을 보호하는 책임을 지는 주체가 된다(오정수 · 정익중, 2013). 아동권리와 복지 증진을 위하여 정책 수립, 정책 수립을 위한 조사, 평가, 교육, 홍보 등 다양한 책무를 다하도록 규정하고 있다. 또한, 각 정책은 국가와 지방자치단체의 책임과 책무가 다르게 규정되기도 한다. 특히 지방자치행정이 강화되면서 국가의 책무는 점차 축소되어 갈 것이다.

〈표 11-4〉 「아동복지법」에 따른 국가와 지방자치단체의 책무

구분	세부내용
아동복지 정책의 수립 및 시행	· 아동정책 기본계획의 수립(제7조) - 아동정책의 효율적 추진을 위함(매 5년) · 아동종합실태조사(제11조) - 아동의 양육, 생활환경, 언어 및 인지 발달, 정서.신체적 건강, 아동안전, 아동학대 등 종합실태조사 및 결과 공표(매 5년) · 연도별 아동정책 시행계획의 수립·시행 등(제 8조) · 아동정책영향평가(제11조의 2) - 아동 관련 정책이 아동복지에 미치는 영향을 분석·평가
아동보호 서비스	· 보호조치(15조) - 사회보장 정보 시스템의 이용(15조의2) - 보호대상아동의 양육상황 점검(제15조의 3) - 보호대상아동의 퇴소조치, 사후관리, 금지행위, 아동 후견인 선임 청구 등
아동학대의 예방 및 방지	· 아동학대의 예방과 방지 의무(제22조) · 아동학대 예방의 날(제23조)- 매년 11월 19일 · 아동학대 예방 홍보영상의 제작·배포·송출(제24조) · 아동학대 신고의무자에 대한 교육(제26조) · 국가아동학대정보 시스템(제28조의 2) - 아동학대 관련 정보 공유 및 아동학대 예방위한 국가아동학대정보 시스템 구축 및 운영 · 아동학대관련범죄전력자 취업의 점검·확인(제29조의 4) · 취업자의 해임요구 등(제29조의 5)
아동에 대한 지원 서비스	· 안전기준의 설정(제30조) - 아동복지시설과 아동용품에 대한 안전기준 설정 · 아동의 안전에 대한 교육(제31조) - 아동복지시설, 어린이집, 유치원, 학교는 안전교육 계획 및 수립 · 아동보호구역에서의 영상정보처리기기 설치 등(제32조) · 아동안전 보호인력의 배치 등(제33조) · 건강한 심신의 보존(제35조)

구분	세부내용
취약계층 아동 통합 서비스 지원 및 자립지원 등	· 취약계층 아동에 대한 통합서비스 지원(제37조) · 자립 지원(제38조) · 아동자립 지원 추진협의회(제41조) · 자산형성 지원 사업(제42조)
아동복지시설	· 아동보호전문기관의 설치 등(제45조) · 아동보호전문기관의 성과평가 등(제47조) · 가정위탁 지원 센터의 설치 등(제48조) · 아동복지시설의 설치(제50조) · 아동전용시설의 설치(제53조) · 아동복지시설 종사자의 교육훈련(제55조) · 시설의 개선, 사업의 정지, 시설의 폐쇄 등(제56조) · 아동복지단체의 육성(제58조)

출처: 국가법령정보센터.

3. 아동복지행정과 복지 전달체계

아동복지에 관한 국가 정책은 국가와 지방자치단체, 민간조직의 전달체계를 통해 대상자에게 급여(allowance)[2] 또는 서비스가 전달된다. 아동복지행정은 급여 또는 서비스를 대상자에게 전달하기 위하여 조직과 인력을 통해 실천하는 전략을 선택하는 것이며, 아동복지 분야의 공공과 민간조직이 필요한 사업을 계획하여 실천에 옮기는 체계적인 활동이다.

1) 공공조직

중앙정부 각 부처의 아동정책 및 아동권리 증진의 기본방향, 아동정책의 개선과 예산 지원, 아동정책 관련 중앙보처 간 협조사항, 아동관련 국제조약의 이행과 평가, 조정을 위하여 2004년 국무총리 아동정책조정위원회가 설치되었다. 아동정책위원회의 역할 및 구성은 〈표 11-5〉와 같다.

2 급여는 복지서비스로 제공되는 각종 수당, 바우처 등을 일컬음.

〈표 11-5〉 **아동정책조정위원회 역할 및 구성**

법률	역할	구성
「아동복지법」 제10조	아동의 권리증진과 건강한 출생 및 성장을 위하여 종합적인 아동정책 수립, 관계 부처 의견 조정, 정책의 이행·감독·평가	· 위원장: 국무총리 · 위원: 기획재정부장관·교육부장관·법무부장관·행정자치부장관·문화체육관광부장관·산업통상자원부장관·보건복지부장관·고용노동부장관·여성가족부장관

출처: 국가법령정보센터.

아동복지와 권리 정책은 보건복지부를 중심으로 시·도·군·구, 읍·면·동의 사회복지행정체계로 연결되어 실행된다. 시·도·군·구에는 아동복지심의위원회를 두어 연도별 아동정책시행계획에 관한 사항, 아동의 보호조치, 퇴소조치, 친권행사의 제한이나 친권상실 선고 청구, 지원대상아동의 선정과 지원에 관한 사항을 심의한다(「아동복지법」 제12조). 행정조직으로는 아동보육 및 아동복지 담당부서가 있으며, 읍·면·동에는 사회복지전담공무원이 일선 아동복지 행정을 담당한다.

〈표 11-6〉 **보건복지부 조직**

기획조정실	보건의료정책실	사회복지정책실	인구정책실
정책기획관 국제협력관 비상안전기획관	보건의료정책관 공공보건정책관 한의약정책관	복지정책관 복지행정지원관 사회서비스정책관	인구아동정책관 노인정책관 보육정책관

출처: 보건복지부 홈페이지 http://www.mohw.go.kr

보건복지부 내 아동복지, 아동권리 관련 정책은 인구정책실이 담당하고 있다. 조직의 구조와 역할을 살펴보면 다음과 같다.

〈표 11-7〉 **인구정책실 조직과 역할**

인구정책실		
인구아동 정책관	출산 정책과	1. 출산 관련 기본계획 및 시행계획의 수립 및 조정 2. 출산 관련 정책의 총괄 3. 다자녀가정의 사회적 지원에 관한 정책의 조정 및 개발 4. 임신·출산 및 자녀양육의 지원에 관한 정책의 수립 및 조정 5. 출산지원 관련 종합계획의 수립 및 조정 6. 출산 관련 정책의 총괄·조정 등
	아동복지 정책과	1. 아동복지에 관한 정책 총괄 및 종합계획의 수립·시행 2. 아동복지법령 제정·개정에 관한 사항 3. 아동정책조정위원회에 관한 사항 4. 아동복지서비스 조사·연구·홍보 및 통계에 관한 사항 5. 아동복지관련 업무의 중앙부처 및 지방자치단체 협의·조정 등
	아동권리과	1. 아동권리증진 및 인권보호에 관한 사항 2. 아동권리 관련 국제협약 및 국제협력에 관한 사항 3. 아동학대 예방 및 보호에 관한 사항 4. 아동 건강관리에 관한 사항 5. 결식아동 급식에 관한 사항 6. 실종아동보호 및 지원에 관한 사항 7. 실종아동 등의 보호 및 지원에 관한 법령 제정·개정에 관한 사항 8. 아동에 대한 맞춤형 통합서비스 제공에 관한 사항 9. 지역아동센터, 방과 후 돌봄서비스에 관한 사항 10. 아동복지교사 파견 및 관리에 관한 사항 11. 어린이날, 어린이 주간 등 아동행사에 관한 사항 12. 아동안전에 관한 사항
보육정책관	보육정책과	1. 중앙부처 및 지방자치단체의 영유아 정책(유아교육정책은 제외한다. 이하 같다) 지원 정책 협의·조정·총괄 2. 영유아 정책에 대한 조사·연구·평가 및 제도개선 3. 영유아 정책에 관한 종합계획의 수립 및 연도별 시행계획의 총괄 4. 보육정책위원회의 운영 5. 보육관련 법령의 관리·운영 6. 보육재정의 중장기 투자계획 수립 7. 보육예산의 편성·집행관리 및 정산·결산

인구정책실		
보육정책관	보육사업 기획과	1. 영유아 보육료의 지원 2. 양육수당 지원에 관한 사항 3. 표준보육비용에 관한 사항 4. 영유아 및 부모 지원 보육서비스의 개발 등
	보육기반과	1. 어린이집의 설치 및 운영 지원 2. 어린이집의 기능 보강 등 환경개선 지원 3. 어린이집의 운영비 지원 4. 어린이집에 대한 지도·점검 5. 어린이집운영위원회의 설치 및 운영 6. 보육아동의 건강·영양·안전 등의 관리 7. 어린이집 평가인증 계획 수립 및 평가인증 제도 운영 등

출처: 보건복지부 홈페이지 http://www.mohw.go.kr

2) 민간조직

아동복지 전달체계의 민간조직으로 아동복지시설, 어린이집, 아동보호전문기관, 입양기관, 가정위탁지원센터, 실종아동전문기관 등이 설치되어 각 영역의 전무 아동서비스를 제공하고 있고, 지역 종합사회복지관에서 아동복지서비스를 제공하기도 한다.

아동복지 민간조직	시설의 종류 및 내용
아동복지시설	아동양육시설, 아동일시보호시설, 아동보호치료시설, 자립지원시설, 공동생활가정(그룹홈), 아동자립지원사업단, 지역아동센터중앙지원단
어린이집	국.공립어린이집, 법인어린이집, 민간어린이집, 가정어린이집, 직장어린이집, 부모협동어린이집
아동보호전문기관	중앙아동보호전문기관, 지방아동보호전문기관
입양기관	국외입양기관, 국내입양기관
가정위탁지원센터	중앙가정위탁센터, 지방가정위탁지원센터
실종아동 전문기관	실종아동전문기관

활동하기 <Activity>

- 다문화가정, 장애아, 특수아동 등 본 교재에서 다루고 있는 특별한 요구가 있는 아동에 관한 업무 담당관을 보건복지부 홈페이지의 조직도에서 찾아보세요.

- 보건복지부 홈페이지에서 여러분이 관심있는 복지정보(영유아, 아동청소년, 다문화 등)를 찾아보세요.

4. 아동정책 행정 전달체계

「제1차 아동정책 기본계획(2015~2019)」에 따라 수립된 아동정책은 정책 분야(환경), 발달 주기에 따라 행정 전달체계가 결정된다. 다음의 <표 11-8>에 나타난 바와 같이, 아동정책의 담당부서는 복지부, 교육부, 여가부, 국토부, 법무부, 문체부, 산자부, 식약처, 안전처, 경찰청 등이 관련되어 있다. 아동정책은 부처별 추진보다는 정책의 성격과 환경에 의해 관련 중앙부처가 먼저 결정된다.

〈표 11-8〉 **정책 분야(환경)에 따른 아동정책 관련 부처**

<table>
<tr><th>생애
공간</th><th>영유아
(0~5세)/(부처)</th><th>초등학생
(6~11세)</th><th>중학생
(12~14세)</th><th>고등학생
(15~17세)</th></tr>
<tr><td rowspan="9">가정</td><td>영유아 가정 방문 서비스 도입(검토/복지부)</td><td colspan="3"></td></tr>
<tr><td colspan="4">양육정보 통합 제공(복지부, 여가부)</td></tr>
<tr><td>아이사랑 Planner 도입(복지부)</td><td colspan="3"></td></tr>
<tr><td colspan="4">부모교육 활성화(여가부)</td></tr>
<tr><td colspan="4">이혼절차 개선(법무부)</td></tr>
<tr><td colspan="4">일·가정 양립문화 조성(고용부, 여가부)</td></tr>
<tr><td>모유수유 증진(복지부)</td><td colspan="3"></td></tr>
<tr><td>영아사망 예방(복지부)</td><td colspan="3"></td></tr>
<tr><td>카시트 착용률 제고(국토부, 경찰청)</td><td colspan="3"></td></tr>
<tr><td rowspan="7">어린이집
유치원</td><td>시간제 보육 확충(복지부)</td><td colspan="3"></td></tr>
<tr><td>아이돌봄 서비스 내실화(여가부)</td><td colspan="3"></td></tr>
<tr><td>직장 어린이집 설치 확대(고용부, 복지부)</td><td colspan="3"></td></tr>
<tr><td>보육·교육 통합 플랜(복지부, 교육부)</td><td colspan="3"></td></tr>
<tr><td>영유아 건강관리체계 마련(복지부, 교육부)</td><td colspan="3"></td></tr>
<tr><td>누리과정 활용 안전교육 실시(복지부, 교육부)</td><td colspan="3"></td></tr>
<tr><td>아동학대 예방(복지부, 법무부, 교육부, 여가부)</td><td colspan="3"></td></tr>
<tr><td>보호기관</td><td colspan="4">아동보호제도 간 협업구조 마련(복지부)</td></tr>
<tr><td rowspan="13">지역사회
(공동영
역 포함)</td><td colspan="4">독서습관 형성 지원(문체부)</td></tr>
<tr><td colspan="4">문화 인프라(아동전용 도서관, 숲교육 공간 등) 확충(문체부)</td></tr>
<tr><td colspan="4">제1차 아동 놀이정책 수립(문체부, 복지부, 교육부, 여가부)</td></tr>
<tr><td colspan="2">지역사회 놀이터 리모델링(복지부)</td><td colspan="2"></td></tr>
<tr><td colspan="2">어린이 예방접종률 향상(복지부)</td><td colspan="2"></td></tr>
<tr><td colspan="4">생활습관형 질병 예방·관리, 아동기 다빈도 질병 관리(복지부)</td></tr>
<tr><td colspan="2">아동전용 보건 인프라 확충 추진(복지부)</td><td colspan="2"></td></tr>
<tr><td colspan="4">범죄예방 환경설계(셉테드) 확산 유도(교육부, 법무부)</td></tr>
<tr><td colspan="4">어린이 급식관리 지원 센터 운영 확대(식약처, 교육부)</td></tr>
<tr><td colspan="2">영유아 식품 이력 추적관리 확대(식약처)</td><td colspan="2"></td></tr>
<tr><td colspan="2">어린이 활동공간 환경 안전성 확보(환경부, 문체부)</td><td colspan="2"></td></tr>
<tr><td colspan="2">어린이용품 안전기준 확보(산자부)</td><td colspan="2"></td></tr>
<tr><td colspan="4">아동친화 지방자치단체 및 아동친화 기업문화 확산(복지부)</td></tr>
</table>

출처: 보건복지부(2015).

정책 전달체계를 알아보기 위하여 어린이집과 유치원 관련 주요 정책인 '보육 · 교육 통합 플랜'의 보육료의 사례를 들어 살펴보고자 한다. 〈표 11-9〉에 나타난 바와 같이 전달체계는 사업의 근거(법적 근거)와 사업 대상이 선정되고, 시행 주체(국가 혹은 지방자치단체), 시행 방법과 예산이 책정되는 방식으로 결정된다.

〈표 11-9〉 **'보육료 · 유아 학비 지원 사업(2016)' 전달체계**

사업명	사업 근거	사업 대상	시행 주체	시행 방법	예산
보육료·유아학비 지원	「영유아보육법」 제34조 (무상보육)	어린이집을 이용하는 영유아	보건복지부, 지방자치단체	지방자치단체 보조 (서울 25~34%, 그 외 55~75%)	총 46,436억 원 국비·일반회계: 31,066억 원 지방비: 15,370억 원
	3~5세 누리과정 도입(유아교육법)	전 계층 유아학비 및 보육료 지원 만 3~5세 22만 원	14~15년 지방자치단체 16~17년 교육부, 지방자치단체		지방교육재정교부금 40,249억 원

〈표 11-9〉의 절차에 맞춰 결정된 보육료는 보건복지부가 지원기준을 마련하고 국고보조금을 교부받고, 시 · 도는 지방비를 가산하여 시 · 군 · 구에 교부하게 된다. 시 · 군 · 구는 보육료 지원 대상자를 선정하여 보육료 보조금을 사회보장정보원에 예탁하면 사회보장정보원은 카드사에 보육료 결제대금을 지급하고, 이를 시 · 군 · 구에 통보하고, 시 · 군 · 구는 지급 내역을 확인하고 정산하게 된다. 마지막으로 부모는 주민센터에 보육료와 유아학비 지원 신청을 하면 보육료를 지급받게 된다. 이러한 보육료의 전달체계를 요약해서 살펴보면 다음의 [그림 11-1]과 같다.

보건복지부	지원 기준 마련 및 국고보조금 교부
시·도	국고보조금에 지방비를 가산하여 시·군·구에 보조금 교부
시·군·구	보육료 지원 대상자 선정 매월 보육료 보조금을 사회보장정보원에 예탁
사회보장정보원	카드사에 보육료 결제대금 지급 지급 내역 해당 시·군·구에 통보
시·군·구	지급 내역에 대한 확인 및 정산

[그림 11-1] 보육료 지원 전달체계

활동하기 <Activity>

- 〈표 11-7〉에 제시되어 있는 아동정책 가운데 한 가지를 골라 〈표 11-8〉, [그림 11-1]과 같이 작성해 봅시다.

5. 우리나라 유엔아동권리협약 이행 상황

「협약」 이행의 책임을 맡는 대상은 국가, 유엔아동권리위원회, 민간단체, 성인, 아동으로 구분되어 있고, 각각의 책임과 내용을 살펴보면 다음과 같으며, 책임을 맡은 주제의 협약 이행 상황은 〈표 11-10〉에 나타나 있다. 우리나라는 2017년 5·6차 보고서를 제출할 예정이다.

〈국가〉

아동권리협약에 담겨 있는 권리를 지키고 실현할 책임은 기본적으로 국가에 있다. 협약을 비준한 국가는 아동권리 실현을 위한 법과 정책을 마련하여야 한다. 또한, 아동권리협약을 어떻게 잘 지키고 있는지 비준 2년 후에 유엔아동권리위원회에 1차 보고서를 제출해야 하며, 그 후에는 5년마다 보고해야 한다.

1994년 1차 국가보고서를, 1999년 2차 국가보고서를, 2008년 3·4차 국가보고서를 유엔아동권리위원회에 제출하였고, 2017년에 5·6차 국가보고서를 제출할 예정이다. 또한, 민간보고서도 국가보고서 작성 이후에 제출하여, 유엔아동권리위원회로부터 권고사항을 각각 1996년에 1차를, 2003년에 2차를, 2011년에 3·4차를 받았다.

〈유엔아동권리위원회〉

아동권리 전문가 18인으로 구성되어 있고, 각 국가는 이행 보고서를 검토하고 시정하거나 개선해야 할 사항이 있을 경우 필요한 조치를 취하도록 권고한다.

〈민간단체〉

「유엔아동권리협약」은 민간단체의 역할을 인정하는 유일한 인권조약이다. 민간단체도 협약을 널리 알리며, 국가의 이해 상황을 모니터링한다. 국가가 이행보고서를 작성하는 과정에서 정보와 자문을 제공하며, 국가보고서를 보완하는 별도의 민간보고서를 제출할 수 있다.

〈성인〉

부모, 교사 사법집행 공무원(판사, 경찰 등), 아동시설종사자, 보건의료요원, 사회복지사 등 아동을 돌보거나 아동을 위해 일하는 성인도 모두 아동권리를 지녀야 한다.

〈어린이〉

어린이도 다른 어린이의 권리를 지켜 줄 책임이 있다. 자신이 가진 권리가 소중한 만큼 다른 아동의 권리를 잘 지켜야 한다.

출처: 유니세프 홈페이지.

〈표 11-10〉 **한국의 「유엔아동권리협약」 이행 상황**

<table>
<tr><th>구분</th><th colspan="3">1차</th><th colspan="3">2차</th><th colspan="2">3·4차</th><th>5·6차</th></tr>
<tr><td rowspan="2">정부보고서</td><td rowspan="2">1994</td><td rowspan="4">국문</td><td rowspan="2">영문</td><td rowspan="2">2000</td><td rowspan="4">국문</td><td rowspan="2">영문</td><td>2008</td><td>국문 영문</td><td rowspan="4">2017년 제출 예정</td></tr>
<tr><td>2011 추가</td><td>국문 영문</td></tr>
<tr><td>민간보고서</td><td>1995</td><td>영문</td><td>2002</td><td>영문</td><td>2010</td><td>국·영문</td></tr>
<tr><td>유엔아동권리위원회 권고사항</td><td>1996</td><td>영문</td><td>2003</td><td>영문</td><td>2011</td><td>국문 영문</td></tr>
</table>

*정부보고서, 민간보고서, 유엔아동권리위원회 권고사항 등 1차, 2차 국문 문서는 통합본으로 제작되었습니다.

출처: 유니세프 홈페이지.

활동하기 <Activity>

- 유엔아동권리위원회 국가 보고서를 찾아서 읽어 보고 인상적인 내용을 이야기 나누어 봅시다.

- 어린이가 「유엔아동권리협약」을 이행하기 위해서 해야 할 일을 생각 해보고 이야기 나누어 봅시다.

12

CHAPTER

아동권리와 파트너십

이제까지 아동복지는 대체로 기본적인 필요가 충족되지 못하거나 위험상황에 처한 아동을 중심으로 하였다. 가족해체, 빈곤, 그리고 교육 불평등과 같은 문제로 고통받는 아동에게 초점을 두고 이들에게 필요한 복지 서비스를 제공하고자 하였다. 그러나 최근 아동권리 관점이 강조된 이후부터는 아동복지는 모든 아동을 대상으로 할 수 있어야 한다는 것을 분명하게 인식하게 되었다. 아동복지의 대상이 일반아동에게까지 확대되고 아동복지 서비스의 영역 역시 다양해지면서 아동복지 관련자들의 협조체계가 강조되고 있다. 지역사회가 아동의 성장발달에 미치는 영향의 중요성에 대한 인식도 생겨났다.

아동복지 관련자들은 서로 유기적인 협력체계를 구축하여 아동이 최적의 성장과 발달을 할 수 있도록 최대한의 기회를 제공할 수 있어야 한다. 자신에게 부여된 역할 그 이상의 헌신적인 노력 역시 요구된다. 단순히 직업적 역할을 뛰어넘는 아동권리 옹호자가 되어야 할 것이다.

본 장에서는 권리 기반의 정책과 법이 작동할 때 발생할 수 있는 긴장과 이를 해소하기 위한 아동복지 관련자와 기관 간 파트너십 구축에 대해서 알아보고자 한다.

1. 만성적인 아동문제

1) 정책적 소외

아동권리 관점에서 아동의 삶을 바라보면 더 많은 문제가 발견된다. 아동권리에 대한 인식의 확산에도 불구하고 아동권리가 아직은 언어적 수사에 불과한 경우가 많다. 저조한 아동예산, 보육에 집중된 아동정책, 끊임없이 발생하는 치명적인 아동학대, 2015년에야 비로소 국가차원에서 아동정책을 처음으로 마련한 것 등을 보면 아동이 국가의 정책 대상자로서 대체로 소외되어 왔음을 알 수 있다. 아동복지예산의 비율이 전체 정부 예산 비율 중 1%에도 못 미치는 낮은 수준인 것과 모든 계층에 걸쳐서 나타나는 자살, 우울, 그리고 중독 등의 문제는 시급하게 해결되어야 할 과제이다.

우리나라 아동의 삶의 만족도는 OECD국가 중 최하위(보건복지부, 2014)이다. 놀이시간과 놀이공간의 부족은 더욱 심화되고 있다(황옥경 외, 2014). 중·고생의 경우 인터넷과 게임 중독 고위험군이 2008년(1.3%)에 비해 7배 이상 증가하였다(보건복지부, 2014). 가정 폭력, 갑작스러운 부모의 실직, 우울, 그리고 이혼 역시 건강한 아동발달을 위협하는 인자이다. 많은 아동이 불리한 조건에서 살고 있고, 해결되지 않거나 너무 늦게 다루어진 문제 때문에 불행한 아동기를 보내고 있다(황옥경, 2009).

정부가 협약을 비준한 지 25주년이 지났고 그동안 '아동권리 의제'라고 볼 수 있는 여러 법률과 정책 변화가 있었다. 유엔아동권리위원회는 우리 정부에게 협약의 실행을 통하여 아동의 삶이 진전될 수 있도록 하라고 촉구하였다(황옥경, 2016). 정부가 아동에게 어느 정도의 지원을 하고 있나? 아동을 유해한 환경으로부터 보호하고 있는가? 이런 질문은 아동이 당장은 위험한 상황에 처한 것처럼 보이지 않을지라도 아동관련 사안을 우선순위에 두어야 할 필요성을 일깨워 준다.

2) '저질문화'의 확대

오늘날의 모든 아동들은 제임스 가르바리노(1995)가 사회적 독소라고 칭한 '저질성'의 영향을 받고 있다. 아동은 학교에서 또래친구의 잔인한 행동과 말을 통해 따돌림의 형태로 이런 독소를 경험할 수 있다. 아동은 어른의 저질성을 관찰하고 경험할 수도 있다. 어른들이 운전하면서 내뱉는 험악한 말과 행동, 공공장소에서 휴대폰에 대고 큰소리로 화를 내며 말하는 것, 가게에서 밀거나 새치기하기, 또는 그저 대체적으로 다른 사람을 무관심하거나 무례하게 대하는 행동이 있다.

이제 우리사회에 나타나고 있는 '저질성'이 아동의 성장과 발달에 미치는 영향에 대해서 논의할 때이다. 아동보호 기금의 대표인 마리안 라이트 에델만은 이런 중요한 말을 했다.

"우리 아이들은 뭐가 문제일까? 어른들은 거짓말하고 속이면서 아동들에게 정직하라고 한다. 어른들은 폭력을 판매하고 우상시하면서 아동들에게 폭력을 쓰지 말라고 한다… 나는 성인의 위선이 미국 아동들이 직면한 가장 큰 문제라고 믿는다."

(Shetterly, 2005: 3)

3) 아동의 생활과 소비주의

오늘날의 아동은 과거에는 경험하지 못했던 더 특별한 위험에 직면해 있다(Rushdhk La Nauze, 2006b). 디지털문화는 우리 생활의 거의 모든 부분에 스며들면서 아동기의 삶의 양태를 적극적으로 변화시키고 있다. 때로는 변화 양상이 충격적이기까지 하다. 소비주의로 인한 이기심과 탐욕이 아동의 성장발달을 위협한다. 매체 공급이 포화상태에 이른 우리 사회에서 아동들은 아주 어릴 때부터 소비주의적 가치의 영향을 받는다(황옥경 외, 2011). 현대의 소비지향 이데올로기와 디지털 문화는 아동을 구매력을 지닌 중요한 소비자로 만들었다. 광고업자나 마케팅 담당자들은 과거보다 훨씬 더 적극적으로 소비자로서의 아동의 삶 속에 파고 든다. 조셉 조네이도(2011)는 그의 책 『만들어진 아동』에서 소비문화가 파시즘처럼 아동의 정서적 욕구를 이용하고 있다고 비판하였다. 결국 과거에 비해 아동이 '더 빨리' 그리고 '더 많이' 소비문화와 성문화 등에 노출될 가능성이 생겼다(황옥경 · 한유미, 2011).

소비주의는 도덕적 가치나 타인의 권리와 필요를 존중하기보다는 개인적인 이익을 우선시한다. 소비주의는 경제적 필요가 충족되기 어려운 빈곤가정 아동의 도덕적 가치의 부재와 정서적 공허를 채우고 있다. 미국은 아동 대상 광고에 대한 기업의 투자액이 1983년의 10만 달러에서 2010년 170억 달러로 상승했다(Levin, 2011). 소비주의는 빈곤 가정의 아동이 가정의 경제적 상황을 넘어서는 장난감과 게임을 갖고 싶어 하도록 자극한다. 광고주는 구매욕을 채우지 못하는 아동의 절망과 실망을 모른척 한다.

광고주의 유혹을 충족해 줄 만한 경제적인 여유가 있는 가정의 아동도 소비주의 광고에서 부정적인 영향을 받는다. 이런 가정의 아동은 물질적 자산의 소유가 인생에서 추구해야 할 가장 중요한 것이고 사람의 수준을 가장 잘 나타내주는 것이라고 생각할 수 있다. 미국 소아과학회는 이것이 소비주의를 낳고, 결국 '어플루엔자(affluenza)'가 궁극적으로 사춘기 우울과 자살의 원인이 된다고 보았다(De Graaf, 2005).

아동의 소비주의는 점점 더 그 연령이 하향하고 있다. 유아기도 예외적이지 않다. 게임, 장난감, 옷 등 유아를 유혹하는 것들이 주변에 널려 있다. 오늘날의 유아는 너무 어린 나이에 너무 많은 상업적 상품의 구매 유혹을 받는다.

2. 아동권리 이행 과정에서의 긴장

아동권리를 실현하려면 다양한 시도가 필요하다. 법과 정책의 수립과 동시에 이를 수행하는 서비스가 제도적으로 마련되어야 한다. 이러한 조처는 지역사회, 학교, 가정 등 아동이 생활하는 모든 공간을 망라하는 것이어야 한다.

1) 법과 정책의 수립·시행과정의 긴장

「유엔아동권리협약」 비준에도 불구하고 국내법에 협약의 내용이 충분히 반영되지 못하는 것은 법과 정책수립 과정에서의 긴장을 형성한다. 정부는 「협약」을 국내법에 반영하고자 법제 개정을 추진해 왔다. 2011년 채택한 「입양특례법(2011년 8월 개정)」, 「민법(2011년 9월 개정)」, 「초·중등교육법 시행령(2011년 3월 개정)」, 「자살예방 및 생명존중문화조성을 위한 법률(2011년 제정)」, 「가사소송법(2010년 3월 개정)」, 「장애아동복지 지원법(2011년 제정)」, 「아동복지법(2013년 개정)」, 「다문화가족 지원법(2011년 개정)」의 제정 등과 2015년 「아동학대범죄 등의 처벌에 관한 법률」의 제정(2014. 9. 29. 시행)을 이끌었다. 정부는 역시 선택의정서의 비준을 통해 협약 이행을 더욱 공고히 할 수 있는 기반을 마련하였다. 2010년 「제2차 학교폭력 예방 및 대책 5개년 기본계획」과 2012년 「제2차 학교폭력 예방 및 대책 5개년 기본계획」이 수립되었고, 2015년 5월에는 처음으로 「제1차 아동정책 기본계획(2015~2019)」이 수립되었다.

정부의 법제 개정 노력에도 불구하고 아동권리의 관점에서 국내법을 들여다보면, 여전히 긴장과 갈등이 있다(황옥경, 2017). 영유아보육법은 소규모 어린이집에 대해 실외놀이터가 없어도 되는 것으로 규정하고 있고, 소년사법 체계 내에서 아동의 최선의 이익은 아직 묘연하다. 학교 내 학생의 참여 제한과 폭력, 그 외에도 다문화가정 아동의 권리 보호 등 보완되어야 할 법과 정책이 많다.

2) 가정, 학교, 지역사회 내에서의 갈등

아동권리에 기반한 법과 정책 적용의 대상과 범위, 그리고 영역 간의 긴장이 있다. 이 논의는 복잡하다. 국가의 법과 정책을 어디까지 적용해야 하는가의 판단과 연관되기 때문이다. 가정에서의 아동의 권리에 관한 것이 한 가지 좋은 예이다. 가정과 가족 관계 속에서 아동의 권리를 어떻게 보장할 것인가? 부모의 권리와 아동의 권리가 서로 상충될 때가 있다. 그 한 예로는 보호에 대한 아동의 권리와 체벌에 관한 국가의 역할 간에 갈등이 발생한다. 유엔아동권리위원회는 「협약」을 준거로 아동의 범죄에 대한 책임 연령(12세)이 너무 낮다고 지적한다. 반면에 부모의 자녀양육에 대한 책임은 민법의 만 19세까지 규정되어 있다.

아동의 권리는 교육영역에서 대부분 받아들여지지 않고 있다. 부모의 권리가 더 우세하게 영향을 미친다. 아동, 특히 청소년은 학교의 선택, 성교육 및 종교 교육을 받지 않기를 원하는 것에서 자유롭지 못하며 부모의 훈육 문제에 대해서 자신의 의견을 말하거나 주장을 하지 못한다. 어린이집 내 50인 이하 시설에 실외놀이터가 없어도 되고, 부모의 취업 유무와 상관없이 0세아부터 일주일 내내 종일 어린이집에 다닐 수 있도록 한 법 규정, 그리고 어린이집과 유치원 교사 자격의 상이함 등은 영유아의 권리보다는 부모나 운영자의 의견을 반영한 것이다. 이 경우 영유아의 권리가 희생될 위험성이 있다.

법과 정책 그리고 제도를 마련하는 과정에서 그리고 서비스를 제공하면서 언제나 아동, 가족 그리고 운영자의 이익 간에 늘 긴장이 발생할 수 있다.

생각해 보기

1. 보육과 유아교육 정책 결정 과정에 개입되는 관련 부서와 기관, 그리고 이용 당사자 간의 조화와 갈등이 무엇일지 논의해 보자.

예 정부는 점점 더 어린이집을 영유아를 위한 많은 서비스를 위한 물리적 장소, 그리고 건강, 복지 및 놀이와 같은 영역에서 영유아의 삶을 지원하는 지지대로서 영유아기 어린이집 경험을 중시하고 있다. 그래서, 어린이집의 물리적 환경과 교육과 보육과정이 모든 영유아에게 중요하다. 그러나, 어린이집과 관련한 법과 정책, 제도를 마련하는 것은 거의 대부분 성인의 의사 결정 영역이며 영유아는 어른의 의사결정의 영향을 받는 대상으로만 취급된다. 영유아는 보육과 교육 경험과 이러한 기관에서의 생활의 방향과 규정에 관한 의사 결정의 대부분 과정에 참여할 수 없다. 부모, 운영자나 정책입안자 간의 이익의 갈등에서 영유아의 이익과 관심사가 배제될 가능성이 매우 높다.

3. 아동권리와 파트너십

1) 아동의 삶에 미치는 지역사회의 영향

아동기에 대한 브론펜브레너의 생태학적 모형(1979)에서는 아동의 일상적 삶이 지역사회와 어떻게 연관되는지를 잘 보여 준다. 지역사회 환경은 광범위한 방식으로 아동에게 영향을 준다. 예를 들어, 1980년대 생산을 중시한 산업화, 도시화는 농업과 같은 전통산업이 쇠퇴하고 인구밀집지역이 생겨나면서 지역사회 환경에 영향을 미쳤다. 이 결과는 수십 년 후에 태어난 아동의 삶에도 영향을 미쳤다. 더 최근에는, 세계적 불황을 겪으면서 고용에 영향을 주었고 고용 불안정이 아동의 삶의 안정성을 해쳤다. 아동이 노출되는 문화적 다양성의 정도도 지역사회가 아동의 삶에 영향을 미치는 한 예이다. 우리나라의 사회적 구성도 1997년 외환위기를 겪으면서 크게 변하였다. 이제는 여러 유형의 직업과 수입 수준이 다양한 사람들이 사회적으로 섞여 사는 지역은 거의 없다. 그 대신 많은 지역이 사회적 및 경제적으로 분리되었다. 이것은 결핍된 지역에 갇힌 가정들에게 중요한 의미를 갖는다.

활동하기 <Activity>

- 큰 종이를 가지고 아동인 당신 자신의 모습을 그려 봅시다.
- 내가 살고 있는 지역사회의 여러 특징과 사항을 적어 보고 그 각각이 나 자신의 삶에 미치는 영향을 찾아 봅시다.
- 내가 아동이었을 때 위의 기록된 사항 중 몇 가지나 그 중요성을 의식하고 있었으며 얼마나 그 것들을 당연하게 여겼는지 회상해 봅시다.

지역사회의 영향은 아동의 직접적인 건강과 안녕에만 영향을 미치는 것이 아니라 잠재적인 교육적 성취와 비행행위 등에도 영향을 미친다. 아동기 비만이 만연한 것도 사회적 결핍과 강하게 연결되어 있다(Bayliss & Sly, 2009).

활동하기 <Activity>

- 내가 살고 있는 지역의 주요 인구학적 요인들을 검토해 봅시다.
- 이 결과를 우리나라의 다른 지역과 비교해 보고, 그 차이점이 무엇인지 생각해 봅시다.
- 내가 살고 있는 지역에서 아동의 사회적 지위는 어떠한지 알아봅시다.
- 아동의 지위가 아동 및 가정 관련기관 종사자들의 역할에 어떻게 영향을 미치는지 생각해 봅시다.

2) 지역사회 파트너십

(1) 인적자본의 개발과 지역사회 파트너십의 중요성

만성적인 아동문제가 다양하게 나타나고 가정, 학교, 그리고 지역사회 등 아동의 성장발달에 영향을 미치는 기관 역시 다양하다. 아 관련기관들이 서로 어떻게 정보를 공유하고 의사소통 채널을 작동시키며, 책임과 역할을 한계를 어떻게 규정하는가에 따라 아동발달의 성패가 좌우된다고 할 수 있다. 관련기관의 협조체계의 공고함에 따라서 어떤 경우에는 아동의 생명을 구하기도 하지만 아동이 위험에 빠진채 생활하도록 방치할 수도 있다.

관련기관의 파트너십의 중요성을 일깨운 사건이 영국의 빅토리아 클림비 사건이다(황옥경, 2011). 라밍보고서(Laming, 2003)는 빅토리아 클림비의 죽음에서 해당 기관들이 서로 공조하지 못한 것이 빅토리아 클림비가 사망한 하나의 요인이 되었다고 밝혔다. 그 결과, 영국 아동법은 기관 간의 계획과 의사소통을 통해서 모든 아동관련 종사자들이 효과적으로 아동 및 가족과 함께 업무를 실행해야 한다는 것을 밝히고 있다. 영국은 아동법에서 가정 및 아동관련 기관 간의 파트너십을 통해서 아동의 건강한 발달을 도모할 수 있어야 한다는 것을 강조한다. 아동법은 아동의 복지와 안녕의 모든 측면을 지역사회 차원에서 관리하고, 각 지역의 행정책임자가 최종 지휘 책임을 갖고 아동을 보호하도록 하였다. 다양한 관련기관의 참여를 위해서 교육, 복지, 사회 서비스와 보건기관을 지방아동보호 전문위원회 산하로 모아서 각 기관의 서비스가 통합되도록 하였다. 물론 이 파트너십 기구는 민간기관과 자원 봉사자 등이 모두 참여하여 함께 일할 수 있어야 한나.

지역사회 중심의 파트너십을 강조하고 탈중앙정부 중심의 접근법을 취하는 의도는 지역수준에서 아동복지 서비스가 연계되도록 하고 지방자치단체의 우선 순위에 따라 서비스가 제공될 수 있도록 하기 위한 것이다. 예를 들어 18세 미만의 인구비율이 가장 높은 지역은 노인인구비율이 가장 높은 지역과는 분명히 지방 예산 지출의 우선순위가 상당히 다를 것이다. 지역 간 지출 예산을 비교할 때 지역의 인구비가 고려되지 못하는 부작용이 생기지 않도록 세심한 고려가 필요하다.

아동의 삶의 기회가 상당히 제한된 지역사회가 있기 때문에 사회적 소외를 해결하고 아동 빈곤을 줄이려는 정책의 대부분은 특정 지역에 한정된다. 지역 간 특성이 주는 한계를 극복할 수 있는 정책은 모든 지역 내 자원의 개발을 촉진하고 부모를 위한 다양한 서비스를 개발하는 것 등 공통의 목적을 세우는 것이다. 출발선 평등이 내세우는 주요한 의도 중 하나는 아동의 사회적 소외를 해결하고자 하는 것이다. 그러나 출발선 평등의 원칙에서 정책을 수립하고 서비스를 제공하면 아동의 특정 위기 상황뿐만 아니라 다른 지역의 아동정책과 서비스를 향상시켜 더 포괄적이고 보편적인 아동정책을 이끌어 낼 수 있다(Field, 2010; DfE, 2011). 가정을 위한 통합 서비스가 갖는 그 이면의 철학은 인간 자본의 개념과 관련해서 가장 잘 이해할 수 있다.

생각해 보기

'자본'의 개념

자본은 보통 경제적 자본, 즉 사람들(또는 기관들)이 서비스나 자원을 살 수 있게 해 주는 재정적 자산의 측면에서 생각된다. 분명히 경제적으로 사용 가능한 자본은 어떤 아동의 삶의 물질적 환경과 관련해 매우 중요하다. 그러나, 중요한 '자원'의 역할을 하는 '자본'의 또 다른 형태가 있어 이것이 있느냐 없느냐가 기본적인 수입 외에도 아동들의 삶의 기회에 영향을 미친다.

인간 자본은 사람들이 보유한 기술과 지식을 뜻한다. 부모들은 자녀들의 학습을 지원하여 자녀들이 인간 자본을 얻을 수 있게 도울 수 있지만, 부모가 인간 자본의 가치를 중시하고 이미 자신들도 그것을 보유하고 있을 때 자녀들도 인간 자본을 더 잘 얻을 수 있다. '아동 출발선 평등' 정책은 가족들의 인간 자본을 개발시키기 위해 부모들에게 취업에 필요한 역량을 배울 수 있는 기회를 제공해서 부모들이 급여를 받는 직장을 얻도록 도와주고 궁극적으로는 그들이 경제적 자본을 얻도록 돕는다.

지식과 기술에는 여러 가지 유형이 있는데, 그중 어떤 것은 다른 것보다 사회적으로 더 유리하다. **문화 자본**은 Bourdieu(1986)와 연관되는 용어로 그는 지식을 사용하고 활용하는 능력이 대부분 어떤 사람의 습관-그들이 행동하는 방식과 그들이 세상을 바라보는 방식-에서 온다고 제시했다. 이것은 대체로 사회화의 결과이므로 부모들과 그들의 주변에서 배운다. 어떤 분야(또는 사회적 분야)에서 성공하려면, 관련되고 적절한 지식(또는 Bourdieu의 용어로는 적당한 지식)을 갖는 것이 필수적이다. 이렇게 '시스템을 움직이는' 방법을 아는 부모들은 자녀들을 더 좋은 학교에 들어가게 한다든가 장애가 있는 아동을 지원하는 것과 같은 부분에서 이점을 얻을 수 있다. 자신들의 습관으로부터 자연스럽게 풍겨 나온 적당한 지식을 가지고 있지 못한 부모는 해당 분야에서 같은 수준의 지원을 얻기 위해 제대로 움직일 줄을 모른다.

> **사회적 자본**은 개인과 집단 간의 사회적 연결을 뜻하며 이 개인과 집단들도 '자원' 역할을 할 수 있다. 예를 들어, 가족들이 서로의 연결성 때문에 서로를 지원해 주는 경우 어느 정도까지는 그들의 경제적 자원 부족도 보충이 될 수 있다. 사회적 자원을 제공할 수 있는 다른 종류의 사회적 연결의 사례는 장애아동의 부모를 위한 지원 등이다. 지역사회는 사회적 자본과 관련하여 특히 중요하다. 번영하는 지역사회는 지원하는 네트워크를 제공할 수 있고 기회를 공급하고 아동을 위한 성과를 개선할 수 있는 수준의 상호 연결성을 제공할 수 있다.

학교에서는 방과 후 다양한 프로그램을 제공함으로써 가정을 지원하고 지역사회 파트너십 구축의 기초가 될 수 있다. 어린이집과 유치원 역시 학교와 마찬가지로 영유아에게 포괄적 서비스를 제공함으로써 가정과 지역사회 연계를 구축하는 토대가 될 수 있다. 그러나 학교와 영유아 육아 지원기관이 지역사회에 현실적으로 차이를 만들고 아동의 불리함에 도전할 수 있을지는 의문이다. 전문적으로 추진된 정책과 지역사회 개발의 가치 및 원칙 사이에는 피할 수 없는 갈등이 있다(Chiosso, 2008).

(2) 파트너십 구축의 전제와 원칙

① 파트너십 구축의 전제

아동복지 서비스 전달체계는 아동복지 정책이 구체적인 서비스 제공으로 이어지는 과정으로 중앙정부에서 지방자치단체로 그리고 일선기관을 거쳐 서비스로 전달되는 구조로서 우리나라 아동복지 서비스 전달체계는 시 · 도, 시 · 군 · 구의 아동복지담당계와 민간 아동복지기관 및 시설이 해당된다. 시 · 군 · 구는 주로 보호자가 없거나 역할이 곤란한 가정의 아동, 빈곤아동, 피학대아동 그리고 건강, 돌봄, 복지 서비스를 필요로 하는 아동들의 욕구를 파악하고 이에 적절한 서비스를 선정하고 배치하는 역할을 담당한다. 그러나 실제로 지방조직에서는 아동복지의 전달체계 역할을 담당하는 조직이나 인력이 소수로 서비스 대상인 아동의 보호조치 과정에서 욕구나 문제 사정 과정이 생략되고 각각의 아동복지기관으로 배치됨으로써 서비스의 분산과 중복, 전문적인 서비스 제공이 어렵고 문제를 더 가중시키기도 한다(황옥경 외, 2014).

서비스 전달기관들은 인력, 예산의 부족으로 수요자중심의 통합적 서비스를 제공하기보다 각 기관이나 시설중심으로 서비스 체계를 구축하고 있다. 아동복지 서비스 공급의 역할을 민간이 거의 전담하고, 정부는 배치에 따른 최소한의 재정 지원과 관리감독의 역할만 수행하고 통합조정의 역할을 수행하지 못함으로 인해 취약계층을 대상으로 한 서비스의 중복이나 사각지대가 발생하고 있다.

지원 대상자 선정, 욕구조사, 서비스 지원 등이 사업별 · 담당 부서별 · 서비스 제공기관별로 제각각인 공급자 중심의 서비스가 되면서 지원이 필요한 아동이 지원 대상으로 선정되지 못하거나, 유사한 서비스 중복 지원, 필요한 서비스를 적절히 지원받지 못하는 사례가 발생하고 있다(황옥경 외, 2014). 서비스 제공기관별로 상담, 지원 현황 관리 등을 진행하고 정보공유가 되지 않음으로 인해 복지자원 운용의 효율성도 떨어진다. 서비스가 필요한 아동이 누락되지 않고 모든 아동 관련 서비스가 아동을 중심으로 전달되기 위해서 아동복지 서비스 기관의 파트너십이 필요하다.

파트너십 구축을 위해 다음을 전제할 수 있어야 한다(황옥경 외, 2014).

- **아동복지 종합 상담체계의 필요**

현재 아동별 문제 사정 절차가 대부분 행정 절차에 의해 생략됨으로써 아동의 욕구나 문제별 서비스욕구가 반영되지 못하고 배치 후 보호기관에서 지적장애나 학대로 인한 심리정서적 문제 등이 대두될 수 있다. 행정기관에서 취약계층의 가정과 아동을 추천받거나 직접 상담 의뢰된 요보호아동들을 중심으로 서비스 대상아동을 선정하고 배치하기 위해서는 상담 및 심리평가과정을 거치고 전문적, 종합적인 상담이 제공되어 아동요구에 알맞은 서비스로 연계되어야 한다.

- **지역중심 아동복지 종합 서비스 및 관리 체계의 필요**

서비스가 필요한 아동에게 적절한 서비스를 제공하고 관리하기 위해서는 지역차원에서 서비스 기획자(정부)의 아동복지 종합체계 구축이 필수적이며 이를 통해 전 부처의 아동과 가족의 사례관리가 통합적으로 이루어져야 한다.

• **서비스 유사성의 한계 극복**

기관중심의 서비스를 제공하는 공급자적 입장에서 볼 때 다른 기관과 서비스 프로그램을 공유하고 연계하는 것은 각기 예산을 투입해서 성과를 내야 하므로 공공과 민간 모두에게 매우 어려운 일이다. 각 관련기관에 대한 분명한 역할 구분으로 서비스 유사성의 한계를 극복하여야 한다.

• **아동사례 서비스 전담체계의 필요**

드림스타트와 같이 아동사례에 대한 서비스를 전담하는 전달체계를 가지는 것은 아동기 불평등과 보호측면에서 매우 중요한 의미가 있다. 영국과 미국의 경우에도 슈어스타트와 헤드스타트 등과 같은 빈곤가정의 아동을 위한 조기 개입 서비스가 작동한다.

② 파트너십 구축의 원칙

지역사회 관련기관의 파트너십 구축 원칙을 다음과 같이 정리할 수 있다.

• **최종 목표 수립**

지역사회기관들이 연계체계를 통해 달성하고자 하는 장기 목표를 공동으로 수립하여 이를 중심으로 실천전략을 개발한다.

① 각 지역과 국가 차원의 목표를 고려

② 목표에 따른 지표 설정

③ 각 목표에 대한 세부 수행평가 준거를 개발하고 관련기관들은 서비스를 계획할 때 이를 충분히 반영하여 계획을 수립

• 필요한 서비스 제공 – 관련기관의 참여 제도화

다양한 지역사회기관들이 참여하여 아동에게 필요한 서비스를 직접 실행하는 과정이다. 경찰과, 의료인력, 지방정부는 이 과정에서 중추적 역할을 수행해야 한다. 문제 아동만이 아니라 일반 아동들을 위한 각종의 프로그램이 제공될 수 있도록 다양한 기관이 참여할 수 있어야 한다. 학교는 주요한 협력기관이 될 수 있어야 하며, 전략적 파트너가 되어야 한다. 각 관련 조직들 간의 효과적인 의사소통이 필요하고, 이를 위해서 강력한 공조가 필요하다.

① 위험으로부터 보호
② 개별화된 양질의 서비스 제공
③ 자신의 잠재력을 발현할 기회를 부여
④ 효과적인 조기개입
⑤ 효과적이면서 전문적인 서비스 제공
⑥ 필요할 때 꼭 필요한 지원을 받도록 하는 것임

• 공통 평가척도 사용 및 정보공유

각 지역의 기관들이 독자적인 평가척도를 갖고 아동에게 필요한 서비스가 무엇인지를 확인하게 되면 혼란이 야기된다. 아동의 발달초기에 아동을 대하게 되는 학교, 방문보건인력, 아동센터, 보육시설, 유치원 등이 아동이 처한 위험상황의 정도를 평가하고, 아동이 필요한 서비스의 내용을 파악하기 위해 공동의 평가척도를 사용해야 한다. 이러한 방법은 평가하는 데 소요되는 기간과 평가횟수를 줄일 수 있다. 지역의 각 기관들이 갖고 있는 정보를 공유하는 정도가 많을수록 네트워킹의 긍정적 효과가 나타날 것이다.

① 공통의 평가척도(The common Assessment Framework: CAF) 개발 및 사용: 아동, 가족, 각 지방정부의 필요를 확인하기 위해 초기에 공동 평가 실시
② 정보의 공유

• **통합전략**

자방자치단체가 중심이 되어 지역사회의 요구를 파악하고 서비스에 소요되는 예산을 관련기관들이 공동으로 배정한다. 서비스에 소요되는 비용의 일부를 각 기관의 예산의 범주에서 사용할 수 있어야 한다.

• **관련기관 간 역할분담**

① 협조체제: 모든 관련기관들의 적극적인 참여

② 분명한 역할분담

③ 책임소재를 분명하게 한다.

④ 신뢰를 바탕으로 한 비전의 공유

(3) 아동친화도시 조성

① 아동친화도시를 위한 점검

세계 각국의 도시화는 아동에게 이전보다 더 많은 기회를 제공하고, 삶의 질을 향상시켰다. 하지만 동시에 복잡한 교통, 환경오염, 녹지 공간의 부족, 유해환경의 증가로 인해 자연생태환경을 파괴하며 아동의 삶의 질을 위협하는 공간이 되었다(황옥경 외, 2014). 도시 아동은 이전보다 더 많은 기회를 갖게 되고 삶의 질도 나아졌지만, 삶의 조건은 더욱 불안정하다. 도시에 거주하는 아동의 수가 증가하는 추세에서 도시환경이 어떠해야 아동이 성장하기 적합한가에 대한 우려와 고민이 시작되었다.

아동이 자신의 권리를 충분히 누리며, 건강하고 행복하게 성장 · 발달할 수 있는 환경을 만들기 위하여 1996년 유니세프는 '아동친화도시(Child Friendly Cities, CFC)' 조성 운동을 시작하였다. 유니세프 외에도 유네스코, 월드비전, 그리고 세계보건기구가 인구의 도시 집중으로 인한 아동성장환경의 파괴의 문제를 해결하고자 도시의 생태환경 재생을 위한 노력을 하고 있다.

유니세프가 1996년경부터 추진해 온 아동 친화도시는 전 세계적으로 파급되어 현재 국내에서도 서울시 성북구를 필두로 많은 지방정부가 아동친화도시 구축에 참여하고 있다. 정부가 2015년 5월 발표한 「제1차(2015~2019) 아동정책 기본계획」에서도 아동친화 정책을 포함하였다.

도시가 어떻게 아동친화적이 될 것인가? 지역사회는 아동친화도시의 비전 및 전략의 수립, 이행의 강제성 확보, 예산 및 인력 확보, 행동계획 마련을 해야 한다. 그리고 다음 사항에 대한 점검을 해야 한다(Unicef, 2016; 안동현 2016, 재인용).

- 아동친화성에 대한 분명한 근거(A sure foundation for child friendliness)
- 분석에 기반한 정책(Policy based on analysis)
- 도시 정책에 대한 아동청소년의 참여(Children and young people's influence on local policy)
- 도시 정책에 대한 이해 당사자들의 참여(Other stakeholders' influence on local policy)
- 아동친화정책에 대한 전략(A strategy for child friendly policy)

② 아동과 지역주민 참여의 중요한 의미

아동친화도시는 아동의 참여를 전제한다. 성인의 관점에서 미리 다 계획된 정책과 제도 안에 아동이 수동적으로 참여하는 것이 아닌 시행 초기부터 아동의 필요와 욕구, 관점을 반영하여 계획을 수립하고 이를 지원하기 위한 법과 제도를 마련해야 한다. 뿐만 아니라, 아동친화도시 실천을 위한 구체적 실행단계에서 아동이 직접 지역사회환경을 조사하고 문제점, 대안을 찾아내는 과정에 참여, 아동의 의견을 직접 반영하는 작업은 매우 중요하다.

지역주민의 참여 역시 아동친화도시 조성과정에서 필수적이다. 지역주민을 참여시키고, 적극적인 시민정신을 고취하여 지역주민들에게 권한을 주어야 할 필요성도 있다. 지역주민은 자기동네에 무엇이 필요한지를 잘 알고 있다.

대부분의 경우 여성들이 놀이 시설 개발 등과 같이 아동의 복지를 직접적으로 개선할 수 있다고 생각하는 지역사회 행동에 더 잘 참여한다(Chiosso, 2008). 그러나 아동과 지역주민의 적극적인 참여를 강조해도 아동이 그 과정에 포함되는 경우는 드물다. 아동에게 의견을 구하는 과정도 진지하지 않고 의례적이고 형식적인 경우가 많다.

친화도시 조성과정에서 지역 사람들의 의견을 묻게 되어 있지만, 대표성을 갖지 않는 집단들을 포함시켜야 한다는 것 외에 어떻게 누구의 의견을 물을 것인지는 애매하다. 일반적으로 계획 수립단계는 항상 성인 위주였고 결정을 내릴 때도 성인들이 '이것이 아동들에게 적절할 것이다.'라고 가정하여 아동들을 대신하여 의사결정을 내린다. 그 결과, 놀이 공간은 성인들이 다른 곳으로 대체하기 가장 쉽고, 대개 아주 어린 아이들의 안전에만 중점을 두어 좀더 성장한 아동들의 요구는 거의 고려하지 않는다. 아동들의 참여는 그네의 의자 색깔을 고르는 등의 매우 표면적인 수준인 경우가 많다. 그러나 아동들이 단순히 이미 만들어진 환경에 적응하기를 기대하는 대신 아동들을 과정에 파트너로 포함시킨다면, 세대 간의 관계에 도움이 되며 아동들이 나중에 불만을 품거나 소외되는 것도 피할 수 있다. 케틀(Kettle , 2008)은 그래서 아동들이 지역 재생 계획에 적극적으로 참여할 수 있으면 아동과 지역 사회 모두에게 많은 혜택이 될 것이며, 아동의 능력을 과소평가해서는 안 된다고 주장한다. 아동이 하루 중 너무 많은 시간을 기관에서 보내 '실제 생활'과 멀어진 생활을 하고 있는 이 시대에 지역사회의 의사결정과정에 어린 아동이 참여하여 자신의 의견을 표현하고 참여하도록 돕는 것이 점점 더 중요해지고 있다.

활동하기 **<Activity>**

- 지역사회 개발 계획을 수립하는 과정에 아동들이 왜 더 참여하지 못하는지 생각해 보고 그것을 막는 장벽은 무엇인지 알아봅시다.
- 영유아가 지역사회 개발 계획을 수립하는 과정에 어떻게 참여할 수 있는지 방법을 알아보고 구체적인 제안 내용을 작성해 봅시다.

생태환경의 파괴로 시작된 아동친화운동은 궁극적으로 성인중심의 지역사회를 극복하고 아동에게 사회적 자본을 확대해 주자는 것이다. 아동친화도시 조성은 아동과 지역주민의 참여를 근간으로 지역사회 관련기관 간의 파트너십을 통해서 이루어질 수 있다.

4. 지역사회가 만드는 차이

1) 책임감

책임감은 효율성과 밀접한 관련이 있다. 책임은 기준을 충족시키고 아동과 부모 및 가족의 요구에 분명한 개인적, 사회적 요구에 답을 주는 것이다.

정부는 아동의 복지를 위해서 재정지출을 하지만 단지 국민들에 대한 일반적인 책임만을 진다. 대부분의 공무원은 국민투표로 교체되거나 대체되지 않는다. 단단한 참호로 둘러싸여 있다. 지방자치단체의 아동복지 담당 공무원이 아동에게 제공되는 서비스에 대해 직접적인 책임을 수행할 수도 있다. 그러나 일반적으로 아동의 삶에 대해서는 거의 관심을 기울이지 않는다. 서비스 비용을 부모가 지불하면 책임감은 높아질 수도 있다고 생각하는 이도 있다.

아동의 삶에 대한 아동관련자의 책임 인식과 책임의 조정이 필요하다.

2) 형평성

아동의 삶을 향상 시킬 수 있는 서비스를 비용을 지불할 수 있는 사람들만 이용할 수 있어서는 안 된다. 아동은 자신을 낳아 준 부모를 선택할 수 없다. 부모의 비용 지불 능력에 따라 아동기 경험이 달라져서는 안 될 것이다. 도시 아동 혹은 농어촌의 아동 누구도 다른 지역의 아동보다 더 혜택을 받아서는 안 된다. 공공기금은 취약한 아동에게 더 지불되어야 하고 동시에 아동기에 누려야 할 전반적인 삶의 조건을 만족시킬 수 있는 지역사회 환경을 조성하는 데에도 사용되어야 한다. 이를 위한 서비스 접근의 가능성과 질이 모두 확보되어야 한다.

3) 다양성

대부분의 공공의 아동복지 서비스는 아동의 문화적, 지역적 차이 등에 특별한 관심을 가져 줄 것을 원하는 부모 및 보호자의 요구에 부응하지 못한다. 따라서 개별 아동의 발달과 복지 상태를 민감하게 확인할 수 있어야 하며 다양한 요구에 부응할 수 있는 대안적 프로그램을 마련해야 할 것이다.

4) 민간기업의 참여

민간 기업들은 여러 가지 방법으로 아동복지 서비스를 지원할 수 있다. 이러한 지원은 회사 내에서, 더 큰 사회 영역인 회사 밖에서, 그리고 집단적으로도 가능하다. 가능한 여러 가지 기부 방법이 있다. 신탁기금 설립, 세금 납부 등의 방식과 직접 기금을 출연하는 방식, 제품과 물품 지원 등이 있다.

5) 지역사회 주민의 참여

부모가 아닌 일반 지역사회시민도 아동복지 서비스에서 개인으로서 역할을 수행 할 수 있다. 재능 나눔 등의 활동을 통해 지적 자산과 경험을 지역사회의 아동과 공유하거나, 할인권 발행, 개인이 시간을 할애하여 아동을 돌보거나 교육하는 등의 참여의 기회를 갖는다. 교회, 자선단체, 병원, 그리고 다른 기관들은 이미 오래 전부터 아동을 위한 서비스에 참여해 왔다.

13

CHAPTER

아동권리와 복지의 미래

아동권리와 아동복지의 관계가 재정립될 때 아동은 전인적으로 성장 · 발달해 갈 수 있고 행복한 삶을 보장받게 될 것이다. 아동권리와 아동복지의 관계를 재조명함으로써 미래를 전망하고자 한다. 2014년 독일은「유엔아동권리협약」25주년을 기념하며 "아동권리는 미래의 권리이다."라고 선언하였다(Bauer & Sacher, 2014). 아동권리는 지속발전 가능의 논제이므로, 아동권리 옹호는 미래의 권리를 옹호하는 것과 다르지 않다는 것이다. 예를 들어 기후 변화와 생물 다양성의 상실과 같은 지구환경의 문제는 아동의 권리는 물론 미래 세대의 생존을 위협하기 때문이다. 지속가능한 발전을 위한 문제를 해결하는 것이 곧 아동의 권리를 보호하는 것이자 인권의 미래로 직결된다는 점이 강조되고 있다. 이에 본 장에서는 '아동권리의 보장을 위한 아동권리는 현재가 아닌 미래의 인권을 보장하는 것이다.'라는 관점에서 아동권리와 복지의 미래를 위해 방향을 제안하고자 한다.

1. 참여의 주체자 아동을 위한 복지와 권리

「협약」은 아동을 보호의 대상이나 동시에 권리의 주체자라고 천명하여, 아동이 참여 역량을 갖추고 있음을 분명히 하였다.「협약」제12조항은 "아동은 자신의 의견을 자유롭게 표현할 권리가 있으며, 아동에게 영향을 주는 어떠한 사건이나 절차에서도 아동의 의견이 고려되어야 한다."라고 명시하여 아동의 의사표현 권리와 자신에게 관련된 사안에 관하여 의견을 표시할 수 있는 권리를 인정해 줄 것을 명백히 하였다(이재연 외, 2015). 협약 인준국인 우리나라 아동복지와 권리 정책은 참여의 주체자로서 아동을 인정하는 방향에서 결정되고, 추진되어야 할 것이다.

구체적으로 아동의 참여권 보호를 위한 아동정책(제1차 아동정책 기본계획)을 살펴보면, 아동의 참여권은 '아동의 의견진술권 보장실태 진단 및 개선방안 마련', '아동의견 수렴 창구 상시 운영', '학교에서의 참여권 보장(자치활동 활성화, 학교운영위원회 실질적 참여)', '아동총회 지역기반 구축'에 그치고 있고, 대상 연령 역시 초등학생, 중 · 고등학생에 제한되어 있다. 영유아기 아동의 참여권 보호에 관한 정책은 계획조차 수립되어 있지 않음을 알 수 있다. 이는 아동의 참여권은 아동이 의견을 표현할 수 있는 능력이 있을 때 행사할 수 있다는 매우 제한된 관점에서 출발하고 있음을 방증한다. 영유아의 의사표현 능력을 인정하지 않고 있다는 것을 말한다. 외국의 연구에서 4세부터 7세까지 아동이 법정에서 증언할 수 있는 능력이 있음을 밝혔고(Lyon, 1995), 아동이 부모 이혼 시 동거가족을 선택하는 과정에서 의사표현을 할 수 있다는 것을 확인(Hemrica & Heyting, 2004)하였다(이재연 외, 2015 재인용). 보호의 대상으로서, 복지수혜자로만 아동을 바라보던 시선에서 벗어나 의사표현을 할 수 있는 복지의 참여자로 아동을 바라보아야 할 것이다. 아동은 더 이상 발달이 되지 않은 미성숙한 존재가 아니라 자신의 의사를 표현할 수 있는 능력 있는 존재이다. 따라서 성인이 아동을 위해 복지와 권리 정책을 수립하는 것에서 벗어나, 아동의 소리에 경청하는 복지와 권리 정책이 수립되어야 할 것이다. 아동은 더 이상 복지 서비스의 수혜자만이 아니라 복지 서비스의 주체이자, 참여자로 인정받아야 할 것이다.

2. 아동권리 기반 아동복지 실천

아동권리와 복지 두 관점의 연결은 인간의 존엄성, 자유, 평등, 박애 등에 바탕을 둔 인권의 가치에 기반을 둔 새로운 접근이다(CHAPTER 3 참조). 인권기반 복지는 모든 인간을 대상으로 하며, 복지 이용자의 참여를 강조한나는 것이다. 복지 욕구가 있는 대상이 아니라 복지 이용자의 의견 청취와 참여를 강조하므로, 복지 이용자의 관점을 반영하여 복지정책과 서비스가 결정된다는 점이 인권기반 복지의 특징이다. 아동권리와 복지는 이처럼 아동의 욕구를 충족시켜 주는 대상이나 욕구가 외부 전문가에 의해 판단되지 않고 모든 아동이 권리가 있으므로 권리가 보장되어야 하는 대상자이자 권리를 보장받기 위하여 적극적으로 참여하는 권리의 주체이다. 아동의 권리와 복지를 연결하고 권리 기반의 아동복지 접근을 통해 아동복지의 실천방법의 가능성은 확대될 수 있다.

아동권리 기반의 아동복지 접근방법은 아동의 욕구 여부, 정도의 확인 등 전문가의 역할이 과도하게 좌우하였던 기존의 욕구 기반 접근방법과 달리 아동복지의 실천방법의 가능성을 높인다. CHPATER 3에서도 밝혔듯이 욕구 기반 접근은 아동복지 이용자의 자기 결정권을 훼손할 가능성이 높다(배화옥 외, 2015).

1) 아동권리 4대 원칙 준수와 아동복지

아동권리 기반 아동복지는 구체적인 실천 기술과 방법을 숙지하는 것도 중요하지만, 아동권리 보장의 원칙을 고려하는 것으로 아동권리 기반 아동복지 실천이 가능할 것이다. 구체적 상황에서 다음의 네 가지 아동권리 원칙을 고려한다면 아동의 권리를 보장하는 아동복지실천이 가능해질 것이다.

아동권리 보장을 위한 '차별금지의 원칙', '아동 최선의 이익 원칙', '아동의 생명·생존 및 발달 원칙', '아동 의사표현의 원칙'을 준수하는 것으로 실천되어야 한다. 이의 내용을 다시 한번 숙지하고 아동복지실천의 내용과 방향을 고려한다면 아동권리의 침해는 예방될 것이다.

(1) 차별금지의 원칙

아동은 아동 및 부모 혹은 보호자의 인종, 피부색, 성, 언어, 종교, 정치적 견해, 민족적·인종적·사회적 태생, 재산, 장애, 출생, 신분에 관계없이 어떠한 형태의 차별로부터도 보호되어야 하며, 또한 아동의 부모, 보호자, 가족 구성원의 신분, 활동, 의사표현, 신념을 근거로 차별 또는 처벌받아서는 안 된다.

(2) 아동 최선의 이익 원칙

공공 또는 민간 어린이집과 유치원, 육아종합 지원 센터, 사회복지기관, 법원, 행정당국, 입법기관 등에 의하여 실시되는 아동에 관한 모든 활동에서 아동의 최선의 이익이 최우선적으로 고려되어야 한다.

(3) 아동의 생명 · 생존 및 발달 원칙

모든 아동은 생명에 관한 고유한 권리를 가진다. 국가는 이를 위하여 가능한 한 최대한도로 아동의 생존과 발달을 보장하여야 한다. 특히 독립적 인격체로서의 장애아동에 대한 특별한 관심과 권리를 보장할 것과 장애아동의 생존·성장·발달을 강조하여야 한다.

(4) 아동 참여의 원칙

국가는 아동이 자신에게 영향을 미치는 모든 문제에 대해 자신의 견해를 자유롭게 표현할 권리를 보장하며, 아동의 견해에 대하여 연령과 성숙도에 따라 적절한 비중을 두어야 한다. 이를 위하여 아동에게 영향을 미치는 사법 및 행정 절차 과정에서 아동이 직접 또는 대표자나 직절할 기관을 통하여 진술한 기회가 보장되어야 한다.

활동하기 <Activity>

- 여러분이 어린이집 교사라고 할 때 아동권리의 4대 원칙이 보장될 수 있는 보육 실천 방법을 생각해 봅시다.

- 어린이집에서 장애가 있는 아동에게 아동권리 기반 아동복지를 실천할 수 있는 방법을 생각해 봅시다.

2) 아동욕구 기반이 아닌 아동권리에 기반한 아동복지 실천

아동권리를 기반으로 한 아동복지의 실천은 기존의 아동복지 관점과 다르게 서비스 제공의 근거를 아동의 욕구에 기반하지 않고 아동의 '권리'에 바탕을 두어야 한다. 아동권리 관점의 실천은 아동의 문제나 결함에 초점을 두고 이를 해결하기보다는 아동의 권리에 초점을 두어야 하는 것을 강조한다. 특히 아동의 참여 보장 및 아동복지 제공자와의 협력적 동반자 관계에서 아동권리 기반 아동복지 실천이 가능할 것이다.

아동권리 기반 복지는 모든 아동을 대상으로 하며, 복지 이용자의 참여를 강조하는 것이다. 복지 욕구가 있는 대상이 아니라 복지 이용자의 의견 청취와 참여를 강조하므로, 복지 이용자의 관점을 반영하여 복지정책과 서비스가 결정된다는 점이 권리 기반 복지의 특징이다. 아동권리와 복지는 이처럼 아동의 욕구를 충족시켜 주는 대상이나 욕구가 외부 전문가에 의해 판단되지 않는다. 모든 아동은 권리가 있으므로 권리를 보장받기 위하여 적극적으로 참여하는 권리의 주체가 되어야 한다. 따라서 모든 복지 서비스는 이에 참여하는 아동의 소리에 귀 기울여야 할 것이다.

3. 아동의 전인발달을 위한 아동권리기반 아동복지

「협약」이 명시하는 아동의 권리는 생존권, 보호권, 발달권, 참여권이다. 아동의 권리의 4가지 축에 해당하는 생존권, 보호권, 발달권, 참여권은 분리되어 보장되는 것이 아니라 어느 하나라도 보장되지 않을 경우 아동인권은 침해될 위험에 놓이게 된다. 즉 아동권리의 어느 하나라도 부족하다면 아동인권은 온전히 보장되지 못하고 아동의 전인적 성장발달이 제대로 이루어지지 않는다(〈표 13-1〉 참조). 아래 〈표 13-1〉의 가로축은 아동권리와 이의 보장에 필요한 조치가 이루어지지 않을 경우 권리가 침해될 위험에 놓일 수 있는 아동군이다. 이 표는 각각의 권리와 조치, 적절한 조치가 이루어지지 않은 경우 위험에 놓일 수 있는 아동군이다. 그러나 아동권리의 보장 조치 내용은 다를 수 있으나 이 조치가 함께 작동할 때 아동의 온전한 발달을 지원할 수 있다. 예를 들어, 빈곤아동이나 장애아동의 경우 생존권, 보호권, 발달권 등 여러 영역에서 권리를 침해받을 위험이 높은 아동이다. 학대 피해 아동의 경우 역시 생존권, 보호권의 권리가 침해될 위험에 놓이게 되므로 여러 영역에서 권리를 침해당하게 될 가능성이 높다. 따라서 아동의 전인적 발달을 위해서 아동의 네 가지 권리는 함께 고려되고 보장되어야 한다.

〈표 13-1〉 **아동권리와 권리 침해 위험 아동**

아동권리	권리 보장 조치	권리 침해 위험 아동
생존권 아동이 생명을 유지할 수 있도록 최상의 건강과 의료급여, 사회보장을 받을 권리	· 기대수명의 연장 · 영아사망률 감소 · 질병퇴치 · 보건수준 개선 · 적절할 영양공급과 의료혜택 · 안전사고 방지 대책, 아동유괴나 실종 방지책	빈곤아동, 소외계층아동, 농어촌아동, 결식아동, 사고로 인한 상해아동, 장애아동, 부모의 적절한 양육을 받지 못하는 아동, 입양아동, 위탁아동, 기아와 미아, 가출청소년 등
보호권 차별, 폭력, 착취로부터 보호받을 권리	· 학대, 방임, 차별, 폭력, 착취 부당한 처벌과 체벌, 유해 노동, 성폭력 등 모든 형태의 유해한 상황으로부터 보호 · 적정 연령에 도달하기 전 고용 금지	· 모든 일반아동, 피학대아동, 다문화아동, 탈북아동, 장애아동 등 특별한 보호가 필요한 아동 · 생존권을 침해당하는 아동과 중복 가능
발달권 아동의 잠재적인 능력을 발휘하는 것과 관련된 권리	· 가정의 부모에 의한 양육, 가정이 없는 아동에 대한 특별한 보호조치 제공, 의무교육을 받을 권리, · 모든 종류의 교육을 받을 권리, 장애아동에 대한 특별한 교육과 보육, 놀이와 여가 제공	· 장애아동, 다문화아동, 탈북아동, 입양아동, 위탁아동, 시설보호아동, 학업중단과 가출청소년 등
참여권 아동이 관련된 일에 대해 자신의 의사를 자유롭게 표현할 권리	· 사회참여는 정보접근권, 결사·집회의 자유, 사상·양심·종교의 자유, 표현·정보의 자유 · 생활참여는 의견표명 권리, 사생활·통신·명예의 존중	· 각종 정부정책 대상인 아동과 청소년의 의견을 청취하거나 참여를 보장하는 절차 미비 · 학생의 교육 및 생활과 관련한 사안에 대한 학생의 참여 보장이 안 됨

또한, 아동권리는 아동의 성장발달에 따라 아동의 권리가 침해될 수 있는 요인이 발생될 수 있음을 함께 고려하여야 한다. 〈표 13-2〉에 나타난 바와 같이 성장 발달 단계별 인권침해 요인을 살펴보면 아동의 권리는 성장 발달에 따라 위험 요소가 달라지므로 이를 고려한 권리 보장 즉 복지 정책이 마련되어야 함을 알 수 있다. 예를 들어 미혼모 출생아의 경우 위탁가정 입양으로 영유아의 생존권과 보호권이 위협을 받을 수 있고, 학령기의 빈곤 청소년의 경우 가출이 아동의 생존권, 발달권 등을 위협하는 요소이다.

〈표 13-2〉 **아동 성장발달 단계별 인권 침해 요인**

	영유아기	학령기	청소년기
생존권	출생, 낙태, 미혼모 출생아의 위탁가정 입양	빈곤 및 저소득 결식, 의료 서비스 부족, 안전사고, 건강	영양과 보건, 사망과 자살, 신체 및 정신건강, 가출, 소년소녀가정, 조손가정
보호권	다문화 빈곤 및 저소득	신체학대, 성학대, 성추행, 방임, 안전사고	성매매, 성폭력, 약물 오남용, 가출, 노동, 아르바이트, 범죄 노출, 유해 환경
발달권	빈곤과 저소득 다문화, 장애 보육 서비스 부족	장애, 학교 부적응, 부모이혼, 농어촌·다문화가정	학업 중단, 사생활 침해, 통신의 자유 제한, 성차별 문화, 농어촌.다문화가정
참여권	의사표현 미흡	부모 이혼 시 선택 의견 무시	학교운영위원회·청소년운영위원회 참여 저조

출처: 국가인권위원회(2006). 사회복지 분야(아동). 인권감수성 향상 과정. 재인용. 배화옥 외(2015). p. 165.

위의 〈표 13-1〉과 〈표 13-2〉는 아동권리 기반의 아동복지 접근의 필요성을 시사하고 있다. 아동권리 기반 아동복지 접근은 아동권리에 기반한 보장조치가 강구될 때 아동의 권리 위험을 예방할 수 있으며, 또한 아동의 성장발달 단계에 따른 성장과 발달의 위험요소를 파악하고 이에 맞는 조치를 마련하므로 아동의 삶을 온전하게 만들 수 있음을 보여 주고 있다. 아동권리 기반 복지접근은 아동의 권리 보장이 아동의 존재 자체를 인정하고, 존재의 가능성을 보장할 수 있는 장치이다.

활동하기 <Activity>

- 여러분의 주변에서 볼 수 있는 아동의 사례를 들어 아동의 권리와 성장발달단계에 따라 나타날 수 있는 권리 침해 요인을 찾아보고 논의해 봅시다.

4. 선별적 '아동복지'에서 보편적 '아동복지와 권리' 정책 수립

과거 아동을 보호의 대상으로만 보던 시절 아동복지는 과거 아동의 욕구와 필요를 선별하여 이를 충족시키고, 결핍을 메꾸어 주는 것을 목적으로 하였다. 그러나 우리나라「아동복지법」은 아동을 어떠한 종류의 차별도 받지 않고, 안정된 가정환경에서 행복하게 자라나야 하고, 모든 활동에 아동의 이익이 최우선적으로 고려되어야 한다는 이념 아래 아동의 출생, 성장을 보장하는 것을 목적으로 하고 있지만 요보호아동 중심의 선별적 서비스를 전개하고 있다. 이제부터 아동복지는「아동복지법」에 명시된 이념과 목적에 따라 아동의 권리가 존중될 수 있도록 아동정책이 수립되고 펼쳐져야 할 것이다. 예를 들어 여전히 빈곤아동을 위한 아동복지 정책은 빈곤을 타개할 수 있는 건강, 영양, 교육과 직접 서비스를 제공하는 것이다. 빈곤아동을 위한 직접 서비스를 확대하는 것이 더 적절한 아동복지 정책이라고 보기 때문이다. 그러나 아동이 있는 가족의 경제적 안정이 아동을 건강하고 안전하게 성장할 수 있는 요건임을 인식한다면, 아동양육은 개별 가정의 책임만이 아니라 사회의 공동 책임이다. 아동수당은 빈곤아동뿐 아니라 모든 아동의 성장과 발달을 사회가 함께 분담하는 보편적 아동복지 서비스이다(오정수·정익중, 2013). 아동에 대한 보편적 정책과 서비스의 실천은 아동의 권리를 존중하는 데에서 시작된다.

활동하기 <Activity>

- 2018년부터 '0-5세 아동수당' 정책이 도입되어 실천될 예정입니다. 아동수당의 도입이 우리나라 아동정책의 패러다임을 '가족책임'에서 '사회책임'으로 바꾸는 시발점이 될 것입니다. 이에 관하여 여러분의 의견을 나누어보세요.

참고문헌

국내문헌

강은영·김희균(2015). 아동학대의 실태와 학대피해아동보호법제에 관한 연구. 한국형사정책연구원.

강은진·김길숙·조혜주(2016). 보육교직원 특별직무교육 개편방안연구. 육아정책연구소. 1-201.

강현아(2015), 친 가정 밖의 아동. 이재연·황옥경·안동현·김영지·김효진·이호균·강현아·장영인·정선영(공저). 아동권리의 레토릭과 현실: 아동복지실천 현장에서의 아동권리(pp. 115-140). 서울: 교육과학사.

강현아·노충래·전종설·정익중(2012). 가정외보호 청소년의 부정적 사건 경험이 우울 및 불안에 미치는 영향과 보호 요인의 조절효과. 청소년학연구, 19(3), 193-222.

강현아·우석진·정익중·전종설(2012). 지방정부의 가정외아동보호 서비스 예산현황과 현장실무자의 예산운용 경험: 광역지방자치단체를 중심으로. 한국아동복지학, 39, 7-38.

강현아·정익중·양경해(2015). 가정위탁아동의 양육환경과 장기적 발달성과: 일반위탁과 친족위탁의 비교를 중심으로. 한국아동복지학, 50, 1-26.

경향신문(2017. 1. 24.). 한 달 생계비 75만 원… 조손가정의 쓸쓸한 설.

관계부처 합동(2015). 아동의 삶과 대한민국의 미래를 바꾸는 제1차('15-'19) 아동정책 기본계획. 보건복지부.

교육부(2016). 교육 기본통계.

국가법령정보센터 홈페이지. *http://www.law.go.kr/*

국가인권위원회(2006). 일반논평.

국가인권위원회(2016). 영유아기의 권리 이행.

국가인권위원회 인권교육센터 홈페이지. *http://edu.humanrights.go.kr/*

김경민·정익중(2009). 위탁아동의 친가족 경험이 심리사회적 적응에 미치는 영향. 한국가족사회복지학, 25, 93-119.

김미숙(2014). 지역아동 센터 프로그램개발 연구. 한국보건사회연구원.

김미숙·전진아·하태정·김효진·오미애·정은희·최은진·이봉주·김선숙(2013). 아동종합실태조사. 한국보건사회연구원·보건복지부.

김미영(2013). 저소득 조손가족의 가족생활경험에 관한 현상학적 연구. 충북대학교 대학원 박사학위논문.

김영종(2017). 사회복지행정(개정 4판). 서울: 학지사.

김유경(2013). 다문화가족의 특성 변화와 정책적 함의. 보건복지 이슈&포커스, 205호. 1-8.

김지연·황여정·이준일·방은령·강현철·곽종민·박민영(2013). 청소년 한부모가족 종합대책연구II. 한국청소년정책연구원, 1-410.

김혜영·김은지·최인희·김영란(2011). 조손가족 지원방안연구. 한국여성정책연구원.

김효진(2008). 빈곤이 아동에게 주는 영향 분석. 보건복지포럼, 통권 제139호, 33-42. 한국보건사회연구원.

김효진·이재연(2011). 유엔아동권리협약 제21조(a) 유보철회방안. 아동과 권리, 15(2), 141-160.

남기민(2015). 사회복지정책(개정 3판). 서울: 학지사.

남미애(2013). 청소년양육미혼모의 우울과 전반적 생활만족에 영향을 미치는 생태체계 요인. 한국아동복지학, 44호. 91-125.

노충래·우석진·정익중·강현아·전종설(2015). 가정외아동보호와 경제성 평가. 서울: 학지사.

동아일보(1923. 5. 1.). 오늘, 어린이날.

문무경·최효미·이민경(2016). 다문화유치원 실태 분석을 통한 유형별 운영 방안 연구. 육아정책연구소.

박경일(2013). 사회복지정책론(개정 3판). 경기: 공동체.

박병현(2013). 사회복지정책론: 이론과 분석. 서울: 학현사.

박영균·박은혜·이상훈·최은영·Elmar Lange(2009). 장애아동·청소년의 삶의 질 향상을 위한 지원방안 연구 I: 총괄보고서. 한국청소년정책연구원.

박영균·이상훈·양숙미(2010). 장애아동·청소년의 삶의 질 향상을 위한 지원방안 연구II: 총괄보고서. 한국청소년정책연구원.

박창남·심희기·윤찬영·이찬진(2002). 아동·청소년 인권침해법령 조사연구. 국가인권위원회.

배화옥·심창학·김미옥·양영자(2015). 인권과 사회복지. 경기: 나남.

보건복지가족부(2009). 아동권리협약 이행 핸드북.

보건복지부(2014). 2013 아동실태조사 결과. 보건복지부.

보건복지부(2015). 2015년 요보호아동 발생 및 조치현황. 세종: 보건복지부.

보건복지부(2015). 아동의 삶과 대한민국의 미래를 바꾸는 제1차('15~ '19) 아동정책 기본계획(안). 관계부처 합동.

보건복지부(2015). 아동의 삶과 내한민국의 미래를 바꾸는 제1차 아동정책 기본계획(2015~2019). 서원기획.

보건복지부(2016a). 제1차 아동정책 기본계획.

보건복지부(2016b). 2015 전국아동학대현황 보고서.

보건복지부(2016c). 2016 보건복지통계연보. 세종: 보건복지부.

보건복지부(2017). 2017년 지역아동 센터 지원 사업안내. 보건복지부.

보건복지부·중앙보육정보센터(2012). 어린이집 아동학대 예방교육 자료집.

보건복지부·한국아동단체협의회·한국아동권리학회(2006). 한국의 유엔아동권리협약 이행 모니터링.

보건복지부·한국청소년정책연구원(2017). 유엔아동권리협약 5·6차 국가보고서 공청회 자료집.

보건복지부 드림스타트사업단 홈페이지. *https://www.dreamstart.go.kr/*

보건복지부 보도자료(2015. 5. 14.). 아동의 삶과 대한민국의 미래를 바꾸는『제1차 아동정책 기본계획(2015~2019)』수립.

보건복지부 출입기자 자료. 제1차 아동정책 기본계획 요약.

보건복지부 홈페이지(2016). http://www.mohw.go.kr/아동의 삶과 대한민국의 미래를 바꾸는 「제1차 아동정책 기본계획(2015~2019)」 수립. (2016. 1. 25. 인출).

서여정(2012). UN 인권이사회 국가별 인권상황 정기검토(Universal Periodic Review: UPR)와 아동권. 아동청소년 인권관련 국·내외 동향 워크숍. 한국청소년정책연구원.

서영숙(2016). 영유아보육을 위한 아동친화 지역사회의 구축. 아동친화지역사회 조성과 아동보호 전달체계의 구축. 한국사회복지협의회 주최 제17회 사회복지의 날 기념 대토론회 자료집, 3-27.

서영숙·서지영(2002). 레지오 에밀리아 접근법. 서울: 학지사.

서영숙·서혜정·김진숙(2009). 보건복지부 정책연구보고서: 보육교사용 아동권리협약과 함께 하는 아동청소년의 권리. 보건복지부·세이브더칠드런.

서영숙·차인영·최미미·이명희(2015). 자녀존중 양육가이드: 존중받는 자녀, 함께 크는 부모. 보건복지부·중앙육아종합 지원 센터.

서울특별시육아종합지원센터(2015). 선생님, 아이, 엄마아빠 함께 배워요, 영유아를 존중하는 훈육 실천하기. 서울특별시·서울특별시육아종합지원센터.

세계일보(2016. 3. 6.). 차별 여전한 이주아동… 다문화시대 무색.

세계일보(2016. 6. 15.). 다문화칼럼 함께하는 세상. 방치된 그림자 아이들.

세계일보(2017. 6. 4.). 다 같은 친구인데… 다문화가정 자녀, 편견에 '학업포기'.

손인수(1985). 인내천사상과 어린이 운동의 정신. 신인간, 428, 5월호.

송효진·김소영·안소영·김연재(2015). 다문화가족의 자녀 보호를 위한 법제도 개선방안 연구. 한국여성정책연구원 연구보고서, 2015-25. 한국여성정책연구원.

신혜령·김형모·김미숙·김진석·김기현(2015). 지역사회 중심의 아동보호 전달체계 모형개발 연구. 보건복지부·한국아동복지학회.

신혜령·박은미·강현아(2008). 아동복지시설 퇴소청소년 자립지원을 위한 정책프로그램 개발 연구보고서. 서울: 보건복지가족부.

안동현(2016). 아동과 도시: 아동친화적 지역사회 조성의 평가, 한국아동권리학회 추계 학술대회 자료집.

여성가족부(2015). 2015 한부모가족 실태조사.

여성가족부(2016a). 2016 다문화가족 지원 사업안내.

여성가족부(2016b). 2015년 전국다문화가족실태조사.

여성가족부(2016c). '다문화인식, 4년 전보다 개선되고 젊은 층일수록 수용적'. 보도자료. 2016. 3. 15.

여성가족부(2017). 2017년 여성가족부 업무계획.

연합뉴스(2016. 11. 30.). 유치원서 퇴짜, 쓰레기 투기 의심 이주민 인종차별 사례.

연합뉴스(2017. 1. 18.). 광명에 미혼모자가족 복지시설…전국 최대 규모.

염지숙·염지혜(2015). 한부모가정 유아를 양육하는 조손가족 조모와 손자녀의 삶을 통해 본 가족의 의미. 유아교육학논집, 19(3). 319-342.

염희경(2012) 일제강점기 번역 번안 동화 앤솔로지의 탄생과 번역의 상상력. 문학교육학, 39.

오정수·정익중(2013). 아동복지론. 서울: 학지사.

우석진(2015). 가정외아동보호 서비스에서의 규모의 비용-효과성. 노충래·우석진·정익중·강현아·전종설(공저). 가정외아동보호와 경제성 평가(191-219). 서울: 학지사.

유니세프(2001). 세계아동현황보고서: 영유아기.

유니세프(2005). 세계아동현황보고서: 위협받는 어린이들. 서울: 유니세프 한국위원회.

유니세프(2015). 한국이 지켜야 할 어린이를 위한 약속. 유니세프한국위원회.

유니세프(2016). UNICEF news, 100.

유니세프 홈페이지. www.unicef.or.kr/education/korea_pact.asp

유엔아동권리위원회(2009). 일반논평 제9호: 장애를 가진 아동의 권리. General Comment No. 9: The rights of children with disabilities.

유엔아동권리협약 한국 NPO연대(2016) 자료.

윤찬영(2017). 사회복지법제론(개정7판). 서울: 나남.

이봉주 외(2015). 아동학대 예방 및 보호를 위한 아동보호체계의 개선방안 연구: 아동보호전문기관의 기능과 역할을 중심으로. 굿네이버스 아동권리연구소.

이순희·서영숙(2016). 어린이집 내 장난감도서관 구성에 대한 유아들의 이야기. 한국보육지원학회지, 12(2), 201-218.

이완정·권혜진·양성은(2009). 아동 빈곤. 한국아동학회지, 30(6), 337-347.

이용교·김형태·오승환·정경은(2014). 아동보호제도 평가 및 개편방안 마련 연구. 보건복지부.

이용우(2017). 한국사회 미혼모 지원정책의 패러다임 변화. 한국사회정책, 24(1). 97-115.

이재연(1999). 소파 방전환과 한국아동의 권리. 아동권리연구, 3(2), 107-119.

이재연·박은미·황옥경·김형모·이은주·강현아(2008). 아동복지론. 서울: 학지사.

이재연·박은미·황옥경·김형모·이은주·강현아(2013). 아동복지론(개정 2판). 서울: 학지사.

이재연·안동현·황옥경(편)(2007). 아동과 권리. 서울: 창지사.

이재연·안동현·황옥경·구은미·한유미·이완정·한지숙·김경륜(2015). 아동권리 0-8: 육아지원기관에서 아동권리 레토릭과 현실. 경기: 교육과학사.

이재연·황옥경·김효진(2009). 아동과 권리. 아동학회지, 30(6), 153-165.

이재연·황옥경·안동현·김영지·김효진·이호균·강현아·장영인·정선영(2015). 아동복지 현장에서의 아동권리 레토릭. 경기: 교육과학사.

이정림·이미화·오유정(2013). 「5세 누리과정 유아관찰척도」를 활용을 통한 누리과정 효과 분석 연구. 육아정책연구소.

이정림·최효미·정주영·오유정·이정아(2014). 「3~5세 누리과정 유아관찰척도」를 활용한 누리과정 효과 분석 연구. 육아정책연구소.

이주아동권리보장기본법 제정 추진 네트워크(2015). 이주아동인권보장을 위한 정책 브리프.

이진숙·주은선·신지연·윤나리·노승택(2013). 사회복지정책론(개정 2판). 서울: 양서원.

이혜원(2007). 아동권리와 아동복지. 서울: 집문당.

장명림·장혜진·권미경·한영숙(2011). 육아지원기관에서의 다문화가정 영유아 지원 방안. 연구보고, 2011-14. 육아정책연구소.

장인협(1997). 사회복지학개론. 서울: 서울대학교 출판부.

장혜진·김은설·상경아·송신영(2013). 5세 누리과정 효과분석 기초연구: 초등학교 적응을 중심으로. 육아정책연구소.

전종설(2015). 아동양육시설보호. 노충래·우석진·정익중·강현아·전종설(공저), 가정외아동보호와 경제성 평가, 17-56. 서울: 학지사.

정민영·정정희(2010). 다문화가정 유아의 교육기관 적응에 영향을 미치는 생태학적 변인. 유아교육연구, 30(3). 141-168.

정이윤(2016). 한부모가족의 경제적 취약성과 사회적 포용: 정책현황과 과제. 2016 한국정책 학회 춘계학술대회.

정익중(2015). 그룹홈 보호. 노충래·우석진·정익중·강현아·전종설(공저). 가정외아동보호와 경제성 평가, 57-101. 서울: 학지사.

정지민(2016). 다문화아동의 사회적 지지와 자아존중감이 학교생활적응에 미치는 영향 연구. 인제대학교 대학원 박사학위논문.

조셉 조네이도(2011). 만들어진 아동. 구은혜 역. 서울: 마고북스.

조홍식(2016). 아동학대, 의무보호 서비스 전달체계 구축이 필요하다. 참여연대 사회복지위원회 동향 1. 참여연대 홈페이지(http://www.peoplepower21.org/Welfare/1431595).

중앙가정탁지원센터(2014). 2013년 가정탁보호 현황. 서울: 중앙가정위탁 지원 센터.

중앙아동보호전문기관. *http://korea1391.go.kr/*

통계청(2016). 인구 및 주택 총 조사.

한국교육신문(2016. 12. 15.). 동화책 읽기로 상황 이해력 높이기.

한국보건복지 인력개발원 아동자립지원 사업단(2014). 2014 아동자립지원 사업 결과보고서. 세종: 보건복지부.

한국보육진흥원(2013). 보육교직원을 위한 다문화교육 직무교육과정.

한국아동권리학회(2015). 아동복지 현장에서의 아동권리 레토릭. 서울: 교육과학사.

한국여성정책연구원(2016). 저출산 해결의 새로운 전략: 포용적 가족정책.

한국청소년정책연구원(2014). 한국 아동·청소년 인권실태 연구Ⅳ :한국의 유엔아동권리위원회 국가보고서 권고사항 이행실태. 세종: 한국청소년정책연구원.

행정자치부(2015). 외국인주민현황조사.

황옥경(2002). 유럽국가들의 아동권리모니터링 현황. 한국아동권리학회 2002 춘계학술대회 자료집(pp. 28-30).

황옥경(2009). 아동생활지도. 서울: 창지사.

황옥경(2011). 『아동학대 예방사업의 지나온 10년, 나아갈 10년』에 대한 토론아동보호전문기관 10

주년 기념 세미나 자료집.

황옥경(2011). 영유아기 아동의 권리에 대한 유엔의 시각. 아동과 권리.

황옥경(2013). 유엔아동권리협약 이행사항 점검. 유엔인권권고 분야별 이행사항 점검 심포지엄 자료집. 대한변호사협회, 유엔인권정책센터.

황옥경(2014). 아동생활지도. 서울: 창지사.

황옥경(2017). 유엔아동권리협약 이행에 관한 국가보고서 토론회 자료집.

황옥경. (2016). 유엔아동권리위원회의 권고와 아동권리협약 이행 분석. 아동과 권리, 20, 609-631.

황옥경·구은미·김형욱·이은주(2016). 아동·청소년의 인권 교재 개발 연구. 국가인권위원회.

황옥경·안동현·이호균·강현아·홍관표·현소혜·정선영(2015). 아동·청소년권리 국제인권기준의 국내이행 기초현황 조사. 서울: 국가인권위원회.

황옥경·안동현·이호균·강현아·홍관표·현소혜·정선영(2015). 아동 청소년권리 국제인권기준의 국내이행 기초현황조사. 국가인권위원회 보고서.

황옥경·정선욱·김진석·김형모·신혜령·양순옥·이은주·한유미(2014). 아동통합서비스 지원 강화를 위한 개선방안 연구. 보건복지부.

황옥경·한유미(2011). 너무빨리 찾아온 아동기의 '성': 도전과 위기. 한국아동학회 춘계학술대회 발표자료집.

황옥경·한유미·김정화·박준우·손주환·임수연(2014). 한국아동의 놀 권리 현실과 대안, 한국유니세프, 아동권리학회.

황옥경·홍승애·송미령·김젤나(2014). 청소년친화마을 지표개발 연구. 아동과 권리. 18(4), 한국아동권리학회.

황옥경 외(2013). 아동통합서비스 지원강화를 위한 사업체계 개선방안 연구. 보건복지부.

황정원(2016). 우리나라 다문화 학생 현황. 한국교육개발원. 교육개발, 9월 통권 197호. 1-5.

황정임(2015). 한부모가족 지원 강화를 위한 협력적 네트워크 운영방안. 한국여성정책연구원.

외국문헌

Badham, B.(2004). Participation-for a Change: disabled young people lead the way, *Children and Society*, *18*(2), 143-54.

Bauer, S. & Sacher, D.(2014). Children's rights are future rights. The Current Column, 2014. 8. German Development Institute.

Bayliss, J. & Sly, F.(2009). Children and young people around the UK. *Regional Trends*, *41*(1), 2-30. RegionalTrend.

Ben-Arieh, A.(2005). Where are th children? Children's role in measuring and monitoring their well-being. *Social Indicators Research*, *74*, 573-596.

Bessell, S.(2007a). 'Adult Attitudes towards children's participation in the Philippines, policy and governance.' Discussion papers, Crawford School of Economics and Governance. Australian National University. www.crawford.anu.edu.au.

Burman, E.(1994). *Deconstructing Developmental Psychology*. Psychology Press.

Clark, R. D.(2010). Childhood in Society, SAGE.

Clark, R.M.(2013). Childhood in Society for the Early Years, SAGE.

Cohn, J.(2011). The Two Year Window.(Cover story). *New Republic*, *242*(18), 10-13.

Curran, M.G., & Pecora, P.(1999). Adoption and Foster Care Analysis and Reporting System. In P.A. Curtis, G. Jr Dale, & J.A. *Kendall, The foster care crisis: Translating research into policy and practice*(pp. 99-128). New York: University of Nebraska Press.

De Castro, L(2004). Otherness in me otherness in others:children's and youth's construction of self and others, *childhood 11*(4), 469-493.

De Graaf, J.(2005). Childhood affluenza. In A. G. Cosby, R. E. Greenberg, L. H. Southward, & M. Weitzman(Eds.). *About children*(pp. 1-12). Elk Grove Village, Illinois: American Academy of Pediatrics.

DfE(2013). Working Together to Safeguard Children A guide to inter-agency working to safeguard and promote the welfare of children.

Dolezal, T., McCollum, D., & Callahan, M.(2009). Hidden Costs in Health Care: The Economic Impact of Violence and Abuse. Academy on Violence and Abuse.

Dorling, D.(2009). All in the mind? Why social inequalities persist. *IPPR Progressive Review*, *16*(4), 226-231.

Durrant, J. E.(2007). 긍정적인 훈육 가이드북(*Positive Discipline: what it is and how to do it*). 세이브더칠드런.

Eileen Munro(2011). The Munro Review of Child Protection: Final Report A child-centred system. DfE.

Field, F(2010). *The Foundation Years: preventing poor children becoming poor adults*, HM Government.

Garbarino, J.(1996). *Raising children in a Socially Toxic Environment*. San Francisco: Jossey-Bass.

Garbarino, J., & Garbarino, A.(1994). *Emotional maltreatment of children*. Chicago: National Committee to Prevent Child Abuse, 2nd Ed.

Gilbert, N., & Terrell, P.(2007). 사회복지정책론: 분석 틀과 선택의 차원(*Dimension of social work policy*). 남찬섭·유태균 역. 서울: 나눔의 집.

Gilbert, N., Parton, N., & Skivenes,M.(2011). *Child Protection Systems: International Trends and Orientations*. New York: Oxford University Press,

Glaser, D.(2002). Emotional abuse and neglect(psychological maltreatment): A conceptual framework. *Child Abuse &Neglect*, *26*, 697-714.

Hardy, M. & and Armitage, G.(2002). The child's right consent to X-ray and imaging investigations: issues of restraint and immobilization from a multidisciplinary perspectives, *Journal of Child Healthcare, 6*(2), 107-19.

Hartas, D.(2008). *The Right to childhoods*. London: Conntium.

http://www.childrensrightswales.org.uk/

Ife, J.(2001). 인권과 사회복지실천*(Human rights and social work)*. 김형식·여지형 역. 서울: 인간과 복지.

ILO(2012). Rights begging: Early childhood education and educators, Report for discussion at the Global Dialogue Forum on Conditions of Personnel in Early Childhood Education(22-23 February 2012).

James, A.(1999). 'Researching children's social competence: methodss and medels'. In Woodhead, M., Faulkner, D. and Littleton, K.(eds) *Making Sense of Social Development*, London: Routledge in association with The Open University, pp. 231-249.

James, A., & Prout, A.(1997). *Constructing and Reconstructing Childhood: Contemporary Issues in the Sociological Study of Childhood*. Basingstock: Falmer Press.

James, A., Jenals, C., & Prout, A.(1998). *Theorizing Childhood*. Cambridge: Polity Press.

John,P.&Walker, G.(2011). *Childrne's Rights in Practice*. SAGE.

Johns, P.(2009). Rethinking Childhood: Attitudes in Contemporary Society, Continum International Publishing Group.

Kadushin, A.(1980). *Child welfare services*(3rd ed.). New York: Macmillan.

Kang, H., Chung, I. J., Chun, J., Nho, C. R., & Woo, S. (2014). The outcomes of foster care in South Korea ten years after its foundation: A comparison with institutional care. *Children and Youth Services Review, 39*, 135-143

Kellet, M.(2005). *How to Develop Children as Researchers.* London: Paul Chapman.

Kellet, M.(2010). Rethinking Children and Research: Attitudes in Contemporary Society(New Childhoods.

Kellet, M., & Johnes, P.(2010). *Rethinking Children and Research*. Connitum.

Kettle, J.(2008). Children's Experience of Community regeneration. In, Jones, P., Mose, D. Tomlison, P., & Welch, S.(eds)(2007). Childhood services and provision for children. London: Longman Pearson.

Kosher, H. Ben-Arieh, A., & Hendelsman, Y.(2016). *Children's rights and social work*. Cham, Switzerland: Springer.

Laming, H.(2003). The Victoria Climbie Inquiry. UK Parlaimanet.

Lansdown G.(2005). What's the difference? Implications of a child-focus in rights-based programming. Discussion paper for Save the Children UK.

Lyon, T. D.(1995). Assessing children's competence to take the oath: research and recommendations, American Professional Society on the Abuse of Children Advisor, 9, 1, 3–7.

Magnuson, K(2013). Reducing the effects of poverty through early childhood interventions. Fast Focus(No.17). Insititute for Research on Poverty. www.irp.wisc.edu.

Marion, M.(2010). *Guidance of young childre*n. (8th ed.), NJ: Merrill Prentice Hall.

Mary Tamer(2014). The Education of Immigrant Children. Harvard Graduate School of Education Newsletter.

McDonald, K.(2007). The importance of identity in Policy: the case for and of children. Paper presented at the Suicide Prevention Resource Centre workshop. Australia: University of South Wales

Midgley, J.(2015). 인권과 사회복지: 5. 개발, 사회개발, 인권*(in Challenging in human rights: A social work perspective by Elisabeth Reichett)*. 155–190, KC대학교 남북통합지원센터 역. 서울: 나눔의 집. (원저 2007 출판).

Minujin, A., & Nandy, S.(Eds.)(2012). *Globan child poverty and well-being: Measurement, concepts, policy and action*. The Policy Press. UK: University of Bristol.

Morales, A. T., Sheafor, B. W., & Scott, M. E.(2007). *Social work: A profession of many faces*(11th edition). New York: Allyn & Bacon.

Moss, P.(2009). Early childhood education and care: dangers, possibilities and choices. Paper given at the Norwegian Centre for Child Research (NOSEB) Conference, Trondheim, Norway, 29–30 April.

Muscott, H.S.(2002). Exceptional partnerships: Listening to the voices of families. *Preventing School Failure*, *46*(2), 66–69.

NSW Department of Family and Community Services. Charter of Rights. (www.community.nsw.gov.au에서 검색).

OECD(2009). Doing better for children.

OFSTED(2010). Children on Rights and Responsibilities: A Report of Children's Views by the Children's Rights Director for England. Manchester: Ofsted.

Pemberton, S., Gordon, D., & Nancy, S.(2012). Child rights, child survival and child poverty: the debate. GLOBAL CHILD poverty AND WELL-BEING Foreword by Sir Richard Jolly, former Assistant Secretary General of the United Nations(Edited by Alberto Minujin and SHAILEN NANDY, The Policy Press, University of Bristol, UK.).

Prout, A.(2000). Children's participation: control and self–realisation in British late modernity. *Children & Society*, *14*(4), 304–315.

Ray, J.A., Pewitt–Kinder, J., & George, S.(2009). Partnering with families of children with special needs. *YC Young Children*, *64*(5), 16.

Reichert, E.(2011). Social work and human rights. *A foundation for policy and practice*(2nd ed.), New

York: Colombia University Press.

Robinson, M.(1999). Foreword to "A human rights conceptional framework for UNICEF". by Marta Santos Paris.

Roosa, M. W., Deng, S., Nair, R. L., & Lockhart, B. G.(2005). Measures for Studying Poverty in Family and Child Research. *Journal of Marriage and Family*, *67*(4), 971–988.

Save the children(2005). (https://resourcecentre.savethechildren.net/library/child-rights-programming-handbook-how-apply-rights-based-approaches-programming 에서 검색) (2017. 7월)

Save the Children.(2009). See Me, Hear Me. A guide to using the UN Convention on the Rights of Persons with Disabilities to promote the rights of children.

Shetterly, R.(2005). *Americans who tell the truth*. New York: Dutton.

Shield & Baum(1994).

Shield, J. P. H. And Baum, J. D.(1994). Children's consent to treatment. *British Medical Journal*, *308*, 1182–3(7 May).

Silver, J. A., Amster, B. J., & Haecker, T.(1999). *Young children and foster care: A guide for professionals*. Baltimore: Paul H. Brooks Publishing Co.

Sim, K.E.(2011). 가정 외 보호아동의 자립 지원: 과제와 전망. 이화여대 사회복지연구소 세미나 자료. Preparation for adulthood: Transitioning out of foster care.

Smidt, S.(2013). The Developing Child in the 21st Century: A global perspect on child Development. Routledge.

Temple, J. A., & Reynolds, A. J.(2007). Benefits and costs of investments in preschool education: Evidence from the child-parent centers and related programs. *Economics of Education Review*, *26*(1), 126-144.

Thornberry TP, Henry KL(2013). Intergenerational continuity in maltreatment. *J Abnormal Child Psychol*, *41*(4): 555-569.

Thorne, B.(2002). From silence to voice: bringing children more fully into knowledge. *Childhood*, *9*, 3, 251–4.

Townsend, P.(2012). Investment in social security: a possible United Nations model for child benefit? *GLOBAL CHILD poverty AND WELL-BEING*, 545.

Ulrigh, M.E., & Bauer, A.M.(2003). Levels of awareness: A closer look at communication between parents and professionals. *Teaching Exceptional Children*, *35*(6), 20–24.

UN Centre for Human Rights(2005). 인권과 사회복지실천*(Human rights and social work)*. 이혜원 역. 서울: 학지사.

UN General Assembly(2002). *A World Fit for Children*.

UNHCHR(2003). The Human Rights Based Approach to Development Cooperation: Toward a Common Understanding, UNHCHR, Geneva.

UNICEF(2004). The state of the world's children 2005: Childhood under thereat.

UNICEF(2007). Child poverty in perspective: Overview of child well-being in rich countries. A comprehensive assessment of the lives and well-being of children and adolescents in the economically advanced nations. UNICEF Innocenti Research Centre Report Card 7.

UNICEF(2007). Promoting the Rights of Children with Disabilities. Innocenti Digest No. 13.

UNICEF(2009). *Children rights and Responsibilities*. UNICEF.

UNICEF(2012). Measuring child poverty: New league tables of child poverty in the world's rich countries. Innocenti Report Card 10 written by Peter Adamson.

UNICEF(2012). The right of children with disabilities to education: A rights-based approach to Inclusive Education. Position Paper.

UNICEF(2013a). Children and Young People with Disabilities. Fact Sheet.

UNICEF(2013b). The state of the world's children 2013: Children with disabilities.

UNICEF(2016). Comparing approaches to the measurement of multidimensional child poverty written by Hjelm, L., Sudhanshu, H., & Chzhen, Y.

Webb, N. B.(2006). The impact of trauma on youth and families in the child welfare system, In N.B. Web(ed.). *Working with traumatized youth in child welfare*, 13–26. New York: Guilford.

World Health Report, Geneva. World Health Organization

저자소개

이재연 숙명여자대학교 아동복지학부 명예교수

유네스코 한국위원회 감사
전) 한국청소년정책연구원 10대원장

황옥경 서울신학대학교 보육학과 교수

법무부 아동보호자문위원
국가인권위원회 아동청소년인권 자문위원

강현아 숙명여자대학교 아동복지학부 교수

중앙가정위탁지원센터 정책자문위원
아동자립지원단 자문위원

서영숙 숙명여자대학교 아동복지학부 명예교수

한국장난감도서관협회장
한국보육진흥원 이사

이완정 인하대학교 아동심리학과 교수

한국아동권리학회 회장
한국보육지원학회 부회장

구은미 동의대학교 보육가정상담학과 교수

한국아동권리학회 부회장
한국보육진흥원 평가인증 심의위원

정선아 숙명여자대학교 아동복지학부 교수

한국어린이교육문화비평학회 회장
보건복지부 드림스타트 중앙점검위원

아동권리와 복지

초판 1쇄 발행 2018년 2월 3일
초판 7쇄 발행 2024년 2월 23일

지 은 이 | 이재연 · 황옥경 · 강현아 · 서영숙 · 이완정 · 구은미 · 정선아
펴 낸 이 | 김기섭
편 집 인 | 이초롱
펴 낸 곳 | 창지사 www.changjisa.com
08589 서울시 금천구 가산디지털 1로 83 파트너스타워 1차 9층
전화 (02)719-2211~3
팩스 (02)701-9386
등 록 | 1977년 4월 28일 · 제1-421호

ISBN 978-89-426-0963-5 (93370)

값 18,000원